视觉营销

从入门到精通 | 微课版

侯德林 冯灿钧 / 主编
钟丽 / 副主编

人民邮电出版社
北京

图书在版编目（CIP）数据

视觉营销：从入门到精通：微课版 / 侯德林，冯灿钧主编. -- 北京：人民邮电出版社，2018.12（2021.12 重印）
（网络营销复合型人才培养系列）
ISBN 978-7-115-49344-6

Ⅰ. ①视… Ⅱ. ①侯… ②冯… Ⅲ. ①网络营销 Ⅳ. ①F713.365.2

中国版本图书馆CIP数据核字(2018)第210966号

内容提要

在购物方式越发多元化的今天，极具吸引力的视觉表现是引起消费者关注、增强对商品好感度、促进成交的一大法宝。视觉营销就是立足于视觉设计，以达成营销目的而发展起来的一种营销方式。本书从视觉营销的角度出发，分别对视觉营销基础、视觉营销的体现与布局、视觉的影像传达、商品图片的处理、促销图的视觉营销设计、店铺首页视觉营销设计、详情页视觉营销设计以及移动端店铺的视觉营销设计等内容进行介绍，帮助视觉营销人员更好地利用视觉营销的方式、方法获得竞争优势，并最终实现商品的成交。

本书可作为各类网络营销培训机构和高等院校视觉营销课程的教材，也可作为从事视觉营销相关工作人员的参考书。

◆ 主　　编　侯德林　冯灿钧
副 主 编　钟　丽
责任编辑　刘　尉
责任印制　焦志炜
◆ 人民邮电出版社出版发行　　北京市丰台区成寿寺路 11 号
邮编　100164　　电子邮件　315@ptpress.com.cn
网址　http://www.ptpress.com.cn
雅迪云印（天津）科技有限公司印刷
◆ 开本：700×1000　1/16
印张：16　　　　2018 年 12 月第 1 版
字数：304 千字　　　　2021 年 12 月天津第 7 次印刷

定价：69.80 元

读者服务热线：(010)81055256　印装质量热线：(010)81055316
反盗版热线：(010)81055315
广告经营许可证：京东市监广登字 20170147 号

前言
PREFACE

传统行业中的视觉营销，其重点在于布置环境和强调主题商品，而网店中的视觉营销更注重视觉的展现和营销的方式。视觉营销的工作内容不单单是美工制作商品图片效果，而是将营销的内容融合到视觉展现中，使制作后的效果，能更多地为店铺带来利益。

网店本身就是虚拟的店铺，其最主要的目的是以具有视觉冲击力的方式吸引客户购买商品。本书对网店的商品图片、促销图片、首页、详情页的视觉设计和制作进行重点讲解，并对视觉设计与营销间的关系进行探讨，从而让读者学到全面的视觉营销知识。

本书内容

本书共有8章，包括视觉营销的基础知识、图片拍摄与处理、视觉效果图的制作3部分内容，读者在学习过程中要循序渐进，注重理论与实践结合，以更好地掌握本书所述的内容。本书的思维导图如下，读者可参考学习。

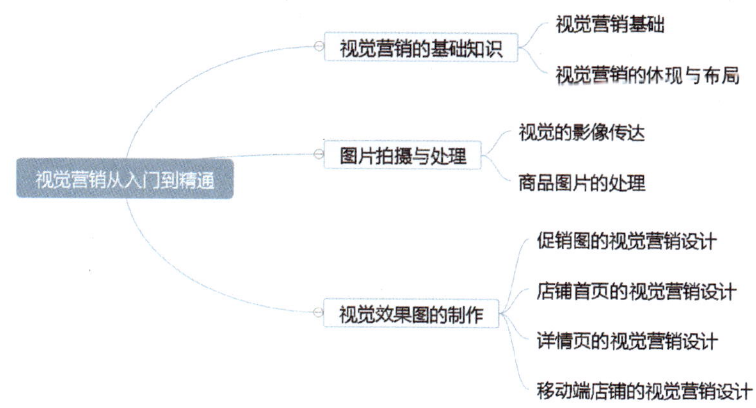

本书特色

作为视觉营销的学习教材，与目前市场上的其他同类教材相比，本书具有以下特点。

（1）案例丰富。本书每个章节均以案例导入的方式引导读者进行学习，并在介绍相关知识的过程中穿插对应的案例。案例以文字或图片的形式进行展示，具有较强的可读性和参考性，可以帮助读者快速理解与掌握相关内容，加深对知识的理解。

（2）理论与实践结合。本书在讲解理论知识的同时，在每节后均设置“任务实训及考核”栏目，帮助读者在学习完知识后，迅速实践，以加强记忆与运用效果。

（3）资源丰富。本书在需要重点讲解的内容处放置拓展资源，读者可扫码学习延伸知识，本书还提供PPT课件、教学大纲等相关教学资源，优化教学效果。

本书由侯德林和冯灿钧任主编，钟丽任副主编。在本书的编写过程中，参考了文案写作的同类书籍和相关资料，在此谨向这些资料的作者致以诚挚的谢意。由于时间仓促和作者水平有限，书中难免存在不足之处，欢迎广大读者、专家给予批评指正。

编 者

2018年6月

目录
CONTENTS

视觉营销基础

学习目标

“视觉营销”由来已久，最初的视觉营销是指实体店面的陈列、装饰、卖场，是一些具象的东西。随着互联网的快速发展，视觉营销这一传统行业的惯用手段也逐渐融入了网络世界，成为一种借助视觉辅助手段传达品牌理念的策略。本章将以互联网中的视觉营销为出发点，讲解视觉营销的基本概念、运作流程、原则和价值等基础知识，并对视觉营销的信息传递和定位、视觉设计元素和创意等进行详细讲解。

学习导图

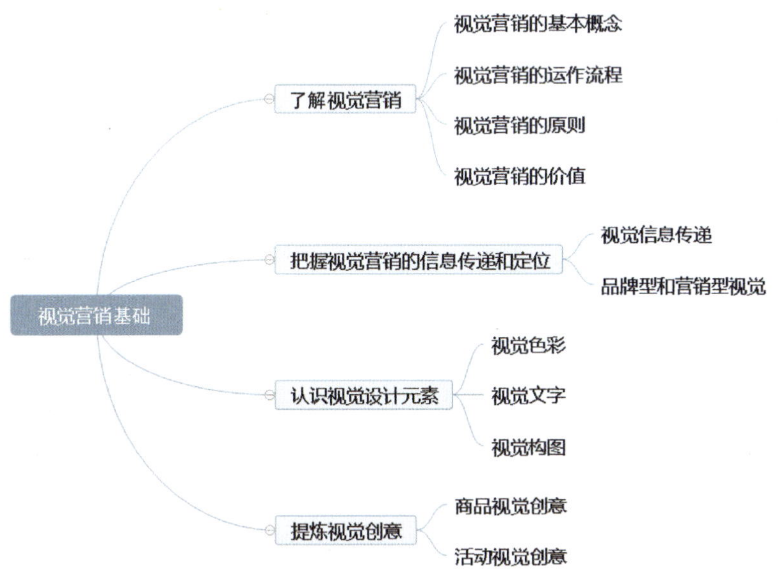

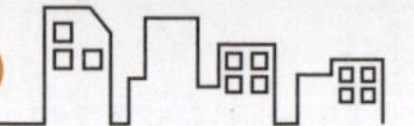

案例导入

小李准备投入少量的成本开一家专卖长裙的网店，但在淘宝网中搜索同类型的店铺时，发现这样的店铺有很多。如何能用最少的成本在众多店铺中脱颖而出，成为小李思考的主要问题。

小李经过观察后发现，同类型店铺中有的虽然拍摄的照片很美，但是成交量并不高，而有的店铺虽然感觉很普通但是成交量却很高，这是为什么呢？通过分析，小李终于发现了问题，单一的店铺商品照片美观只能表现视觉感，没有对应的营销信息，还是无法留住客户，因此，信息的传达才是成交的关键。好的营销能让商品更具有卖点，若需要抢占更多流量还需要将视觉感官和营销信息结合起来。

于是，小李在装修自己店铺的过程时，不但力求图片美，还在其中加入了简洁明了的说明性文字，并结合促销信息共同呈现，在详情页中将商品的卖点、商品企划的信息、品牌信息，通过视觉系统传达给客户，完整地将视觉和营销结合在一起。按照这种方式对店铺进行装修后，店铺果然客源不断，他用了不到一年就成了皇冠卖家。

在做视觉营销时，需要明确一个观点：视觉营销绝不是为了美，而是为了营销，视觉营销的重点是——传递信息。优秀的视觉营销不仅仅要注重形式的美，还需要引起客户的共鸣。因此，要先了解视觉营销的运作流程和价值，让视觉感观更加突出，营销效果更加完整。

【思考】

（1）什么是视觉营销？视觉营销有哪些形式？

（2）视觉营销的流程和价值有哪些？该怎么体现？

（3）视觉营销有哪些定位？

（4）视觉信息是怎么传递的？

1.1 了解视觉营销

近年来，随着电子商务的快速发展，人们的购物行为从传统的线下商场购物转变到在互联网上购物，网络购物逐渐日常化。因此，有了基于视觉基础的营销手段——视觉营销。在追求个性化和时尚的互联网环境下，人们对视觉化和时尚的元素更为挑剔，视觉营销这种主流的营销方式不仅能抓住客户的兴趣，还能促进商品的成交，提高转化率和成交量。

针对下列问题展开讨论：

（1）视觉营销的运作流程是什么？

（2）视觉营销有哪些原则和价值？

（3）视觉设计元素是什么？

视觉营销是网店中不可或缺的营销手段，不但能提升店铺的美观度，还能促进店铺的成交量，提升店铺的整体形象。本节将对视觉营销的基本概念、视觉营销的运作流程、视觉营销的原则和视觉营销的价值等知识进行介绍，帮助读者认识视觉营销，为了解视觉营销的信息传递和定位打下坚实基础。

1.1.1 视觉营销的基本概念

视觉营销是现代商业随着消费需求从基本温饱层面向精神层面发展应运而生的营销学科，旨在通过增强客户的视觉感受促进销售。视觉营销也称商品计划视觉化，指通过视觉达到商品营销或品牌推广的目的。在视觉营销中，视觉是手段，营销才是目的，视觉以营销为出发点，营销则是通过视觉进行实现。因此，两者是相辅相成的关系。

具体来讲，视觉营销是将展现的视觉效果与商品营销理论相结合，旨在通过增强客户的视觉感官而刺激客户产生消费行为，提高商品销量。视觉营销主要通过色彩、文字、图像等元素来进行布局，形成商品图片、主图、店铺装修、促销信息、商品分类等具体的客户能够看到的视觉化信息，从而打造出图1-1所示的“磁场”效果，达到促进商品销售、树立品牌形象的目的。

图1-1 视觉营销“磁场”

视觉营销在电子商务中的作用，就是通过色彩、图像和文字等内容的添加和处理，形成强烈的视觉冲击力进而博取人们的眼球，吸引客户进店消费，提高店铺流量，刺激客户的购物欲望，促使成交。

在实体店中，客户可通过看、尝、摸、闻、听等来感知商品的好坏，而网上购物由于不能直接接触实物，只能通过色彩、图像和文字来对商品进行判断，以确认是否符合自己的需求，因此，视觉效果直接影响销量。

1.1.2　视觉营销的运作流程

从概念中可以看出，视觉营销主要是为了更好地推广商品。要达到这个目的，需要掌握视觉营销的运作流程，它不但能提升视觉效果，还能提高运作速度。一个完整的视觉营销流程包括以下4个步骤，具体如图1-2所示。

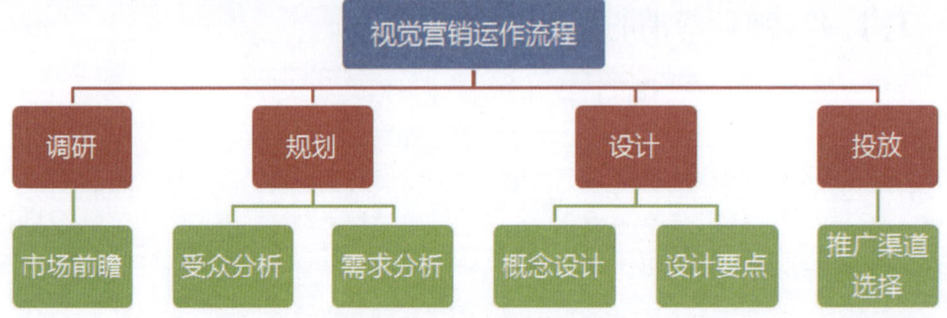

图1-2　视觉营销运作流程

下面分别对各个流程进行介绍。

- **调研：**调研是视觉营销的第一步，主要用于保证视觉营销计划的可行性，使其具有明确的目的性和针对性。其目的是对市场形成初步认识，以把握好商品的定位和方向。
- **规划：**规划主要用于分析调研中得出的数据，包括分析客户消费习惯、审美方向、生活方式、客户需求等，以便将这些问题体现在后期设计中。
- **设计：**设计主要是根据前面调研和分析的内容，综合运用图片、文字等进行设计，使规划的效果在设计中得到体现，并在展现中得到传达。
- **投放：**投放就是将设计好的内容通过店铺活动和促销等不同的方式、渠道进行推广，使店铺流量最大化。

1.1.3　视觉营销的原则

在运作视觉营销的过程中，还需要遵循一定的原则，让视觉展现效果更加完整。常见的视觉营销原则包括目的性、审美性、实用性、一致性、易读性和连续性原则6种，下面分别进行介绍。

- **目的性原则：** 网店的竞争非常激烈，怎么在品类繁多的商品中引起客户的购买兴趣是一大难点。在视觉营销中，营销是目的，所有的视觉展现手段都是为了达成销售，而视觉上的冲击则是吸引客户产生消费行为的关键性因素。具体操作方法主要有3点：①图片摆放顺序要合理，如主图第一张图片的好坏直接影响成交量；②分析目标客户群的需求，针对商品属性和特色，以最明确的图片形式表达出来，让客户看一眼就产生购买的欲望；③利用广告加深客户印象。
- **审美性原则：** 视觉营销注重视觉感受，需要展现具有视觉吸引力的卖点，并且还需根据环境的变化对店铺进行调整，而不是保持一成不变，从而给人造成一种审美疲劳。具体操作方法主要有2点：①充分利用视觉引导、色彩搭配，让商品的视觉效果更加突出；②定期装修店铺，使客户在不同时期进店都有一种耳目一新的感觉，从而有不一样的体验，形成一种良性循环。
- **实用性原则：** 实用性原则要求能将店铺中各个装修板块的作用凸显出来，然后巧妙地利用文字或者图片说明让客户熟悉店铺的布局、了解商品的分布，不能让商品过于分散，这样不仅导致客户购买费劲，还会使销售额也“费劲”。因此，实用才能服务好客户，满足客户最基本的需求，具体操作方法主要有2点：①视觉元素的统一，不能让店铺装修过于五花八门；②巧用文字和图片，让客户熟悉店铺布局和商品分布，方便客户快速寻找商品。
- **一致性原则：** 一致性强调营销内容和视觉传播的统一。具体操作方法主要有2点：①要建立清晰的营销策略，并围绕商品营销这一中心思想展开，而不能任凭喜好做事；②营销策略要贯穿在商品研发、生产、销售的整个过程中，而不是最后一步。
- **易读性原则：** 易读性包含了容易理解和容易记忆2个方面。容易理解指逐层提炼出最核心的营销点，突出表达，使视觉营销更加便于理解。容易记忆指在表现时尽量减少理解成本，多用图文进行体现，使展示的内容更加直观，便于记忆。
- **连续性原则：** 连续性原则指多次连续重复展示某一商品，该原则更能使用户对商品记忆深刻。连续性的视觉表现，也是帮助新品牌快速建立品牌印象的较好办法，如德芙巧克力无论从包装设计、货架装饰，还是电视广告，都延续了丝质柔滑的视觉表现，形成了一条连续性的视觉营销链，让人想起德芙，就想起了丝质柔滑。

1.1.4 视觉营销的价值

网店如果想要在竞争中脱颖而出，除了需要遵循运作流程和原则外，还要充分理解视觉营销能够带来的价值，为开展视觉营销做好准备工作。下面针对视觉营销的3大价值分别进行介绍。

1. 引导流量

流量是网店的血液，一家网店若是长期没有流量就等于被判了“死刑”，因此，引流成为决定店铺成败和实现视觉营销价值的关键。下面分别从流量的分类、来源和技巧3个方面进行介绍。

（1）流量的分类

客户进入店铺，浏览店铺中的商品，将给店铺带来流量，流量主要分为PV（访问量）、UV（独立访问数）、IP（独立IP数）3种。

- **PV（访问量）**是指页面浏览量或点击量，客户每次刷新即被计算一次，它是重复累计的，同一个页面被重复浏览也被计入PV。
- **UV（独立访问数）**是指某站点被多少台计算机访问过，以客户端的数据作为统计依据。00:00~24:00内相同的客户端只被计算一次。
- **IP（独立IP数）**是指访问网店的独立IP数，00:00~24:00内相同的IP地址只被计算一次。

电商平台中，常用于计算店铺“流量”的是PV和IP。其中，IP能够较正式地体现出店铺的热度和人气。

（2）流量的来源

了解流量来源是引流的前提条件。不同网站引流的方式基本相同，下面以淘宝网为例，根据进入店铺的不同渠道，将店铺流量的来源分为以下5种。

- **自主访问：**通过自主访问产生的店铺流量，大部分都是对店铺比较了解并且有明确购买意向的客户产生的流量，很容易能促成交易。自主访问渠道主要有店铺收藏、宝贝收藏、我的淘宝网首页、直接访问、购物车等。
- **付费流量：**顾名思义，付费流量是指卖家通过付费推广、活动、营销工具等方式获得的流量。付费流量成本相对较高，如果是资金不足、没有淘宝网开店经验的小卖家，最好慎重选择。
- **淘内免费流量：**淘内免费流量是指在淘宝网（天猫）内免费获得的流量，包括淘宝网搜索、天猫搜索、店铺动态、淘宝网类目等多种流量入口。这些渠道对淘宝网卖家的要求比较严格，卖家要充分优化好店铺以及淘内各项活动页面，以吸引客户产生流量。
- **淘外流量：**淘外流量即卖家通过站外推广获得的流量，即指淘内流量以外的流量。淘外流量的入口有很多，如购物返利网、美丽说、米折网，以及微信、新浪微博等社交工具。

- **其他：** 其他流量则是除以上几种渠道外的其他渠道，是一些碎片化流量。在这个卖家疯抢流量的时代，整合碎片化流量也是淘宝网卖家必须掌握的技能。

（3）引流技巧

引流是决定成功与否的关键，客户只有访问了店铺才可能下单，如果店铺无人访问，则一切的促销手段都失去了实施的基础，而对应的价值也得不到体现，所以，开店的头等大事就是“引流”。下面针对这一特点，对店铺的4大引流技巧分别进行介绍。

- **做好店铺搜索排名优化：** 店铺搜索排名优化的目的是让商品在搜索结果中排名靠前，以增加被消费者看到和点击的概率，从而提升搜索流量。其方法为：做好标题关键词优化、合理调整商品上下架时间、打造爆款、提升主图质量。
- **做好店铺装修：** 店铺装修直接影响客户浏览的兴趣，好的店铺装修不但能吸引客户进行购买，还能提升店铺在客户心中的形象，为下次购买提供保证。因此，店铺的装修风格要符合大众的审美和喜好，才能吸引客户留下来继续浏览，从而提升店铺流量。
- **做好宣传与推广：** 当积累一定流量后，还需要做好宣传推广，将店铺推广出去，让更多的客户知晓。虽然说“酒香不怕巷子深”，但在商品浪潮中再好的商品如果不做宣传就很难为人所知。因此，店铺要善用各种站内和站外宣传渠道增加曝光度。各大电商平台都提供了不同的推广工具，以淘宝网为例，就包括了直通车、智钻、聚划算等推广方式，店铺可根据自己的情况选择合适的推广方式。
- **做好忠实客户的培养：** 在店铺中购买过商品的客户都是再次达成购买的资源，尤其是在店内初次购买的客户，更要在客服、物流和售后等方面下足功夫，使其在第一笔交易中留下良好的印象，提升客户对店铺的满意度和信任度，并通过后期的短信慰问、会员打折等活动，将客户培养成忠实的老客户，这样不但能再次提升流量，还能让老客户将店铺推荐给他人，从而带来源源不断的新流量。

2．提高转化率

引流后还需要将这些流量有效地转化为营业额，因为只有进店消费后，前面的引流才有意义。而决定转化率好坏最主要的因素就是视觉营销。在转化过程中，商品外观和质量等信息只能通过视觉营销的手段在商品详情页面中呈现给客户，精心设计的商品详情页就如同好的销售员，能让客户看完描述后就产生购买欲望，最终形成购买行为，反之则导致转化失败。

专家指导

客户在选购商品时，往往会在款式、面料和材质等细节上花更多的时间，在制作详情页时要做好细节的呈现，并从客观上传达商品的信息，解决阻碍购买的问题，给客户购买的理由。

3. 传达品牌文化

品牌是企业信誉、品质、技术、服务等诸多方面的综合体现，成功的品牌战略意味着商品的竞争优势和强大的市场占有率，同时也是企业与厂商市场份额、丰厚利润的体现。尤其在信息化时代，作为一种特殊的视觉符号，品牌视觉语言的表达已成为商品形象、企业形象和文化形象的承载体，是创造名牌形象、提高无形资产的重要手段。

拥有自己的视觉品牌元素后，下一步要做的就是将品牌元素和文化植入店铺中，让店铺更具有内涵，使视觉的传递效果更加有迹可循，从而在客户心中树立起品牌形象，打好视觉营销的基础。

1.1.5 任务实训及考核

根据介绍的相关知识，完成表1-1所示的实训任务。

表1-1 实训任务

序号	任务描述	任务要求
1	收集一些能够展现视觉营销的海报、详情页，分析其视觉营销的具体体现	从收集的资料中分析哪些属于好的视觉营销，哪些视觉效果不够完整
2	进入淘宝网店铺“裂帛”首页，分析该店铺的视觉营销方式	分析店铺中商品的定位和营销的方向是否对应，确认属于哪种原则的营销方式
3	以“五一”节为活动主题策划视觉营销计划，并记录营销流程	任选一款商品并与“五一”节联合起来进行视觉营销活动策划，并记录运作过程中遇到的问题

填写表1-2所示的内容并上交，考查对本节知识的掌握程度。

表1-2 任务考核

序号	考核内容	分值（100分）	说明
1	简单描述什么是视觉营销		
2	列举视觉营销的流程		
3	简述视觉营销的原则		

1.2 把握视觉营销的信息传递和定位

在传统零售业中，店铺会通过视觉上的冲击力表达和传递给客户一些重要的信息，而在网上店铺中，除了通过运作流程的把握来进行商品的营销和信息传递外，还需要使用品牌、促销、低价来吸引客户并传递店铺形象，使其形成视觉定位，从而抓住客户并留住客户。

针对下列问题展开讨论：

（1）怎么进行视觉信息传递？

（2）基于不同的营销目的该怎么定位视觉营销？

网店视觉营销和传统店铺的视觉营销是有区别的。网店视觉营销是以视觉信息传达为基础，通过对店铺运营模式和营销定位的充分了解来进行视觉信息的展现，并设计出符合运营思路的页面，从而创造出完美的视觉信息传达，产生品牌型、营销型等不同目的的营销效果。本节将先讲解视觉传递的相关知识，再对品牌型和营销型视觉进行介绍。

1.2.1 视觉信息传递

视觉信息传递原指人与人之间利用“看”的形式所进行的交流，主要通过视觉和语言进行信息表达与传播。在视觉营销中，视觉信息的传递主要是通过店铺的定位、店铺的商品风格、商品的价位和促销活动的力度来决定，下面分别进行介绍。

- **店铺的定位：**当打开网页查看商品或店铺时，第一眼看到的视觉效果就是传递给客户的店铺定位，包括店铺整体色调、招牌文字、内容展现等具体的视觉体现，通过这些细节表现，可给客户留下不一样的视觉感受。

- **店铺的商品风格：** 在浏览过程中，往往一张主图效果就能吸引客户进入详情页观看，若主图中展示的商品风格与首页、详情页中展现的商品风格不够匹配，那么说明传递的效果不够完整，容易流失客户；若两者是匹配的，那么说明传递完整，则容易促成成交。
- **商品的价位：** 在浏览店铺过程中，店铺的整体装修精致程度和整体格调，会让人产生一定的心理预期，若在店铺中看到的价格和心理价位差距不大，会给人一种物有所值的感觉，如果低于心理价位，则会给人带来惊喜，反之则会丢失客户，店铺装修的视觉效果也能传递商品的价格信息。
- **促销活动的力度：** 活动力度越高，传递的范围越广，对应的视觉传递效果也就越好，一家流量大、打折字样明显、展现的商品视觉效果好的店铺，往往会对客户产生极大的吸引力。

1.2.2 品牌型和营销型视觉

视觉信息传递是建立在商品和店铺的基础上的，好的品牌能让传递的效果更加突出，可直接使用品牌效应留住客户。同样的商品，运用品牌型和营销型两种不同的运营策略在视觉上需要做出不同的设计。下面分别对两种营销方式的视觉定位进行介绍。

1．品牌型视觉定位

品牌型的店铺需要突出品牌优势，特别是与同类型商品相比要具备竞争力，从竞争力中达到区分店铺的目的。一般品牌型的价格要高于同类商品，因此，在营销过程中要表现出商品优势，体现视觉效果，而弱化价格的敏感度。图1-3所示为美妆品牌“水密码”的一张全屏海报。从该海报中可以看出，商品颜色为深蓝色，为了体现出商品，海报背景颜色采用浅蓝色与白色相结合，突出商品与商品瓶身上的Logo，告诉客户这是“水密码”的正品，同时背景加入了波光粼粼的水元素，营销文字中的“水/嫩/亮”也与“水密码”充分融合起来，在保证海报美观的基础上，尽量以视觉化的方式来进行品牌营销。同时，在海报左上方通过大型女性时尚节目“《我是大美人》推荐”字样来体现商品的权威性，不仅使商品在竞争中更具竞争优势，还彰显了品牌知名度与实力，让客户对品牌更有信心，更愿意选择该品牌或花费稍高一点的价格购买该品牌的商品。

图1-3　品牌型店铺视觉效果

通过上述展示可发现品牌型店铺在视觉营销过程中具有以下2点规律。

- **给客户留下品牌强、商品优质、服务好的印象：**在制作该类视觉展示效果时，可据商品中的文字、配色、背景等元素，将品牌放大，从营销信息中体现品牌信息，以品牌体现质量和服务。在配色上，要尽量突出商品，避免花俏，应偏向于简单、干净。
- **将价格转移到价值：**将价格信息弱化，最好的方式就是避免价格数字醒目，缩小数字，放大文字卖点和图片，从视觉上吸引客户。

2. 营销型视觉定位

营销型店铺需要凸显价格的优势，从价格中突显竞争力，从竞争力中达到区分店铺的目的。一般营销型店铺的价格要低于同类型商品，在营销过程中，需要将促销做得更加吸引人，从而促进销售，如图1-4所示。该店铺主要售卖宠物食物，在店招中通过“正价满79元大部分地区包邮”，海报中通过“每满100减10元上不封顶”等促销信息的醒目展示来体现与同类宠物店铺的价格优势，将店铺宣传的重点落到促销文字上，并通过形象的动物图片体现商品的信息，再在下方滚动屏上用真实的商品图片体现品质和商品具体信息，让客户觉得划算。

图1-4　营销型店铺视觉效果

通过上述展示可发现营销型店铺在视觉营销过程中具有以下2点规律。

- **打造热闹的促销氛围：**将促销和活动有序排列在一起，让客户感觉促销活动很多，优惠力度很大，从活动中进行视觉的营销。但要注意，避免杂乱，以防其视觉感官不够强烈。
- **打造围观效应：**加大促销信息展示，让文字与背景形成鲜明的对比，使促销信息成为视觉的焦点，将低价的数字与商品并排，体现低价感。吸引客户点击，造成类似实体店“围观”的效果。

专家指导

重大活动时，品牌型视觉营销也会做相应的促销活动，此时，怎么将品牌和营销结合起来就成了难点。可在进行品牌营销的同时，不过分夸大和突出价格，避免忽视本身的品牌优势，也可从色彩和设计等方面增强活动的氛围，从而体现促销感。

1.2.3　任务实训及考核

根据介绍的相关知识，完成表1-3所示的实训任务。

表1-3　实训任务

序号	任务描述	任务要求
1	在淘宝网中查看“三只松鼠”店铺是用什么方式进行视觉传达的	从视觉营销的角度分析信息传递方式
2	分析品牌型和营销型视觉在网站中的体现形式	从不同角度分析这2种营销方式，并对其运作方式进行掌握

填写表1-4的内容并上交，考查对本节知识的掌握程度。

表1-4 任务考核

序号	考核内容	分值（100分）	说明
1	简述什么是视觉信息传递		
2	简述品牌型和营销型视觉		

1.3 认识视觉设计元素

进行视觉营销的目的是增加销售额。当对店铺进行定位后，即可应用视觉元素进行视觉传达设计，让客户感受到店铺的吸引力和感染力，最终使店铺经营的品牌成为客户认可的品牌。因此，视觉设计元素也是影响视觉营销的关键，它包括色彩、文字、构图等内容。

针对下列问题展开讨论：

（1）视觉色彩主要通过哪种方式进行表现？

（2）视觉文字有哪些？该如何表现呢？

（3）什么是视觉构图？主要有哪些表现形式？

认识视觉设计元素是进行视觉设计的关键，本节将分别对视觉设计元素中的视觉色彩、视觉文字和视觉构图等知识进行介绍，让读者对视觉设计元素有一定的了解。

1.3.1 视觉色彩

色彩是一种极具冲击力的传播元素，它是由光波反射而产生的，再通过眼睛传递给大脑，从而影响人们对看到的颜色产生不同的心情与感受。色彩的应用在网店的视觉表现上尤为突出，店铺的整体色调、色彩的搭配是否符合店铺的特色，店铺的宣传推广海报是否能够抓住客户的眼球，都离不开色彩的应用。现实生活中有很多不同种类的颜色，为了更好地掌握色彩的使用和搭配方法，需要先了解并掌握色彩的基本原理、色彩的分类、色彩的属性和色彩的对比，下面分别进行介绍。

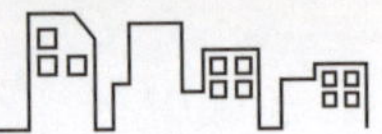

1．色彩的基本原理

日常生活中我们会看到各种各样的颜色，如苹果的红色、天空的蓝色、草的绿色，这些颜色是怎么呈现出来的？

在现实生活中我们见到的各种颜色是光、物体、眼睛和大脑在光系过程中产生的一种视觉体验，是人们对不同频率的光的感知。可以这样说，光和色彩是并存的，没有光就没有色彩，它既有其客观属性又与人眼的构造有着密切的联系。自然界中绝大部分的可见光可以用红、绿、蓝3种光按照不同比例和强度的混合来表示，将它们混合在一起可以搭配出各种各样的色彩，如青、黄、洋红。图1-5所示为色彩的重叠效果。而视觉营销中的色彩则为不同颜色的混合，通过不同颜色的相互搭配，制作成色彩鲜明的页面。

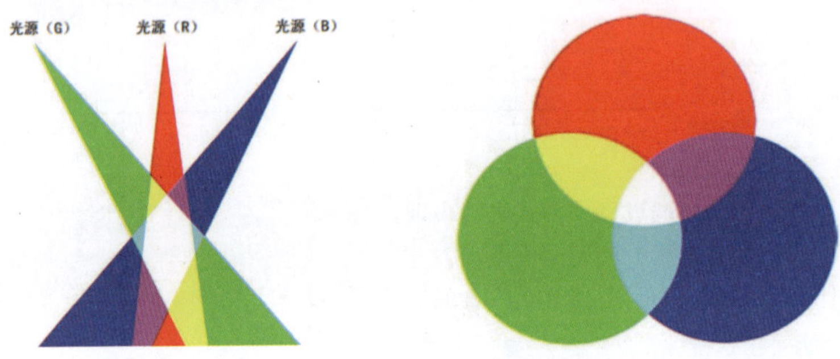

图1-5　红、绿、蓝重叠效果

2．色彩的分类

人们睁开眼睛看到的一切都是通过不同的颜色组合而成的。从视觉上可以看出，一张海报、一张焦点图都是通过不同的色彩对商品进行展现的，让其体现出不同的视觉营销信息和卖点，从而吸引客户点击购买。在日常生活中可按照色彩的系别分为无色彩和有色彩，下面分别进行介绍。

- **无色彩：**无色彩的颜色是指黑色、白色和不同深浅的灰色。无色彩的颜色只有明度的变化，这里我们所说的纯灰色可以理解为由黑与白混合的各种明暗层次的灰色。把所有无色彩的颜色概括起来，可得到按比例变化的9个明度层次的颜色，从明度最亮的白色开始，按逆时针方向依次可命名为：白、亮灰、浅灰、亮中灰、中灰、灰、暗灰、黑灰和黑。而在网店视觉营销中，办公类、家居类页面常常使用无色彩进行黑白页面或是灰色页面的制作，使其简单明了，并能和谐过渡，如图1-6所示。

图1-6　无色彩的家具店铺页面

- **有色彩：**有色彩是指带有某一种标准色倾向的颜色。光谱中的全部色都属有色彩。有色彩是无数的，它以红、橙、黄、绿、蓝、紫为基本色，基本色之间不同量的混合，以及基本色与黑、白、灰（无彩色）之间不同量的混合，会产生成千上万种有色彩。网店中大部分操作都是有色彩的，如服装、鞋包、珠宝、美妆等类别的店铺几乎都采用色彩较为丰富的颜色进行装修，如图1-7所示。

图1-7　淘宝网中的有色彩主页

3. 色彩的属性

在色彩的视觉展现中，色相、明度、纯度是色彩最基本的3要素，是人眼能够正常感知色彩的最基本条件，熟悉并灵活应用3要素的变化是色彩设计的基础。下面分别对其进行简单介绍。

- **色相：**色彩是由于物体上的物理性的光反射到人眼视神经上所产生的感觉。色彩的不同是由光的波长的长短差别所决定的，而色相就是指这些不同波长的色彩情况。各种色彩中，红色是波长最长的颜色，紫色是波长最短的颜色，红、橙、黄、绿、蓝、紫和处在它们之间的红橙、黄橙、黄绿、蓝绿、蓝紫、红紫共计12种颜色组成了色相环，在色相环中的各种颜色中加入白与灰，可以产生差别细微的多种色彩。图1-8所示为以红色为主的店铺装修。

图1-8　以红色为主的店铺装修

- **明度：**明度可以简单理解为颜色的亮度，不同的颜色具有不同的明度，例如黄色就比蓝色的明度高，在一个画面中可以通过协调不同明度的颜色来表达画面的感情，如天空比地面明度低，则会产生压抑的感觉。任何色彩都存在明暗变化，其中黄色明度最高，紫色明度最低，绿、红、蓝、橙的明度相近，为中间明度。另外，在同一色相的明度中还存在深浅的变化，如绿色由浅到深有粉绿、淡绿、翠绿等明度变化。图1-9所示即为明度较高的淘宝网店铺装修效果。

图1-9　明度较高的淘宝网店铺装修

• **纯度：**纯度指的是色彩饱和程度，光波波长越单纯，色相纯度越高；相反，色相的纯度越低。不同的色相不但明度不同，纯度也不相同。同一色相中，纯度发生变化会带来色彩性格的变化。有了纯度变化，页面才会变得更加鲜明。图1-10所示则为纯度较高的页面。

图1-10 淘宝网中纯度较高的画面

4．色彩的对比

色彩的对比主要指色彩的冷暖对比。从色调上划分红、橙、黄为暖调，青、蓝、紫为冷调，其中绿色为中间色。在进行视觉营销设计的过程中，首先，需掌握对比的基本知识，保证在暖色调环境中，冷调的主体醒目；冷色调环境中，暖调突出的基本原则。其次，除了色调的对比，还有黑白对比、明度对比、色相对比和纯度对比，下面分别进行介绍。

• **黑白对比：**黑白两色都属于无色彩，它们在冷暖对比中属于中性色。黑白对比能够体现视觉的清晰感。黑白对比出现在强烈的有色彩中，可使画面变得稳定，常用于稳定色彩。图1-11所示为使用黑白对比后的画面展示效果。

图1-11 黑白对比展示效果

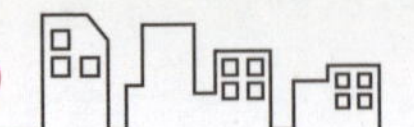

- **明度对比：**明度对比就是色彩的明暗对比，也被称为色彩的黑白对比，每种颜色都有自己对应的明度特征，而两者间的明度差别所形成的对比即为明度对比。当明度较强时，对比度高，对应的清晰度高，不易出现误差；当明度较弱时，图像不易看清，效果不好。图1-12所示为明度较强的展示效果。

图1-12　明度较强的展示效果

- **色相对比：**色相对比指因色相间的差别所形成的对比。当页面中的主色确定后，需先考虑其他色相与主色是否具有相关性，要表现什么样的内容才能增加表现力。其中色相对比还分为：原色对比、补色对比、间隔色对比、邻近色对比4种。图1-13所示为补色对比效果。

图1-13　补色对比效果

专家指导

原色对比指红、黄、蓝三原色之间的对比；补色对比指色相环上位置相对的两种颜色互为补色，如红与绿、黄与紫等，一对补色在一起可使色彩更加鲜明；间隔色对比指色相环上两个颜色之间隔一个颜色进行对比；领近色对比指色相环中相邻的两色，如红和橙、橙和黄等。

- **纯度对比：** 纯度对比中，纯度弱的对比画面视觉效果比较弱，清晰度较低，适合长时间及近距离观看。纯度中的对比是最和谐的，画面效果丰富、主次分明。纯度强的对比画面会出现颜色鲜的更鲜、浊的更浊的现象，画面对比明朗、富有生气，色彩认知度也较高。图1-14所示为纯度强的对比效果。

图1-14　纯度强的对比效果

1.3.2　视觉文字

视觉色彩能使画面变得生动，视觉文字则能增强视觉传达效果，提高作品的诉求力，直接影响着传播信息的展现与传达。字体有英文字体和中文字体，根据不同的版面需求，相互结合使用，能使展现的效果更加美观，下面先对字体的选择和设计进行介绍，再对文字的组合进行简单说明。

1. 字体的选择与设计

传统的字体可分为正、草、隶、篆、行5种，从视觉感观与应用的角度来讲，还可以把字体分为宋体类、黑体类、书法体类和艺术体类4种，下面分别对这些字体的选择和设计方法进行介绍。

- **宋体类：** 宋体是店铺页面中使用最广泛的字体。宋体笔画比较纤细，看上去较优雅，能够很好地体现文艺范。并且，宋体的字形方正，笔画横平竖直，末尾有装饰部分，结构严谨，整齐均匀，在秀气端庄的同时还具有极强的笔画韵律性，客户在观看时会有一种舒适醒目的感觉，常用于服装类、电器类和家装类等场合。图1-15所示为应用宋体后的页面效果。

图1-15 应用宋体后的页面效果

- **黑体类：**黑体字又称方体或等线体，没有衬线装饰，字形端庄，笔画横平竖直，笔迹全部一样粗细。黑体商业气息浓厚，其“粗”的特点能够满足客户“大”的要求，常用于商品详情页等大面积使用文字的内容中。图1-16所示为应用黑体后的页面效果。

图1-16 应用黑体后的页面效果

- **书法体类：**书法体指书法风格的字体。书法体包括隶书体、行书体、草书体、篆书体和楷书体五种。书法体是文人墨客留下的文化，自由多变，具有淡淡的墨香，并且顿挫有力，在力量中掺杂着文化气息，常用于书籍类等具有古典气息的店铺中。图1-17所示为应用书法体后的页面效果。
- **艺术体类：**艺术体是指一些非正常的特殊的印刷用字体，一般是为了美化版面而采用。艺术体的笔画和结构一般都进行了一些形象化，常用于海报制作或模板设计的标题部分，可提升艺术品位。常用的艺术体包括娃娃体、新蒂小丸子体、金梅体、汉鼎、文鼎等。图1-18所示为应用艺术体后的页面效果。

图1-17　应用书法体后的页面效果

图1-18　应用艺术体后的页面效果

2. 文字组合

当确定页面中运用的字体后，还需要对文字进行组合排版，让画面的展现效果更加充实、美观。下面将分别对文字在组合过程中需要注意的问题进行介绍。

（1）文字的可读性

文字的主要功能是在视觉传达过程中，传递商品信息和卖家需要表达的意图，要达到这一目的还需要考虑文字的整体效果，并给人以清晰的视觉展现。因此，在设计过程中，文字的编写要避免繁杂凌乱，要让人易认、易懂，切忌为了美观而忽略实际需求。不要忘记，文字设计的目的是更有效地传递信息，以明确设计的主题和构想意图。下面对增强可读性的4个方法分别进行介绍。

- 输入文字时，表达内容要清晰、明了，让客户一开始就明白表达的内容。
- 除非需要某种模糊的效果，否则要避免不清晰的字体，以免使客户产生反感。

- 恰当选择字体，不要使用过小的字体。
- 注意文字的浏览顺序，一般的浏览顺序为从左至右，因此，需要将重点内容放到右边，方便浏览。

（2）视觉的美观

在视觉传达中，文字作为一项重要的内容，具有传达感情的功能，因此，它必须具备视觉上的美观，能够给人美的感受。字形设计和组合能让画面效果展示得更加美观，使人感受到愉快，从而留下好的印象。反之，则会使客户产生抵触心理，而不去了解该商品。图1-19所示为不同大小的文字组合，使画面感更强。

图1-19　不同大小的文字组合

专家指导

字间距和段落间距也会影响文字排版的美观，主要表现为3点：①小字间距要大，以避免阅读困难，而大字则相反，间距小更方便查看；②字体增大，对应的段落样式应该同步调整；③若有多个段落，需要分清楚主次，不要都按照相同的方式进行表现。

（3）根据风格选择字体

在店铺装修过程中，卖家还需根据自己的风格和类目选择字体，如可爱路线的女装店铺，店铺中的字体可选择圆体、幼圆体等为主要字体，同时选择少女体、童童体和卡通体为辅助字体。走时尚个性的店铺则可选择微软雅黑、准黑和细黑等为主的方正字体为主要字体，并且在设计时还可选择大黑、广告体和艺术体为辅助字体，如图1-20所示。

图1-20　根据风格选择字体

（4）设计的创意性

根据作品的主题，进行与众不同的文字设计，给人以耳目一新的视觉感受，有利于吸引客户目光。设计时，应该从文字的形态特征和字与字的组合中寻找突破点，不断改进，这样才能创造出有个性化的文字，使其在外部特征和设计格调上都能唤醒人们愉悦的感受，如图1-21所示。

图1-21　设计的创意性

1.3.3　视觉构图

视觉构图也是页面布局和构图的要点，好的构图不但能与色彩一样，使表达的内容更加突出，而且还能抓住中心点，使画面更加紧凑。良好的视觉构图能够让店铺更加出彩，下面对常见的构图方法进行介绍。

- **中心构图：**在画面中心位置安排主元素，如商品或促销文案。这种构图方式给人稳定、端庄的感觉，适合对称式布局，可以产生中心透视感。在使用该构图方式时，为了避免画面呆板，通常会使用小面积的形状、线条或装饰元素进行灵活搭配，增强画面的灵动感。如图1-22所示，在页面中间添加鞋子和柜子主体物，并将说明性文字放于主体物两边，使人一眼望去就能确认中心点。

图1-22　中心构图

- **九宫格构图：**九宫格构图也叫井字构图，指将画面分成9个块，在四个交叉点，选择一个点或者两个点作为画面主物体的位置，同时，其他点还应适当考虑平衡与对比等因素。该构图方式富有变化与动感，是常用的构图方式之一。图1-23所示的贴膜工具就是按照九宫格构图添加文字和图形的。

图1-23　九宫格构图

- **对角线构图：**是指将画面主体安排在画面的斜对角位置，能有效利用画面对角线的长度，同时也能使主体和副体产生直接关系，使画面更具有动感，显得活泼，从而吸引人们的视线，达到突出主题的目的。图1-24所示为使用对角线构图后的键盘展示效果。

图1-24 对角线构图

- **三角形构图：**以三个视觉中心为元素的主要位置，形成一个稳定的三角形。三角形构图具有安定、均衡但不失灵活的特点，如图1-25所示。

图1-25 三角形构图

- **黄金分割构图：**是指将画面一分为二，其中较大部分与较小部分之比等于整体与较大部分之比，其比值为1:0.618或1.618:1。0.618是公认的最具美学价值的比例，具有艺术性与和谐性，如图1-26所示。

图1-26 黄金分割构图

1.3.4 任务实训及考核

根据介绍的相关知识，完成表1-5所示的实训任务。

表1-5 实训任务

序号	任务描述	任务要求
1	在京东商城中收集属于对角线构图的视觉效果图	根据视觉效果分析属于哪种构图方式
2	列举好的色彩搭配方案，并进行借鉴	掌握色彩搭配方法
3	收集淘宝网首页中的广告图，简述广告图中不同的文字表现形式	掌握文字的组合，分析属于哪种字体样式

填写表1-6的内容并上交，考查对本节知识的掌握程度。

表1-6 任务考核

序号	考核内容	分值（100分）	说明
1	简述什么是视觉色彩		
2	简述视觉文字的选择方式		
3	简述视觉构图的方式		

1.4 提炼视觉创意

商品中的促销信息和描述信息的核心任务是与客户产生沟通，使客户的思想靠近你的商品，远离对手。掌握色彩、文字和构图等视觉设计方法后，即可针对商品提炼创意点，并将提炼后的创意点展现到画面中，使人看到画面后，产生眼前一亮的感觉。

针对下列问题展开讨论：

（1）怎么提炼商品视觉创意？

（2）怎么提炼活动视觉创意？

对用户行为模式进行分析后可发现，只有引起注意，才能提起兴趣，从而激发欲望，增强记忆，最终采取行动。若店铺中的商品视觉呈现不能起到提起兴趣的作用，那么无论投入多少的成本都无法奏效。本节将从视觉创意的角度分析如何使视觉效果和创意提起客户兴趣，并通过商品视觉创意和活动视觉创意两个角度进行介绍。

1.4.1 商品视觉创意

长期以来，在很多网店的各种商品展示中，存在描述单一、缺乏创新等问题。而如何在视觉上以自己独特的形象让商品脱颖而出，既能有所创新，又区别于其他同类商品，是商品视觉创意的关键。

商品需要通过一定的表现形式才能传播，选择适当的表现形式是有效传递商品信息的关键。到位且有创意的广告或商品描述能增强商品被认知的程度，而一个创意效果图要从众多竞争者中脱颖而出，就必须要有商品独特的内容。因此，一个创意并且新颖的视觉表达，会让商品“跳入”到客户的视线中，从而刺激客户购买。如图1-27所示，该海报设计者在制作时以包本身的爱心装饰为出发点，在制作过程中，在海报的中心位置添加爱心形状，再在爱心形状的中间位置输入“爱在左xin房”文字，其中的“xin”周围的爱心形状与包中的形状相对应，使文字、形状和商品本身产生衬托和呼应，并在背景色的选择上以包的主色为主，使整个画面变得协调，并将商品本身需要展现的爱恋感放大。

图1-27 包包海报效果

除了视觉和文字的表达外，商品与模特也是商品视觉中应该注意的地方。在表现时应该注意以下几点。

- 若模特展示的商品为小巧、可爱、贵重的东西，需要将商品拿到脸庞或身前，方便客户查看商品的穿戴或是展现效果。
- 若模特展示的商品为大物件或是较长的商品，需要将商品的曲线与人体曲线

形成交叉，使其更具有对比感。

- 若模特展示的商品为家庭、厨房等日常商品，则要突出商品的实用性。
- 若模特展示的商品为大型物品，则要同商品有互动，不要让商品过于孤立。

模特的不同姿势可以表现不同的视觉效果，如S形用于表现女性的优雅、曲线和成熟；C形用于展示活泼、可爱；I形用于表示紧张、严肃、正式等内容，卖家可根据产品的不同进行调整。

1.4.2 活动视觉创意

商品视觉创意营销主要是针对商品的营销，而活动视觉营销首先需要应景，充分考虑活动的主题，并根据主题内容运用恰当的色彩和风格，最终达到吸引流量，提高销售的目的。虽然不同活动在视觉表现上有所不同，但是其核心都是相同的，主要包括有创意、有特点、有促销、有力度等。

在淘宝网中，一个完整的活动视觉创意需要先有一个较完善的活动方案，并根据方案进行一步步的策划。下面分别对策划过程中活动的分类、活动方案的规划、活动视觉设计3方面内容进行介绍。

1. 活动的分类

淘宝网中的活动类型主要有促销活动、热门主题活动两种，下面分别进行介绍。

- **促销活动：**是主要针对节日、季节等的促销活动，主要包括官方活动以及店铺自身的活动。官方活动是由网站营销、市场推广部整合运营而推出的活动，主要面向所有客户；而自身促销活动则是针对自身商品的特点，结合店庆、节日、创意活动等方式，有阶段性地策划各类创意促销的活动，如图1-28所示。

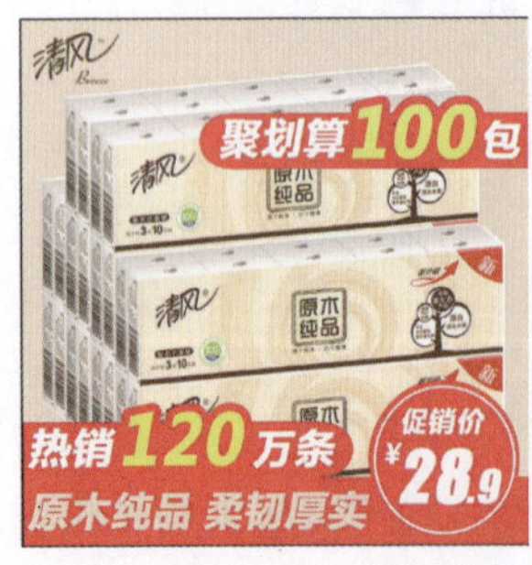

图1-28 促销活动

- **热门主题活动：**与线下热门活动或事件类似，奥运会和世界杯等活动，属于官方、类目专题活动；天猫上新、数码节等主题活动，由网站发起，主要针对部分特定商品的活动。

2．活动方案的规划

当确定活动类型后，即可规划活动方案，便于后期实施。活动方案的规划主要分为5个步骤，分别是确认卖点、确认客户群体、确认促销策略、确认推广方案、确认预算，下面分别进行介绍。

- **确认卖点：**找到客户的利益点，并抓住商品的核心卖点，从促销中将其体现出来。
- **确认客户群体：**明确商品的客户群体，并根据客户群体考虑活动价格是否下调，并估算影响程度。
- **确认促销策略：**当确认客户群体后，还需选择适合的促销策略，常见的策略包括满就送、打折、满减、抽奖等。
- **确认推广方案：**不同网站中推广所采取的方式有所区别，以淘宝网为例，常见的推广方式分为站内推广和站外推广两种，站内推广包括直通车、智钻等推广方式，而站外推广则包括论坛、微博、微信、淘宝网客等推广方式。
- **确认预算：**做任何事情时，都需要考虑投入产出比，做好预算。预算包括活动成本、前期推广费用、利润率等基本成本。除了基本成本外，还需要考虑人力成本和物流成本。

3．活动视觉设计

活动视觉设计是活动方案的最后一步，也是最关键的一步，它决定着活动能否成功。在活动视觉设计中可将设计的过程分为5个步骤，下面分别进行介绍。

- **思考活动方案：**策划人员拟出方案，联合美工人员，发现创意点，并将其拟定成方案细则。
- **确定设计思路：**策划人员确定活动方案后，确定投放广告的位置、尺寸和时间，并让美工明确本次活动的定义和规划。
- **确定设计风格：**美工根据创意点，收集设计过程中需要用到的素材，并结合必要的数据和期望达到的效果，确认设计风格。
- **设计活动页面：**根据整体风格和设计思路，规划并设计活动页面，使页面满足活动的需求。
- **设计活动推广图片：**查看店铺的整体风格，有针对性地对店铺推广图进行设计，并将推广信息和促销内容展示到图片中，使其卖点展现得更加具体，并符合需求。

1.4.3 任务实训及考核

根据介绍的相关知识，完成表1-7所示的实训任务。

表1-7 实训任务

序号	任务描述	任务要求
1	在生活中查看不同商品是怎么体现视觉创意的，并总结区别和联系	认识如何制作商品的视觉创意
2	浏览一张促销海报，查看海报中怎么让活动的卖点得到体现，其创意部分主要表现在哪些方面	掌握制作活动创意规划的方法

填写表1-8的内容并上交，考查对本节知识的掌握程度。

表1-8 任务考核

序号	考核内容	分值（100分）	说明
1	从商品视觉创意的角度说明如何制作推广图		
2	从活动视觉创意的角度说明如何制作创意首页		

拓展延伸

了解视觉营销是视觉设计的基础，只有掌握了其相关知识，才能制作出更加具有吸引力的视觉效果，实现营销的目标。下面将对视觉营销制作过程中的常见问题进行解答，帮助客户更好地进行视觉营销准备。

一、视觉营销的误区有哪些？

很多店铺在做视觉营销的过程中都存在一些误区，下面介绍3种常见的误区。

- **盲目展示：**盲目展示是最常见的误区。很多卖家希望在最小的篇幅中展现最多的信息，这种盲目的堆积往往会引起客户的反感，因为在浏览一个页面时，客户捕捉的重点信息是有限的，所以表达的精准、简洁是设计的重点。
- **无风格的定位：**缺失风格是店铺犯得最多的错误。店铺风格的定位体现了店铺的层次和特色。主要体现在海报、商品展示等方面上。繁杂的排版，不同风格的模特、冲突的色彩等问题会造成商品定位的混乱，从而引起视觉的混乱。

- **页面失衡：** 页面必须具备足够的跳转能力，此时侧边栏也不容忽视。但很多时候，卖家没有注意到侧边栏与页面需要保持统一，客户在浏览到页面下半部分时，左侧常常就不见踪影，这样容易造成客户流失。

二、怎么判断视觉营销的表现方式？

在网上购物时，“看到”是所有营销手段的开始，在网店商品同质化和价格透明化的今天，卖家如何通过视觉营销的表现让商品更具有卖点成了难点，下面将从4个方面对视觉营销的表现方式进行介绍。

- **打造注意力：** 网店中的商品主要通过文字描述和图片进行展示，客户也主要通过描述和图片了解商品。因此，网店视觉营销的首个关键点就是打造注意力，将客户的视线吸引过来。客户的视线总会被一些较为特别的事物吸引。图1-29所示为商品的两种不同的表现形式，右侧更加精致的图片更容易吸引客户注意力。

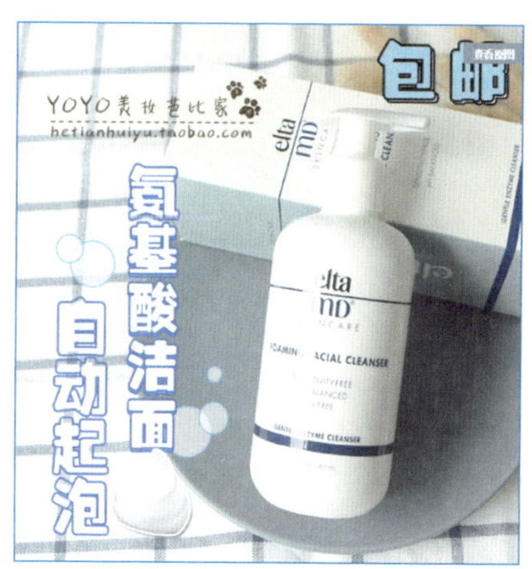

图1-29 打造注意力

- **唤醒记忆力：** 在视觉营销活动中，给予客户一些怀旧的元素，激发怀旧情怀，勾起记忆中最深刻的内容，引发购买欲望。这些情怀可以是日常生活中的实物，也可以是独特的符号。
- **营造好感度：** 网店若想赢得客户的认可和好感度还要从网页的加载速度和充分的信息描述中体现。其中，加载速度表现在，如果客户在10秒内都无法完整打开网店的页面，肯定就会放弃打开，因此，装修网店时要注意对图片和网页进行优化，控制好网页的加载速度。而充分的信息描述指详细而全面的商品分类和信息描述，以解决客户心中的顾虑，促使下单。

- **激发想象力：** 视觉营销指向客户展现拥有商品可获得的物质满足是不够的，还需要给予客户心理上的满足，为商品创造更多的附加值。如商品带来的心理满足和美化想象，因此营销时要注意与联想结合。

实战与提升

通过本章知识的学习，对下列问题展开讨论与练习，在巩固所学知识的同时，拓展视野，进一步提高自己的能力。

（1）假设某店铺要推出新的商品，此时需要对商品进行视觉营销，体现商品卖点。讨论该企业可以通过哪些方式来进行视觉营销，如何制定营销方案？

提示： 对店铺的风格、价格等进行定位，并对其进行讨论，再制定营销方案，根据方案进行营销即可。

（2）假设某店铺将参加“双11”的促销活动，此时该选择哪种营销方式？活动中的主题颜色该怎么选择？文案有什么注意事项？

提示： 从视觉营销的角度分析店铺属于品牌型还是营销型店铺，然后根据活动策划方案确认主题颜色，并在对应的图片上添加新颖的文字内容即可。

视觉营销的体现与布局

学习目标

营销不但包括商品营销，还包括店铺营销和广告营销。三者只有联合起来共同进行营销，才能更大程度地提升营销效果。本章将对店铺、广告和商品3个方面进行视觉设计的相应介绍，达到视觉营销的效果，从而帮助营销人员掌握视觉营销的具体体现与布局，做好营销的准备。

学习导图

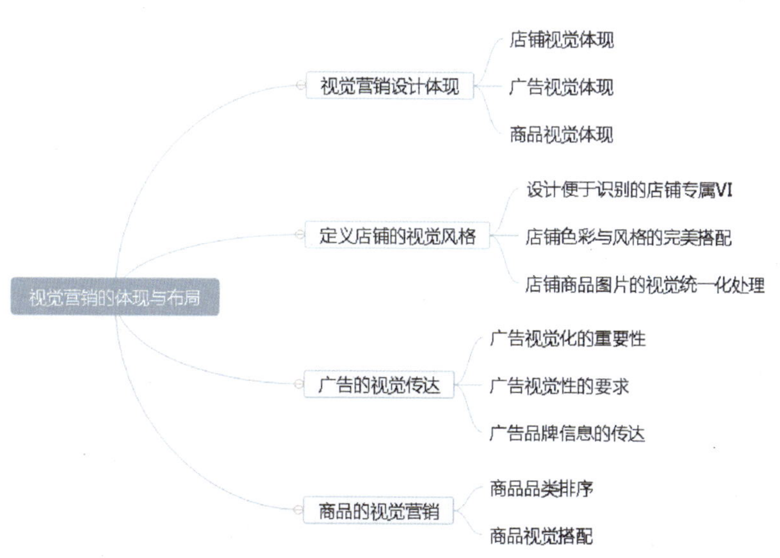

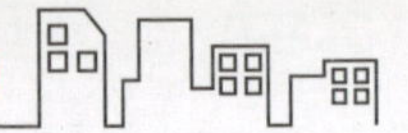

案例导入

小萌经营一家传统饰品的淘宝网小店，小店中所有的饰品都是小萌亲手制作的，具有一定的特点。但是小萌的店铺近段时间人气下降，基本上都是老客户关顾，而新客户流量越来越少。

为了提升店铺人气，小萌不仅参加了“6.18”促销活动，还上架了新商品。但是活动结束后，小萌发现流量虽然比以前多了，但是成交量却并不高。到底是什么原因呢？小萌想了很久。

一天，小萌在浏览淘宝网网页的过程中，发现了一家与自家同类型的店铺，小萌出于好奇就进店浏览了，发现这家店铺的首页清新文艺，把不同饰品的卖点通过搭配，以不同方式展现出来。并在首页中添加了广告性的视频和文字，让解说变得更加突出。并且商品图片和店铺的整体风格搭配和谐，展现了很好的效果。

小萌这才恍然大悟，自己的店铺视觉效果都没做好，怎么去做促销。于是，她决定再对店铺进行大翻新。先对店铺首页的色彩和风格进行搭配和组合，再对店铺中的商品图片进行统一处理和美化，挑选具有特色的商品来制作广告图。最后，在详情页中添加了手工制作饰品的流程，让客户从质量上信任商家。经过彻底的整修，小萌的店铺焕然一新。之后参加“双11”的活动，发现销量有了明显增加。

在开展营销活动前，首先需要明确一个方向：店铺装修是否符合商品的风格，颜色搭配是否合理，商品图片的视觉效果是否统一，广告展现的信息是否完整。其次，再根据这个方向进行店铺视觉的优化，这样才能提升促销效果，吸引客户点击购买。

【思考】

（1）店铺的视觉效果是从哪些方面体现的？

（2）怎么定义店铺的风格？怎么让色彩与风格的搭配更完美？

（3）怎么编写广告，并进行广告促销？

2.1 视觉营销设计体现

客户从浏览商品或点击促销广告进入店铺，再到查看和购买的这样一个过程中处处有视觉营销的影子。而在这个过程中如何通过设计来体现营销价值是重点，下面对体现方法进行介绍。

针对下列问题展开讨论：

（1）如何在店铺中体现视觉营销？

（2）如何在广告中体现视觉营销？

（3）如何在商品中体现视觉营销？

店铺、促销广告、商品图片都是体现视觉营销的重点，本节将分别对店铺视觉体现、广告视觉体现和商品视觉体现等知识进行介绍，帮助营销人员熟悉视觉营销设计中不同体现部分的表现与设计重点。

2.1.1 店铺视觉体现

店铺视觉体现主要通过首页、活动页和详情页这些内容来体现。以淘宝网为例，首页是店铺的基础，首页可展现店铺的整个视觉效果；活动页是促销活动页，它能展现活动信息；而详情页则是信息的重点表现方面，可将流量转换为成交量，下面分别对3者进行介绍。

- **首页体现：**首页的主要功能是通过店铺首页的装修风格让客户对店铺的品牌有所了解和认知；引导客户找到需要的商品；首页的海报、广告、商品信息可引导客户进入对应的活动页面，从而使客户购买商品，如图2-1所示。

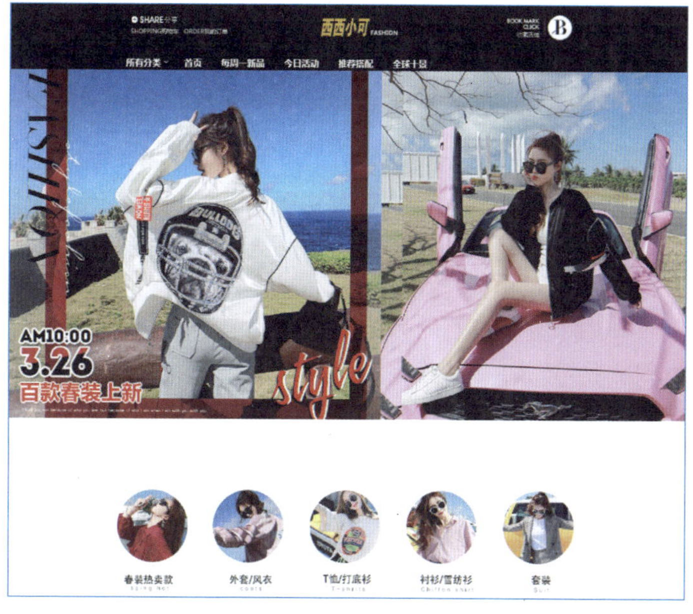

图2-1 首页体现

- **活动页体现：** 活动页是通过营造活动气氛而制作的页面，主要用于介绍活动内容，展示活动商品，引导客户参与活动促销从而促成商品购买行为，如图2-2所示。
- **详情页体现：** 详情页是展示商品主要内容的页面，通过页面设计，展示商品的基本信息、卖点和详细内容，让客户了解商品，从而产生购买欲望，是促成成交的最重要的页面，如图2-3所示。

图2-2　活动页体现　　　　图2-3　详情页体现

2.1.2　广告视觉体现

广告的目的是传达信息，引导购买。其视觉体现主要表现在视觉效果的美观度和不同的营销方式上。以淘宝网为例，店铺中广告视觉体现主要通过不同的推广图进行展现，如海报、焦点图、智钻图和直通车推广图等，都属于比较具有代表性的广告图效果，下面分别对其体现方法进行简单介绍。

- **海报：** 海报一般位于首页中的第一屏，主要用于展示商品信息、店铺信息和推广内容。该板块不但是广告的重要位置，还是营销的重点，通过图像的设计和广告文案的体现，传达商品信息，如图2-4所示，通过“上新48小时内专享8折”文字体现广告信息，并通过女装商品图片的效果，让人产生立即购买的冲动。

图2-4 海报

- **焦点图：**焦点图一般是详情页的第一个板块，在该板块中可置入店铺和商品广告，以进行店铺品牌形象的宣传和商品的促销。该板块是详情页广告视觉体现中的重点板块，也是营销的重点。图2-5所示为一款女装详情页中的焦点图，该焦点图不是针对该女装的效果展现，而是直接的广告植入，如上新促销信息。

图2-5 焦点图

- **智钻图和直通车推广图：**智钻和直通车是淘宝网中最常用的广告推广方式，在制作推广广告的过程中，可根据板块的大小制作对应大小的广告推广图，在展现广告内容时，要与营销信息联系起来，使展现的效果凸显营销的内容，如图2-6所示。

图2-6　智钻图和直通车推广图

2.1.3　商品视觉体现

视觉营销的目的就是通过一系列具有视觉吸引力的元素来吸引客户产生消费购买行为，而商品是视觉营销最终的转化场景。同时，商品也出现在视觉营销的各种环节中，如商品主图，首页、详情页中的商品，这些商品以其突出的视觉表现力吸引客户产生点击行为并形成消费。

那么，怎么让商品的视觉体现更加直观，更能营造出销售的氛围呢？下面介绍一些提升商品视觉表现力的方法。

1．商品主图视觉体现

商品主图是体现商品视觉的重点，在商品搜索页中，成功的主图图片不但会吸引客户点击，还能带来流量。主图的视觉体现主要通过商品背景、品牌、卖点的搭配让视觉效果得以体现。

- **背景：**在选择主图背景时，先要突出商品的用途，并体现主体的部分，使客户在浏览过程中抓住商品的重点。多形态的商品展现效果可使商品更具有吸引力。
- **品牌：**在设计商品主图时，除了对图片的选择和裁剪做足工作外，还可以在图片中打上品牌标签，强化客户记忆。一般情况是在主图左上角添加品牌的Logo或店铺名称。
- **卖点：**在主图中还要体现促销信息、商品特色和卖点等内容，以吸引客户视线并展示重点信息，为后期的购买做好前期准备。但是需要注意，卖点文字要简洁，不要遮盖主体。

2．首页商品视觉体现

在首页中，除了通过海报进行商品的体现外，还可通过商品列表页进行展现。在展现过程中，除了在消费逻辑上影响客户的消费需求外，还可通过价格因素影响其消费心理。从消费心理的角度来说，将价格相对高的商品放置到页面偏上区域，那么页面偏下部分单价较低的商品则更容易销售。或是将高价位商品放于左侧，然后依次放入中、低价位商品，那么客户即可快速根据自身定位选择商品。该方法可为客户注入价格印象促进卖出，在视觉上形成营销，是视觉营销的一种基础方式。图2-7所示为男装店铺中商品列表页内容，从价格上可以看出左边的价格相对较高，而中间和右边的价格则低很多，相对的成交量也比左边高很多。

图2-7 首页商品视觉

在首页中，展示同一个系列的商品，也可使客户在浏览单个商品的过程中，根据用途的不同，选择购买更多商品，从而提升销量。在视觉布局时，通过分系列展示，将整个系列分节展现出来，便于查看和购买。图2-8所示为百雀羚彩妆中的一个板块系列展现效果。

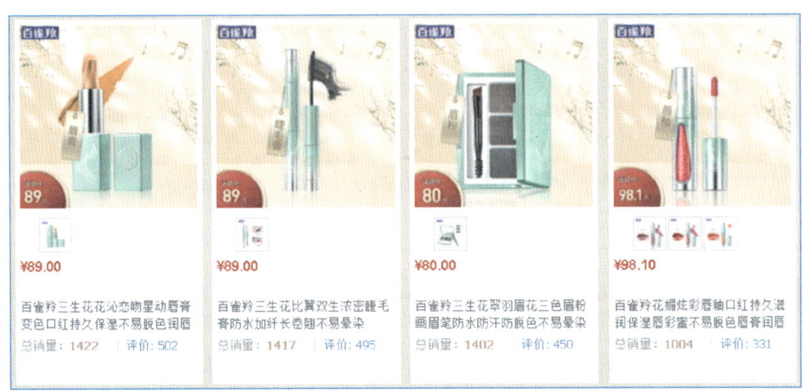

图2-8 系列展示

3．详情页商品视觉体现

详情页中商品视觉体现，除了通过商品实拍的视觉展现外，还可通过商品的搭配促销，将不同商品关联起来。图2-9所示为将女装的上衣和下装搭配起来，形成一个套餐效果，促进多个商品销售。

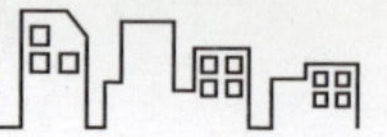

图2-9　详情页商品视觉体现

2.1.4　任务实训及考核

根据介绍的相关知识，完成表2-1所示的实训任务。

表2-1　实训任务

序号	任务描述	任务要求
1	进入“裂帛服饰旗舰店”，查看店铺的整体风格，并查看详情页和主图展现效果，确认是否与首页相同	掌握店铺视觉体现的展现方法，并对展现方式进行分析
2	在淘宝网首页搜索“女鞋”，查看搜索出的女鞋主图，分析各种图片是通过哪种方式体现商品视觉效果的	掌握商品视觉体现的方式和方法，并针对显示的商品图片，对视觉体现进行总结
3	在淘宝网首页查看钻展图，再查看其中的广告语和展现的商品特色，分析图片的展示方式和广告语的创意点	掌握广告视觉体现的方式和方法

填写表2-2的内容并上交，考查对本节知识的掌握程度。

表2-2　任务考核

序号	考核内容	分值（100分）	说明
1	简述店铺视觉体现的方式和方法		
2	简述广告视觉体现的方法		
3	简述商品视觉体现的方式		

2.2 定义店铺的视觉风格

VI是一种识别标志，是一种精神象征和价值理念，是商品、服务品质和受欢迎度的核心体现，是展现店铺视觉风格的重点，也是视觉营销设计体现中店铺视觉体现的核心内容。每个店主都想要自己店铺风格别具一格，那么在进行店铺装修过程中，就需要将各种视觉元素结合起来，塑造个性化的品牌风格形象，下面对定义店铺视觉风格的方法进行介绍。

课堂讨论

针对下列问题展开讨论：

（1）店铺专属 VI 是什么？

（2）店铺色彩与风格怎么进行搭配？

（3）怎么对店铺商品图片进行视觉统一化处理？

商品的风格定位是视觉展现形式的重要参考，较为清晰的风格定位再配以相应符合的视觉表现形式，可以完美地诠释商品属性与品牌性格，因此，对店铺的视觉风格定位尤为重要。本节将分别对设计店铺专属VI、店铺色彩与风格搭配和店铺商品图片的视觉统一化处理等知识进行介绍。

2.2.1 设计便于识别的店铺专属VI

简述VI

视觉识别系统（Visual Identity，VI）主要用于进行企业视觉标识的设计，以富有传播力和感染力的视觉符号来统一企业的精神文化与经营理念，在客户心中形成固有的心里烙印，达到推广企业商品和品牌知名度的目的。

VI在视觉营销设计中主要体现在网店的视觉设计方面，不仅能规范店铺的装修，还能很大程度上帮助客户记忆，使其在脑海中树立并强化店铺的品牌形象。店主若想要店铺从众多竞争对手中脱颖而出，除了丰富商品外，制作便于识别的店铺VI也十分重要。

课堂讨论

网店上的 VI 和实体店中的 VI 有什么区别和联系？它们有什么关系？

VI主要是通过视觉的方式来表现企业的文化和理念，通过具有标识性的视觉元素，如Logo、包装、视觉风格等来形成客户对企业的印象，进而树立起企业在客户心中的形象。需要注意的是，VI设计需要与企业所经营的商品、文化理念等内容相融合，通过一定的统一标准（如企业名称+品牌名+设计风格）来配合不同商品、不同项目的视觉统一，以系统化企业的视觉形象。对于网店来说，其VI视觉设计与实体店的统一性应该表现在以下几个方面。

- **店招与招牌的统一表现**：实体店铺顶部的店铺招牌与网店中的店招作用相同，并且其体现形式也基本相同。
- **海报的统一表现**：网店首页中的欢迎模块或是活动模块，与实体店铺中张贴的活动海报的作用相同，都用于告知客户店铺最新的活动动态和促销信息。
- **商品包装、商品定位和风格的统一表现**：网店中单个商品图片周围的装修元素与实体店铺中的商品包装类似，都是为了使商品的形象更加美观。同时，网店中的价格设计，则相当于实体店中的标签。

从上述对比可以看出，网店和实体店中需要规范的设计元素基本上是相同的，将这些要素进行总结即可形成VI设计的基本要素。店铺VI设计的基本要素是店铺VI形象的核心部分，它严格规定了店铺名称、标准字体、标准颜色、标识图形和标语口号，从根本上规范了店铺装修设计的视觉要素，下面对这几个基本要素分别进行介绍。

- **店铺名称**：店铺名称是采用文字或形状来表现的识别要素。店铺名称必须要反映店铺的经营理念，具有独特性。
- **标准字体**：标准字体包括英文字体、中文字体和其他字体，可根据店铺的名称、品牌和商品的风格对整个字体进行选择。
- **标准颜色**：店铺的标准颜色是用于象征店铺并应用在视觉识别设计中所有媒体上的特定颜色。通过颜色具有的知觉刺激客户产生心理反应，可表现出店铺的经营理念、商品内容的特质，体现出店铺属性和情感。标准色在视觉识别符号中具有强烈的识别效应，店铺标准色的确定要根据店铺行业的属性，达到突出店铺与同行店铺的差别，并创造出与众不同的色彩效果的目的。标准色的选用是以国际标准色为标准的，店铺的标准色使用不宜过多，通常不超过3种颜色。
- **标识图形**：标识图形是指用于进行店铺VI设计的图形元素，可以是具有标识性的品牌Logo、店铺商品或其他的装饰图形，以起到强化品牌形象、展示商品和装饰VI的作用。
- **标语口号**：口号是店铺理念的概括，是店铺根据自身营销活动或理念而研究出来的一种文字宣传标语。店铺标语口号的确定要求文字简洁、朗朗上口。如“一切皆有可能”为李宁牌系列运动服的广告语。

2.2.2 店铺色彩与风格的完美搭配

色彩是定位店铺装修风格的重要因素，可以说，风格承载着色彩，而色彩也成就着风格。在店铺的装修过程中，店铺的色彩风格定位很重要，这是做好店铺视觉营销的基础。许多商家在装修店铺的过程中，喜欢把一些炫酷的色块堆砌在店铺中，让整个页面色彩杂乱无章。其实一个优秀的页面应该有自己的主色调，再辅助一些搭配颜色，使整个画面显得干净、美观。下面对定位风格的方法进行介绍。

- **先确定自己的品牌主色调：**主色调不是随意选择的，而是在系统分析自己品牌受众人群的心理特征，找到这部分群体易于接受的色彩后确定的，当色彩确定后还需一直延续下去。当然，在后期的运营过程中，若是发现最初的定位不是很正确，可进行适当的调整。
- **合理搭配辅助色：**在页面配色上，要将主色调的影响力发挥到极致，辅助色只能是辅助，不要喧宾夺主，同时，可以将品牌的一些辅助图形用到设计中，让客户看到对应的图形即想起店铺。

如何确定主色呢？确定后如何选择颜色进行搭配呢？有什么技巧才能使色彩与风格搭配更加完美？

色彩的搭配是一门技术，灵活运用搭配技巧能让网店的装修风格更具有感染力和亲和力，在选择页面色彩时，需要选择与店铺类目相符合的颜色，因为只有颜色协调才能营造出整体感。下面对不同色系的应用领域和搭配方法进行具体介绍。

- **白色系：**白色称为全光色，是光明的象征色。在网店设计中，白色具有高级和科技的意象，通常需要与其他颜色搭配使用。纯白色会带给人寒冷、严峻的感觉，所以在使用白色时，都会加入一些其他的色彩，产生更多层次的白色，如象牙白、米白、乳白、苹果白等。另外，在同时运用几种色彩的页面中，白色和黑色可以说是最显眼的颜色。在网店设计中，当白色与暖色（红色、黄色、橘红色）搭配时可以增加华丽的感觉；与冷色（蓝色、紫色）搭配可以传达清爽、轻快的感觉。正是由于这些特点，白色常用于传达明亮、洁净的感觉，因此，常用于结婚用品、卫生用品、女性用品等商品设计，如图2-10所示。

图2-10 白色系

- **黑色系：**在网店设计中，黑色具有高贵、稳重、科技的意象，是许多科技商品的用色，如电视、摄影机、音箱等大多采用黑色调。黑色还具有庄严的意象，也常用于一些特殊场合的空间设计。生活用品和服饰用品设计大多利用黑色来塑造高贵的形象，黑色也是一种永远流行的主要颜色，黑色的色彩搭配适应性非常广，无论什么颜色与黑色搭配都能取得鲜明、华丽、赏心悦目的效果，如图2-11所示。

图2-11 黑色系

- **绿色系：**绿色本身具有一定的与健康相关的感觉，所以也经常用于与健康相关的配色。绿色还经常用于某些公司的公关站点或教育站点。当搭配使用绿色和白色时，可以得到自然的感觉；当搭配使用绿色和红色时，可以得到鲜明且丰富的感觉。同时，一些色彩专家和医疗专家们提出绿色可以适当缓解眼部疲劳，为耐看色之一，如图2-12所示。

图2-12　绿色系

- **蓝色系：**高纯度的蓝色会营造出一种整洁轻快的印象，低纯度的蓝色会给人一种都市化的现代派印象。蓝色和绿色、白色的搭配在我们的现实生活中随处可见，它的应用范围几乎覆盖了整个地球。主颜色选择明亮的蓝色，配以白色的背景和灰色的辅助色，可以使网店干净而简洁，给人庄重、充实的印象。蓝色、清绿色、白色的搭配可以使页面看起来非常干净清澈。图2-13所示为将蓝色系用于家具网店的效果。

图2-13　蓝色系

- **红色系：**红色是强有力、喜庆的色彩，具有刺激效果，容易使人产生冲动，是一种雄壮的精神体现，给人愤怒、热情、活力的感觉。在店铺设计的大多数情况下，红色都用于突出颜色，因为鲜明的红色极容易吸引人们的目光。

高亮度的红色通过与灰色、黑色等无色彩搭配使用，可以产生现代且激进的感觉。低亮度的红色通过冷静沉着的感觉营造出古典的氛围。在商品的促销过程中，往往用红色起到醒目的作用，以促进商品的销售，如图2-14所示。

图2-14　红色系

2.2.3　店铺商品图片的视觉统一化处理

店铺要形成自己的店铺风格，除了要在VI或色彩搭配上下功夫外，还要注重商品图片的风格和视觉的统一。商品图片风格的统一并不单单指在后期设计过程中将商品图片处理成一致的视觉效果，还包括在拍摄商品时就把握好照片的构图、修饰元素、光影等方面的统一。图2-15所示为两组商品图片，其中上组的拍摄风格高度统一，而下一组却掺杂了多种拍摄风格。

图2-15　统一拍摄风格

在进行室外拍摄的过程中，可通过固定商品拍摄地点，并综合分析不同商品的表达风格来统一制定拍摄方案，这种拍摄方式适用于一些体积较小、便于在室内摄影棚拍摄的商品。而对一些不适合在室内棚拍的商品，就需要在拍摄过程中把握好拍摄地点、光影，力求统一拍摄风格。

做好了前期拍摄的统一，还需要保证后期处理的统一。不要将商品图片处理成多种不同的视觉效果，这样展现出的效果会弱化需要突出表现的商品主体，使展示的效果不够直观。

2.2.4 任务实训及考核

根据介绍的相关知识，完成表2-3所示的实训任务。

表2-3 实训任务

序号	任务描述	任务要求
1	制作“小萌女鞋”视觉风格调整计划，并设计一款“萌系”风格的专属VI	掌握设计店铺专属VI的方法
2	为“小萌女鞋”的网上店铺搭配萌系色彩，确定主色与辅助色	掌握店铺颜色搭配的方法，并对视觉布局的相关知识进行了解
3	拍摄“小萌女鞋”的商品，并布置同色系的拍摄背景，统一商品图片的整体氛围，再对图片进行后期处理	掌握商品图片视觉统一化的基本要求

填写表2-4的内容并上交，考查对本节知识的掌握程度。

表2-4 任务考核

序号	考核内容	分值（100分）	说明
1	简述如何设计店铺专属VI		
2	列举店铺色彩与风格的搭配方法		
3	简述商品图片视觉统一化处理的方法		

2.3 广告的视觉传达

广告与定义店铺风格不同，广告是一种文化形态，是文化的载体，也是企业开拓市场、树立品牌、促进销售的重要手段。现代广告具有经济和文化的双重功能，它在传播商品信息的同时，也传播商品所赋予的思想、价值观念、审美意识等。因此广告的设计也越来越专业化，广告设计者也越来越注重广告设计的视觉营销和创意表现。

课堂讨论

针对下列问题展开讨论：

（1）广告的重要性主要体现在哪些方面?

（2）广告怎么传达品牌信息，有哪些注意事项?

（3）广告是怎么强调视觉性的?

视觉文化时代，广告作为传播信息的媒介，要尽可能将信息最有效地传达出去，引起大众的注意。因此，强调视觉化和注意力是广告视觉传达的重点。广告文化是广告创意过程中，借助各种表现手段、表现形式、表现符号与商品信息相融合而转化成视觉化广告的过程。换而言之，广告必须通过一定的文化符号来说明“商品”是什么，而客户对商品的理解和认知也是通过对这些符号的解读来实现的。前面对广告体现方式进行了介绍，下面将根据广告的传达方式对广告的基础知识进行了解。本节将先讲解广告视觉化的重要性，再对广告怎么来强调视觉性和怎么传达品牌信息分别进行介绍。

2.3.1 广告视觉化的重要性

广告是营销的一种途径。在营销过程中，通过制作具有视觉效果的广告进行传播是非常重要的营销方法。因此，广告的视觉化体现不但能使画面展现的效果更强，还能提升营销效果，增加成交量。

下面从传递价值理念、传递情感因素和引领生活时尚潮流3个方面对广告视觉化的重要性进行简单阐述。

1. 传递价值理念

广告文化是广告活动过程及其广告作品所蕴含并传播的知识、观念的总和，是营销中的一种重要方式。它需要将视觉元素通过不同的图像或文字进行传播。因此，广告在传递商品信息的同时，也同时兼顾着传播商品价值、消费方式等内容。并常常以品牌标志、代言、表达商品特殊功能的象征性文字和图案等具有视觉表现形式的营销方式，展现在客户面前。通过这些视觉信息的传递，不但能使营销效果最大化，还能使客户的接受度更高。传递这些视觉信息，也满足了客户对文化、精神的需求。图2-16所示为使用代言的形式传递商品价值。

图 2-16　以代言的形式传递商品

2．传递情感因素

现代广告诉求已从原来的单一功能诉求转向情感诉求，广告更关注人的情感需要，从内心出发，其营销内容以打动客户内心为目的，使其从内心接受商品。图2-17所示为美的热水器的一个页面板块，该板块以浴室一角作为背景，通过广告文字“给您婴儿般的沐浴体验”，表明该广告的受众群体，以文字的形式唤醒妈妈对孩子的呵护，从而唤醒客户的情感。

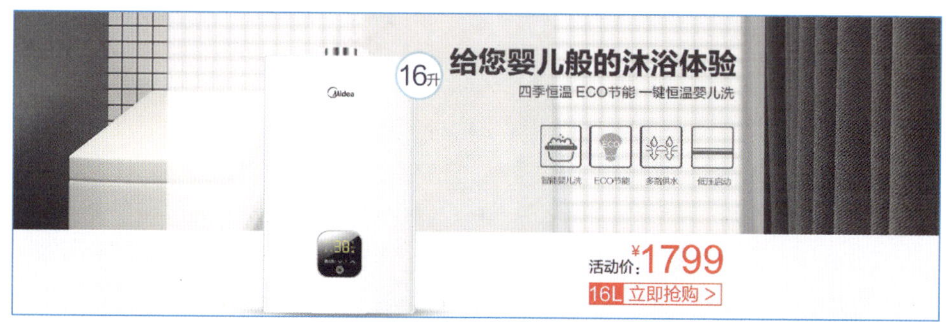

图 2-17　以广告文字唤醒妈妈对孩子的呵护

3．引领生活时尚潮流

广告是社会发展的映射，是时尚潮流的风向标。而广告营销不单单只是活动的介绍，还应该通过画面、文字、明星形象、色彩等方式传递时尚信息，引领时尚潮流，以达到营销的目的。品牌已成为现代时尚消费、理念、价值观的标志，受到大多数客户青睐。品牌的标志、明星的服饰、时尚样式、流行的趋势等信息，都可以通过广告画面直观反映出来，通过不同途径的营销传达给大众消费者，形成大众追捧的时尚潮流。图2-18所示为化妆品店铺中的推销广告语“不精致的女人 没有未来”，并在周围用香水和护肤品将其围住，不但传递女人要精致生活，还展示了不同商品的信息和品牌。

图 2-18　以文字传递商品

2.3.2　广告视觉性的要求

视觉文化背景下的广告文化传播更强调其视觉性。广告信息的诉求主要依靠视觉符号来传播，视觉符号由图形、文字、色彩、构图等元素组合而成。广告主题信息则是通过图形、文案的创意，色彩的选择，构图的选择等各种视觉元素来共同传达。因此，强调广告视觉性更有利于广告信息的传播。广告视觉性的要求主要表现在以下几个方面。

- **强调视觉化——扩大版面：** 扩大图形的版面。以尽可能大的版面来吸引客户注意力，从而达到强调视觉化的目的，但是需要注意：版面越大，其对应的资金投入也就越大，需要核算广告投入与回收比。
- **视觉快感效应——明星效应：** 明星代言的广告可带来视觉快感，产生巨大的经济效应。以“明星效应”引起关注，再以广告传播消费理念，让商品在市场中得以传播。广告中的明星效应可拉动店铺中商品的销量，提升商品的定位和档次。在选择明星时要根据商品的特点和定位进行选择，不要仅仅只关注明星的名气。
- **寻求差异化表现——吸引注意力：** 广告最吸引人的是创意，好的创意不但能吸引客户还能提升店铺品牌和形象，为下次的老客户回访带来条件。在制作时，可通过创意与消费者的互动相结合、广告与表演相结合等形式，使广告创意以差异化的表现手法得以体现，从而引起更多客户的注意力。

2.3.3 广告品牌信息的传达

店铺的形象和品牌决定了店铺和商品在客户心中的地位，这一地位通常靠店铺的实力和广告战略来维护和塑造。在针对实体店铺的营销中，报纸广告、杂志广告由于受众广、发行量大、可信度高而具有很强的品牌塑造能力。而针对网络店铺的营销，除了可通过实体店铺宣传外，还可参加不同的活动，加大品牌的认知度，从而达到传达品牌信息的目的。

2.3.4 任务实训及考核

根据介绍的相关知识，完成表2-5所示的实训任务。

表2-5 实训任务

序号	任务描述	任务要求
1	为“女士香水”设计一款广告海报，分析使用哪种方式进行营销	掌握广告的视觉表现形式和营销方式
2	为“韩后”化妆品店铺设计一款能凸显品牌信息的广告并在其中强调商品的视觉性	掌握广告传递品牌信息的方法，并了解视觉性的强调方法

填写表2-6的内容并上交，考查对本节知识的掌握程度。

表2-6 任务考核

序号	考核内容	分值（100分）	说明
1	简述广告的视觉表现形式		
2	简述广告是怎么强调视觉性的		
3	简述广告怎么传达品牌信息		

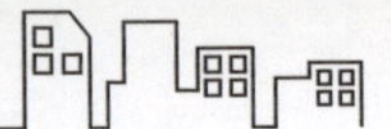

2.4 商品的视觉营销

商品视觉营销是通过不同视觉传达方式，将商品以更容易被浏览、点击的方式呈现给客户，从而促进客户产生购买行为，提高销售额的一种营销方式。这种商品视觉传达方式主要通过商品的陈列进行体现，在陈列中突出重点，并进行商品品类的排序、搭配和组合，以体现优势商品并带动其他商品的流量与转化。

针对下列问题展开讨论：

（1）如何进行商品品类视觉排序？

（2）如何进行商品搭配，让商品更具有视觉吸引力？

若要使商品的视觉效果展示得更加完整，需要进行商品展示的品类和风格的统一规范，再根据不同的种类进行排序，并对商品的特征和效果进行搭配，进而形成完整的商品视觉效果。下面将对商品品类排序、商品搭配的相关知识进行介绍。

2.4.1 商品品类排序

商品品类排序是商品视觉营销的重点，是商品视觉展现的一种方式，也是页面中的商品能否更好吸引客户购买的重要原因。那么如何做好品类排序呢？可以从以下3个方面进行掌握。

- **从畅销商品出发：**主营商品是店铺的重点，根据商品的销售情况，将畅销商品放于页面中的有利位置，将常规商品给予常规成列，使客户进店后即可看到畅销商品，促进商品更好地卖出。
- **根据库存调整排序：**按照商品的SKU（库存量单位）比例进行页面布局的配比，将库存多的商品分离出来，放于畅销位，便于商品的销售。再将库存相对较少的商品给予常规分布，便于普通销售，使用该方法，可降低库存积压并降低断货可能性。
- **根据品类进行排序：**指从主流销售商品到辅助销售商品依次进行排序。根据店铺中的商品特征和库存，按照不同的类型进行依次排序，使排序的方式符合客户的浏览习惯，从而进行商品的展现。

专家指导

商品品类排序不是根据设计者的习惯把自己喜好的商品或者看起来美观的商品放置到有利的位置，而是需要根据商品的销售数据，对商品进行合理规划，使每个商品的摆放位置更加合理，从而达到更好的视觉营销效果。

2.4.2 商品视觉搭配

商品视觉搭配，主要是针对有相似消费需求的人群进行研究和分析，将他们潜在的需求和商品搭配结合在一起，提高商品的关联率，从而增加商品卖出量。在首页或详情页中通过主动式的商品搭配推荐，可方便客户选购商品，让客户无须考虑接下来应该买什么商品，而是考虑哪件商品更加合适。

商品视觉搭配，能够提醒客户其他的潜在消费需求，并且运用搭配、折扣和促销的方式进一步刺激客户的购买意愿，从而达到营销的目的。商品视觉搭配方式主要分为并列式和递进式，下面分别进行介绍。

- **并列式：** 并列式指将同类型商品汇聚在一起，以并列的方式展示给客户，方便客户查看并购买商品。并列式搭配可以突出展示某一类别的商品，提升该类别商品的丰富程度，从而提高该种类商品的购买概率。并列式商品搭配是最常规的商品搭配方式，适合在商品充足的情况下进行展示，以满足不同客户对商品的需求。图2-19所示为肉类食品的并列式搭配，这样的搭配给喜欢肉食的客户提供了更多的选择，从而促进多个商品的购买。

图 2-19 并列式

- **递进式：** 递进式搭配是指通过商品与商品之间的关联性来带动商品的营销，以主要商品和辅助商品的形式进行递进推进，给浏览商品的客户提供尽可能多的关联商品，激发客户对商品的购买需求。如销售户外商品的店铺，可将帐篷、睡袋、防潮垫等必备的户外商品搭配在一起；销售服装商品的店铺，

可将上衣、裤子或裙子搭配在一起；销售化妆品商品的店铺，可将卸妆水、洁面乳、保湿霜等搭配在一起。多种关联性的商品搭配可以给客户提供更有深度的服务，既节省了客户自己查找商品的时间，大大提高了商品被客户主动点击的概率，又在客户心中树立起专业、值得信赖的形象。图2-20所示为户外商品的递进式搭配，通过关联商品的展示，可提高其他商品的连带销售。

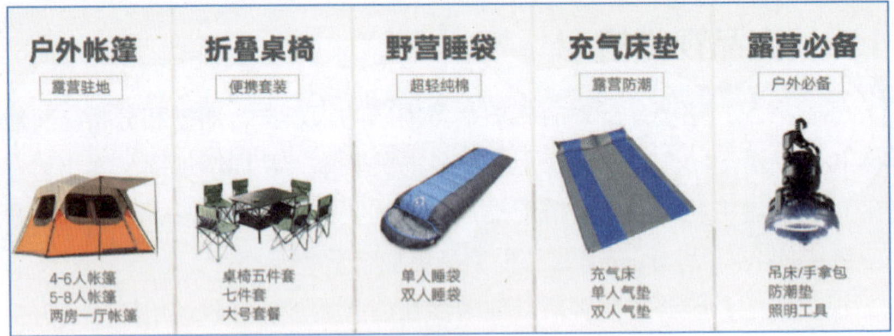

图2-20　递进式

2.4.3　任务实训及考核

根据介绍的相关知识，完成表2-7所示的实训任务。

表2-7　实训任务

序号	任务描述	任务要求
1	思考“旅行包”商品列表页应该怎么进行搭配	掌握商品搭配方法
2	思考“化妆品”商品列表页该怎么进行排序	掌握商品排序方法

填写表2-8的内容并上交，考查对本节知识的掌握程度。

表2-8　任务考核

序号	考核内容	分值（100分）	说明
1	简述商品品类排序方法		
2	简述商品搭配方法		

拓展延伸

视觉营销的体现和布局主要通过店铺、广告和商品3个要素进行展现。下面将对常见问题进行解答，帮助客户更好地掌握视觉营销过程中的问题。

一、视觉展现有哪些常见的配色方案?

色彩能给人一种直观的展现，好的色彩搭配对于吸引客户也有很大的帮助。下面讲解网店设计过程中常见的配色方案。

- **对比色调搭配方案：**即把色性完全相反的色彩搭配在同一个空间里。如：红与绿、黄与紫、橙与蓝等。这种色彩的搭配，可以产生强烈的视觉效果，给人亮丽、鲜艳、喜庆的感觉。当然，使用对比色调时要把握“大调和，小对比”原则，即总体的色调应该是统一和谐的，局部的地方可以有一些小的强烈对比。
- **暖色调搭配方案：**即红色、橙色、黄色、赭色等色彩的搭配。这种色调的运用，可使页面呈现温馨、和煦、热情的氛围。
- **冷色调搭配方案：**即青色、绿色、紫色等色彩的搭配。这种色调的运用，可使主页呈现宁静、清凉、高雅的氛围。

二、如何做好文案视觉化?

文案在视觉营销的表现力上起着重要的作用，在策划文案时，如何突出商品的卖点，并有效地抓住客户的购买心理，增强品牌的力度是需要重点考虑的。

- **突出卖点：**网店主要是靠图片与文字来说明商品的。没有文字的图片无法完整表达商品的特点与卖点，而没有图片的文字则无法吸引客户。因此，图片和文字缺一不可。
- **精确抓住客户的购买心理：**优秀的文字能够有效吸引客户，并能精确抓住客户的购买心理，促进商品的销售。好的文案相当于一名优秀的导购，不仅能很好地介绍商品，还能减少客户的顾虑。
- **增强品牌的力度：**品牌和文案是相辅相成的，通过文案可以让更多的客户了解并熟悉品牌，提高品牌的知名度，帮助店铺拓展市场。当品牌积累了一定的名声后，文案也有了品牌独特的风格，也将吸引更多的新客户，并有机会将其发展为老客户。因此，需要结合图片与文案进行设计，达到让新客户认可，提升品牌知名度的效果。

要想写出一篇优秀的视觉营销文案，除了要有基本的文字编写功力外，还需要掌握文案写作的要点，达到彰显定位，增强消费信心等一系列目的，下面分别对这些要点进行介绍。

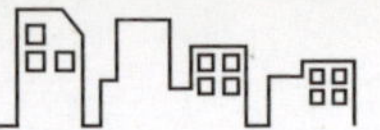

- **彰显定位，增强消费信心：** 文案在编写时，不是说品牌好，产品质量好，客户就一定买账，还需要添加一些激励性的文字，如月销5000件，这样不但说明了商品销量好，还从简单的术语中体现了商品的品质。
- **巧妙对比，凸显专业：** 在同类型商品中，若需要体现其商品的专业性可使用两点进行解决。一是和同行对比，从细节处告诉客户我更优质；二是用专业知识，告诉客户，如销售纯棉外套的商家可讲解如何判别纯棉与非纯棉，来凸显自己的专业，并将该方法广泛用于详情页。
- **低价商品，强调品质：** 假如你的宝贝大多是低价商品，而卖家最怕的就是假货、质量问题。这时除了使用图片进行表现，文案就要重点突出品质，该方法主图、详情页均适用。
- **高价商品，强调价值：** 如果在同类型商品中商品价格更高，此时应强调商品的价值，从各方面体现出价格高的原因，如商品本身的材质、做工、来源、卖点等；还可为商品塑造故事或品牌文化，为其赋予能够感动客户的文化价值，增加客户的认同感。
- **有的放矢，减少客户困惑：** 在进行商品描述时，应尽量做到图文结合，从细节中体现商品的质量。但是切记，商品描述信息一定要清晰、表达要连贯，不要出现基本的逻辑问题。

实战与提升

通过本章知识的学习，对下列问题展开讨论与练习，在巩固所学知识的同时，拓展视野，进一步提高自己的能力。

（1）对“小猫吃鱼童装”做店铺视觉规划，并对店铺的整体风格、色彩和商品视觉等进行思考与设计。

提示： 先确认店铺的整体风格，并根据风格确定主要颜色，并进行颜色的搭配，最后再进行单个商品的视觉设计。

（2）对“小猫吃鱼童装”做店铺广告，要求实体店铺与网店同时进行，并起承上启下的作用。

提示： 针对网店和实体店铺的整体风格，策划广告方案，并挑选广告的广告语和内容挑选，最后完成广告方案的策划。

视觉的影像传达

学习目标

视觉营销影像传达是指通过图片或视频来展示商品信息，视觉效果的好坏与摄影有直接关系，好的摄影效果能让商品展现效果更加突出，反之则不能将商品的卖点表现出来。下面将先了解拍摄的前期准备，再对拍摄环境和器材、对焦和曝光等基本知识进行讲解，让视觉的影像传达效果更加完整。

学习导图

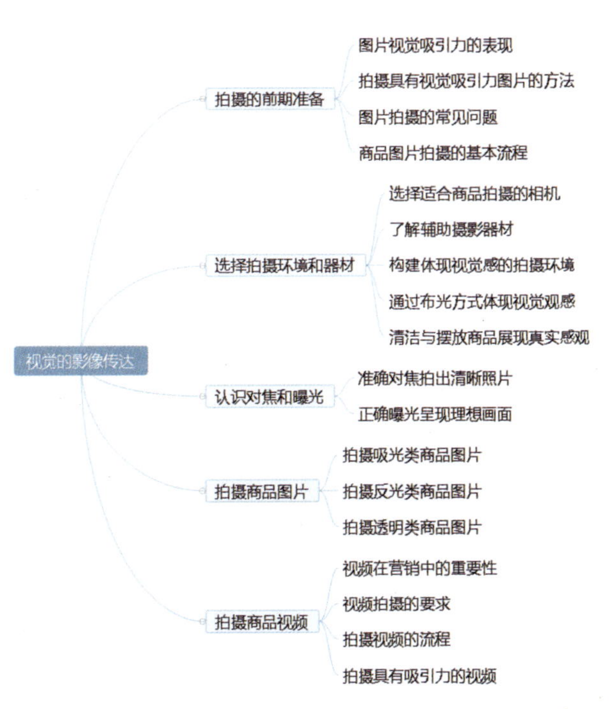

案例导入

小李是一家专卖各类糕点的实体店家，近几年随着网络的不断发展，小李发现，在淘宝网中居然也能购买到类似的商品，于是萌生了在淘宝网中开一家糕点网店的想法。有了想法后，他马上付诸实践，先注册了店铺，并制作了需要在网店中售卖的糕点商品，准备直接用手机进行拍摄。

随着拍摄的展开，小李发现他拍摄的糕点照片不是太暗，就是太亮，一点视觉感和食欲感都没有，与其他店铺展现的效果相差甚远，完全提不起购买的欲望。为此小李打电话咨询了他的摄影师朋友“小王”。

小王对他讲，要想拍摄出有内容、能引起食欲的视觉照片，不能随便使用手机进行拍摄，还需要准备一些辅助器材，如遮光罩、静物台、三脚架、柔光箱等。准备完成后，还需要找到适合拍摄的环境，并准备拍摄的光源。拍摄时要根据不同的商品进行不同的对焦和补光，这样拍摄出的效果才更加自然。

于是，小李第二天就去买了小王所说的器材，在家进行拍摄练习，并请求小王来当他的老师。经过不断努力，小李终于拍摄出了符合视觉效果的商品图片，并且其开设的淘宝网店铺也正式营业了。

在拍摄商品图片时，需要明确一个态度：商品图片拍摄的好坏，直接决定商品展示的成败。一张优秀的商品图片在被拍摄出来前需要做好前期的准备工作：选择合适的相机、辅助器材，并对商品进行合理的摆放与布光。

【思考】

（1）拍摄前有哪些准备工作？

（2）如何选择拍摄相机？选择时有什么需要注意的问题？

（3）如何进行布光？

（4）如何将商品摆放得更加合理，便于后期的拍摄？

（5）如何进行商品图片的拍摄？

3.1 拍摄的前期准备

商品图片是决定视觉表现的关键，好的商品图片不但能吸引客户的眼球，还能引起客户的注意，使其产生购物的冲动。要获得视觉效果美观的商品图片，需要先对其进行拍摄，从拍摄的效果中选择适合的照片，对照片进行美化后，才能进一步提高其视觉表现力。因此，拍摄商品图片是视觉影像传达的必备工作。那么，要怎么才能确定商品图片具有视觉吸引力，怎么拍摄才能体现商品的特点呢？下面根据这些问题详细介绍拍摄的前期准备工作。

课堂讨论

针对下列问题展开讨论：

（1）什么是视觉吸引力？在拍摄时应该如何表现？

（2）如何拍摄具有视觉吸引力的图片？

（3）图片拍摄的常见问题有哪些？该怎么解决？

（4）拍摄商品图片的基本流程是怎样的？

拍摄作为一门视觉艺术，其视觉吸引力必然不会受到忽视。一幅好作品应该具有视觉冲击力，把观者的注意力集中在主体上，而主体应该是整个画面的焦点。而商品拍摄的重点就是要吸引眼球，只有在吸引了足够的注意力之后，才能真正达到宣传的目的。本节将对图片视觉吸引力的表现、如何拍摄具有视觉吸引力的图片、图片拍摄的常见问题、商品图片拍摄的基本流程等知识分别进行介绍。

3.1.1 图片视觉吸引力的表现

视觉吸引力又称“视觉冲击力”，是指人们对自己看到的目标所产生的兴趣和爱好的力量，这种力量一旦形成就会吸引人们不断地关注目标。

一幅画面为什么会具有视觉冲击力？因为其中浓缩了生活场景，并通过有限的画幅进行展现，加上各种器材与技巧的表现营造出具有商品展现力的立体效果。表现视觉冲击力可以通过变形、色彩、质感、动感以及虚实和创意等方法，下面分别进行介绍。

- **变形的运用：**利用镜头广角、长焦的畸变，可突出某些画面的结构，夸张、变形能提升画面的气势或空间渲染力。但是要注意商品图片的真实性，不要为了美观而忽视商品本身的特征。
- **色彩的运用：**颜色的表现是我们对照片的第一感觉，颜色的鲜艳、明快、冷调均可对表达情感起到一定作用。由于人眼对颜色的感觉是固定的，运用绚丽明艳的色彩是突出视觉吸引力的主要途径。
- **质感的表现：**质感是表现真实感的重要符号。粗纺呢绒有和谐朴实的美，合金金属的科技感体现着现代的美，玻璃及半透明材质的绮丽变化表现出梦幻的美，白色陶瓷有洁净之美，天然木材有温馨之美，这些都是不同质感物体给人们的感受。拍摄者通过质感、光线和技术条件，抓住质地特点，充分表

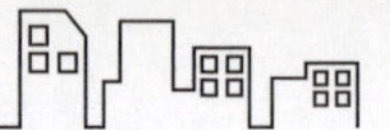

现物体表面的质地特征，能使拍摄的商品效果更加真实、美观、生动、鲜活。

专家指导

光线在表现物体质感方面起着极其重要的作用，光的特性与方向能改变质感的外观，粗糙的材质依靠强烈的斜射光可以增强物体的质感，顺光则可能获得相反的结果。不同的光线可以表现不同物体的质感，柔和的光线可以表现皮肤柔软细腻的质感，斜射的光线有利于表现地面或海面的质感等。

- **动感的魅力：**具有动感的画面，往往具有较强的视觉感染力，可以第一时间抓住客户的视线。富有动感能够让所要突出的主体跃然纸上。具有动感的画面拍摄可以利用闪光灯频闪制造单张照片多个主体运动的效果，也可以使用追随或拍摄时变焦让焦外物体模糊。
- **虚实的变幻：**人眼的焦点改变很难察觉到焦点外虚化的物体，而相机却利用感光元件进行捕捉，镜头的焦距段和光圈的大小都会影响虚实的变化。虚实结合可以起到突出主体的作用。“藏虚露实，虚宾实主，以虚托实，虚中有实，虚实相同”是拍摄的基本要求。
- **创意的表现：**“创意是商品图片的灵魂”，没有创意的商品图片会立即被淹没在众多同类型的商品效果展示中。只有创意独特、极具美感的商品图片，才能在无意中吸引客户，由无意一瞥，到注目，到欣赏，到读解，从而留下印象。优秀的创意不仅仅依靠怪异的拍摄，也可以通过更多创造性的场景，突出所要表达的主旨，体现商品中的内容。

3.1.2 拍摄具有视觉吸引力图片的方法

商品图片在网店中起着至关重要的作用。一张好的商品图片是吸引客户点击和购买的重要因素，而如何拍摄出具有视觉吸引力的图片是一个难题，通常要具备以下基本特征和要求。

- **清晰干净的主体物：**商品图片中，除了主体物外，往往还会有背景和道具。背景和道具可以适当进行虚化或模糊处理，但是主体物一定要清晰干净，视觉效果要带给人美的感受，从而彰显商品的质感，如图3-1所示。
- **颜色正确且大小适中：**商品照片的颜色一定要正确，不能失真。主体物在画面中不能太大，也不能太小，否则会影响视觉感受，如图3-2所示。

图3-1 清晰干净的主体物

图3-2 颜色正确且大小适中

- **背景色搭配正确：**网店商品图片常用的背景色有3种：黑、白、灰。这3种颜色属于中性色，几乎可以搭配所有的色彩。如白色背景，可以使画面整洁清晰，突出商品主体，一目了然。此外，还要根据商品的风格与特质来选择适合的背景颜色，以便更好地衬托商品主体，如图3-3所示。
- **多角度与细节展示：**店铺装修时卖家通常会选用一张最清晰、角度最好的图片作为主图放在网上供客户浏览，但是这样只能展示商品的一部分。多角度展示商品可以让客户多方面地了解商品外观，体现细节品质。针对商品局部突出元素进行细节展示有利于客户了解商品，判断商品的质量或功能特点，帮助客户排除质量方面的疑虑，细节展示是客户最关注的信息之一，如图3-4所示。

图3-3 背景色搭配正确

图3-4 多角度与细节展示

3.1.3 图片拍摄的常见问题

图片拍摄不是一帆风顺的，在拍摄过程中常常会遇到一些问题，下面对拍照过程中常遇到的问题进行介绍。

- **失真或模糊：** 图片失真不仅无法引起客户的兴趣，还会增加退换货的概率。而拍摄得过于模糊，使人看不清楚细节，客户将会失去浏览的兴趣，从而丢失客户。
- **过暗或过亮：** 拍摄过程中，由于曝光不足使画面过暗，视觉上将给人不舒服的感觉，影响视觉效果的展示；而曝光过度，无法看清楚材质和细节，也不能在视觉上留住客户。
- **主体过小或过大：** 商品图片中商品展现得过小，无法突出主体商品，导致客户无法看到细节。而占画面比例过大，容易使客户对商品的真实大小产生误解。

专家指导

如何更清楚地使客户了解到商品的大小呢？可以在商品旁边放置一些其他物品作为参照物，但物品的颜色选择要恰当。单个商品的拍摄不宜占图片过大的比例，否则会给人以压迫感，构图宜采取中央构图法，这样商品会更加清晰。

- **主次不分：** 图片中商品类型太多，客户无法区分哪个是商品主体。因此，在摆放商品时，衬托商品的道具不可喧宾夺主。
- **商品的疏密：** 商品的摆放不规则，较为随意。虽然随意地摆放具有一定的活力，但缺少节奏感和韵律，显得没有生气。

3.1.4 商品图片拍摄的基本流程

商品图片拍摄是一个需要精心策划与准备的工作，摄影师在拍摄前需要规划好商品拍摄的内容、表达的效果以及传递的信息。这样，才能使拍摄出的商品图片既符合视觉要求，又吸引眼球，从而引导客户点击图片，增加购买率。拍摄商品图片时，需要按照一定的流程进行拍摄，以保证拍摄出高质量的商品图片。下面对基本的拍摄流程进行简单介绍。

1．拍摄前期的准备工作

在拍摄商品图片前，需要先做好准备工作，以让拍摄的图片视觉效果更加完美。前期准备工作主要包括了解商品、确定拍摄风格、制订拍摄方案、准备拍摄器材等，下面分别进行介绍。

（1）全面了解商品

拍摄商品图片前，需要全面了解商品的各种信息，如商品外观与外包装、商品特性与使用方法。

- **了解商品外观与外包装：**要对所拍摄商品的材质、做工造型、颜色及外包装进行认真观察与分析，以便在拍摄时选择合适的背景与拍摄角度，利于更好地构图与布光，通过镜头完美地展现商品。
- **了解商品特性与使用方法：**要通过仔细阅读说明书来熟悉商品的功能、配置特性、清洗、保管方法和使用方法等，这样才能准确传达出商品的亮点和卖点信息，然后结合图片后期处理，配合文字对商品功能、操作步骤与特性进行详细介绍。因为各商品的功能与特点不同，所以需要根据商品的实际情况来进行规划。

（2）确定拍摄风格

根据所拍摄的商品特点，并以同类商品的图片或杂志作为参考，确定整体拍摄风格，使其视觉效果展现得更完整。如服装商品有唯美、小清新、复古、文艺、森女等风格，一般情况下，需要根据商品自身的特点来分析拍摄的风格效果，然后与策划或运营等人员商定，最后再通过布景、后期处理等进行展现。

（3）制订拍摄方案

拍摄方案可以按以下顺序进行制订。

- **进行商品分类：**在拍摄前，最好先根据拍摄中的可变因素对所有商品进行细致的分类，对商品的大小、材质、颜色等进行综合考虑，然后根据顺序进行拍摄。图3-5所示为从模特穿戴效果到平铺实体的拍摄。

常见的商品分类方式

图3-5 从模特穿戴效果到平铺实体的拍摄

- **确定拍摄顺序：**对商品进行分类后，应有计划地按顺序进行拍摄。先拍摄最简单、最容易操作和最容易展现的商品，然后拍摄搭配复杂、需要使用辅助器材才能拍摄的商品。如拍摄服装时，先拍摄平铺和悬挂的服装，然后拍摄模特着装的照片。若是穿插交替进行拍摄，摄影师会很疲劳。一般先拍摄质地和风格相同的服装，并且先拍摄白色背景下的单件商品，然后拍摄有装饰

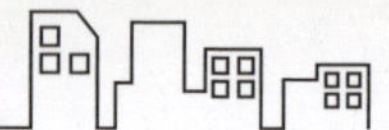

搭配的服装。如拍摄饰品时，一般先拍摄反射较少、单调的商品，再拍摄发光较多且受环境影响大的商品，最后拍摄面多、漫反射的商品，如各种宝石等。而拍摄各类饰品时，要根据物品对光线的敏感程度来决定其拍摄顺序，如图3-6所示。

图3-6　确定拍摄顺序

（4）准备摄影器材

拍摄前，需要对拍摄中所需要使用的器材进行检查，以确保拍摄顺利进行。根据室内或室外环境的不同来准备照明器材。进行室外拍摄时，需要多准备几个反光板，而室内拍摄，要准备柔光箱、反光伞等辅助器材。

2. 拍摄方案制订与执行

准备工作只是拍摄的第一步，完成准备后，即可制订拍摄方案，并执行拍摄操作，下面讲解制订拍摄规划表和拍摄商品的方法。

（1）制订拍摄规划表

在拍摄前，可以使用表格制订一个拍摄规划表，这样拍摄方向比较清晰明确，有利于掌握时间进度。

男士衬衫拍摄规划表

（2）拍摄商品

拍摄商品大致可分为以下5个步骤。①多角度拍摄商品，包括商品的正面、背面、45°和内部结构、全角度全方位的拍摄有助于客户深入了解商品的整体外观，然后使用微距将商品的细节局部拉近放大拍摄。②对商品的包装进行多角度拍摄，如正面、背面和45°，然后再将商品和商品包装进行组合拍摄。对包装的展示，可以体现出品牌感和运输的安全性。③对商品的说明书和防伪标识等进行拍摄。④对商品的使用步骤进行拍摄。⑤多件商品的组合拍摄。

专家指导

商品细节的拍摄一定要清晰，近距离拍摄，细节要素占图片的70%，建议使用微距镜头单独进行拍摄，不能直接在原来的全景图上进行裁剪。

3．拍摄后期处理与交付

完成所有的拍摄工作后，需要将拍摄的图片传入计算机，然后通过图像处理软件对拍摄不足的地方进行修改和完善，如修复污点、修正曝光、调整偏色、调整饱和度、调整图片清晰度等，但是进行后期处理的前提是要保证商品的真实性，最后可为商品图片添加水印，防止被盗用。

3.1.5 任务实训及考核

根据介绍的相关知识，完成表3-1所示的实训任务。

表3-1 实训任务

序号	任务描述	任务要求
1	给玻璃杯制订拍摄方案，并按照方案进行拍摄	掌握制作拍摄规划表的方法，并掌握拍摄商品图片的基本流程
2	拍摄一张商品图片，将拍摄的图片与实物进行对比，发现拍摄中的问题，并对问题进行总结	了解拍摄中的常见问题

填写表3-2的内容并上交，考查对本节知识的掌握程度。

表3-2 任务考核

序号	考核内容	分值（100分）	说明
1	简述商品图片拍摄的基本流程		
2	简述什么是视觉吸引力		
3	简述拍摄具有视觉吸引力图片的方法		

3.2 选择拍摄环境和器材

当对拍摄商品图片有了基本了解后，即可准备拍摄商品图片。相机是拍摄商品图片的前提，在拍摄商品前，需要先了解相机，这样拍摄出的商品才更加美观。辅助器材是拍摄商品图片的基础，在拍摄时合理地使用各种拍摄器材，可使拍摄的商品图片更加真实。而拍摄环境、布光则是拍摄的基本条件，只有满足了这些要求，才能让拍摄出的图片有更好的视觉展现效果。下面依次讲解拍摄环境和器材的选择方法。

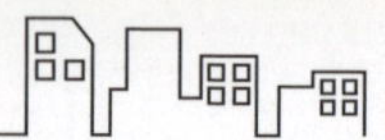

课堂讨论

针对下列问题展开讨论：

（1）什么样的相机更加符合商品图片拍摄的要求？

（2）如何选择辅助摄影器材？

（3）怎么构建拍摄环境？

（4）怎么清洁与摆放商品？

俗话说“工欲善其事，必先利其器”，只有对相机、三脚架与闪光灯等器材有一定的了解和认识，并对拍摄环境和布光方式进行了解后，才能找到视觉展示点，让视觉呈现得更加完美。本节将分别对选择拍摄相机、了解辅助摄影器材、构建拍摄环境、精确布光方式和清洁与摆放商品等知识进行介绍。

3.2.1 选择适合商品拍摄的相机

为了满足商品图片的视觉展示效果，商品图片常采用单反相机进行拍摄。单反相机又称单镜头反光照相机，是目前商品拍摄最常用的相机，可随意更换与其配套的各种广角、中焦距、远摄或变焦距镜头，拍摄出的照片清晰、质量高。除此之外，单反相机还具有很强的扩展性，不仅能使用偏振镜、减光镜等附加镜头，还能在专业辅助设备（如闪光灯、三脚架）的帮助下拍摄质量更佳的照片。

用于商品图片拍摄的单反相机比日常家用单反相机的要求更高，在功能的选择上也有所不同，单反相机的选购要素有以下几点。

- **选择合适的感光元件（CCD）**：感光元件又叫图像传感器，是相机的成像感光器件，感光元件的大小能直接影响相机成像质量。感光元件主要有CCD（电荷耦合）和CMOS（互补金属氧化物半导体）两种，感光元件的尺寸越大，成像越大，感光性能越好。图3-7所示为CCD和手机CMOS。

图3-7　选择适合的感光元件

- **相机要有手动设置功能（M手动模式）**：单反相机有不同的拍摄模式，如手动曝光（M）模式、快门优先自动曝光（S或Tv）模式、光圈优先自动曝光（A或Av）模式、全自动曝光、程序自动曝光（P）模式，以及多种场景模式。其中，全手动设置功能也是选购单反相机的重要因素。
- **强劲的微距功能**：微距功能的主要作用是将商品主体的细节部分巨细无遗地呈现在客户眼前。常用于首饰类等体积较小的商品，或是需要近距离进行拍摄，让客户了解商品的细节。图3-8所示为使用微距功能拍摄出的商品图片。

图3-8　使用微距拍摄的商品图片

- **要有外接闪光灯的热靴插槽**：热靴插槽是单反相机连接各种外置附件的一个固定接口槽，它位于照相机机身的顶部，附设两至数个触点，其主要作用是与闪光灯发生联系，如图3-9所示。
- **镜头的选择**：一般的相机镜头因为其拍摄的范围较小，无法将整个场景拍摄下来。当被拍摄的商品需要放大时，使用一般的镜头在微距模式下进行拍摄时，会出现图像变形或在商品的表面上留下相机阴影的情况，此时，就需要更换性能好的广角镜头才能达到预期的效果。单反相机和微单都具有通过更换镜头来满足拍摄需求的功能。图3-10所示为单反相机和微单适用的各种镜头。

图3-9　热靴插槽

图3-10　镜头的选择

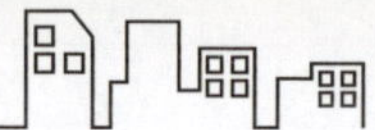

专家指导

常用镜头主要包括广角镜头、大光圈镜头和微距镜头3种。其中一般低于35mm的镜头为广角镜头，低于28mm的为超广角镜头。广角镜头视角广，纵深感强，景物会有变形，比较适合拍摄较大场景的照片，如建筑、集会等。在拍摄商品图片时，广角镜头常用于拍摄服装类商品；而大光圈镜头则多用于常规商品的拍摄；微距镜头则多用于小商品、细节的拍摄。

3.2.2 了解辅助摄影器材

相机只是拍摄的基础，若想拍摄不同大小、不同材质的物品，还需要根据拍摄物品的特点准备对应的辅助器材，如遮光罩、静物台、三脚架、柔光箱、闪光灯、无线引闪器、反光伞、反光板、背景纸等，下面分别对这些辅助器材进行简要的介绍。

- **遮光罩：**遮光罩是安装在单反相机镜头前端，用于遮挡多余光线的摄影装置。常见的遮光罩有圆筒形、花瓣形与方形3类，其尺寸大小也不同，在选用前一定要确认好尺寸，做好与相机的匹配。图3-11所示为圆筒形状的遮光罩。
- **静物台：**静物台主要用来拍摄小型静物商品，使商品可以展示出最佳拍摄角度与最佳外观效果。标准的静物台相当于一张没有桌面的桌子，在其上覆盖了半透明的用于扩散光线的大型塑料板，以便于进行布光照明，消除被摄物体的投影，如图3-12所示。
- **三脚架：**在相机底部的螺丝孔安装一个快装板，将三脚架固定在地面上，调节到适当的长度，然后将相机固定在三脚架上，可以保证相机的稳定，使拍摄更加平稳，如图3-13所示。

图3-11　遮光罩

图3-12　静物台

图3-13　三脚架

- **柔光箱：**柔光箱能柔化生硬的光线，使光质变得更加柔和。柔光箱多采用反光材料附加柔光布组成，使柔光箱发光面更大更均匀、光线更柔美、色彩更鲜艳，尤其适合反光物品的拍摄。图3-14所示为使用柔光箱拍摄商品的示意图。

- **闪光灯：** 闪光灯能在很短时间内发出很强的光线，是照相感光的摄影配件。闪光灯常用于光线较暗的场合瞬间照明，也用于光线较亮的场合给被拍摄对象局部补光，主要包括内置闪光灯、机顶闪光灯和影室闪光灯等，如图3-15所示。

图3-14　柔光箱

图3-15　闪光灯

- **无线引闪器：** 无线引闪器主要用来控制远处的闪光灯，让闪光跟环境光融合得更自然，一般在影棚里配合各种灯具使用，如图3-16所示。
- **反光伞：** 常用于拍摄人像或具有质感的商品。反光伞有不同的颜色，在商品拍摄中最为常用的是白色或银色，它们不改变闪光灯光线的色温，是拍摄时的理想光源，如图3-17所示。
- **反光板：** 反光板能让平淡的画面变得更加饱满、体现出良好的影像光感、质感，起到突出主体的作用。反光板主要包括硬反光板和软反光板两种类型，如图3-18所示。

图3-16　无线引闪器

图3-17　反光伞

- **背景纸：** 背景纸是商品拍摄过程中不可缺少的设备，它可以更好地衬托出商

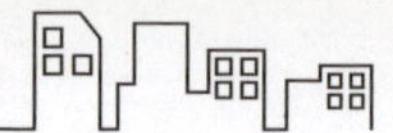

品的特点，让商品展示更加完美。背景纸的颜色丰富，但要简洁，不能太花哨，防止产生喧宾夺主的效果，如图3-19所示。

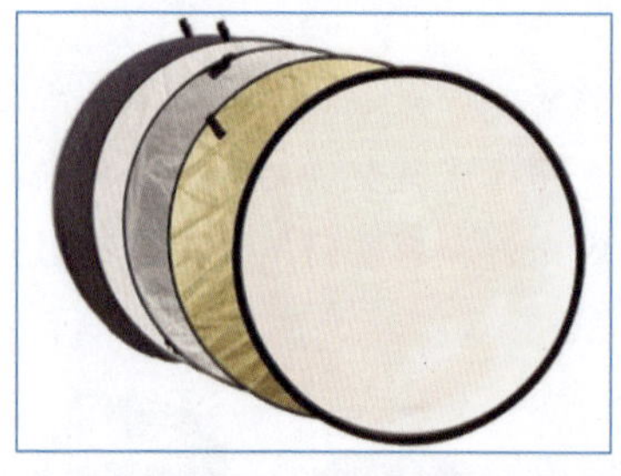
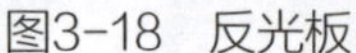

图3-18　反光板

图3-19　背景纸

3.2.3　构建体现视觉感的拍摄环境

在拍摄商品前，不但要认识拍摄的各种器材，还要掌握构建拍摄环境的方法。常见的拍摄环境包括户外拍摄环境和室内拍摄环境，户外拍摄环境需要注重光的运用和背景的选择，而室内拍摄环境则需要注重采光与光线的问题，下面分别进行介绍。

1. 构建户外拍摄环境

一张具有视觉效果的图片，不单单是要模特和服装漂亮，还需要选择一个好的拍摄环境。若要构建户外拍摄环境，需要将背景、光线和拍摄手法相结合。如拍摄时尚、前卫的服装可选择商业气氛浓厚的闹市区、商场、酒吧作为背景，而像自然清新的森女系服装则可选择森林、草地等作为背景，使其展现清新自然的感觉，如图3-20所示。

图3-20　不同环境的拍摄效果

室外拍摄都是借助自然光，是不是就不需要打光和补光呢？是不是所有场地的拍摄方法都是相同的？

室外拍摄主要是采用自然光加反光板补光的方式进行拍摄，这样拍摄的照片风格更加自然独特。在拍摄时还需要注意一些禁忌问题，下面分别进行介绍。

- **忌阳光直射：**阳光增加了物体良好的反光条件，使画面更富有生机，色彩更加饱满，为使用小光圈和高速快门（小光圈和高速快门的相关知识将在下个任务中进行讲解）提供了先决条件。但是强烈的阳光也会增添一些负面问题，最为突出的是：耀眼的光线会使被摄者睁不开眼，同时，拍摄人物时，高角度的直射阳光照射在人物脸上会造成浓重的阴影，显出皮肤皱纹，损害人物的形象美。所以，在户外拍照，应让阳光从侧面照射被摄者，忌脸部直接面向太阳。
- **忌人物与有色环境过近：**在明亮的光线照射下，物体的反光会增强，在这种情况下，人物应尽量远离那些色彩明艳的景物（如刚被油漆粉刷过的建筑物、遮阳棚等），否则那些景物的色彩会映射到人物身上，造成偏色。
- **忌逆光时人物站在水泥地上拍照：**因为水泥地表面较平整，且颜色浅淡，会形成较强的反射光，这种自下而上的"脚光"，往往会造成一种恐怖效果，应避免。
- **忌忽视滤光镜：**在户外无云的蓝天下，所有避光处都带上蓝色色罩；而在暮日的辉光映照下，所有的景色都染上了一层橙红色。在这样的环境中，若想让拍摄的景色保持原有的色彩，就必须在镜头前装上相应的滤光镜，在前一种情况下可选用淡蓝色滤光镜，在后一种情况下可选用淡红或琥珀色滤光镜。
- **忌采用高速片：**在晴空烈日下，光线强度高，若再采用高速片，往往会使光圈收到极小，或无法使用较慢的快门速度。这些情况都会给摄影创作带来某些方面的限制。
- **忌胡乱补光：**明亮的日光照射下，景物会有很强的反差。为避免反差过大，运用辅助光进行辅助照明十分有效，但要掌握好分寸，既要避免辅助光过亮，也要避免露出辅助光的痕迹（如出现与主光相反的投影）。
- **忌逆光直冲镜头：**在光线很强的情况下拍摄逆光照，要防止光线直冲镜头，否则很容易产生光晕现象。

2．构建室内拍摄环境

室内拍摄与户外拍摄不同，户外主要是针对模特拍摄，而室内则分为小件商品的拍摄和大件商品的拍摄，拍摄前需要针对不同商品的类型和大小来进行拍摄环境的搭建，下面对不同大小的商品构建拍摄环境的方法进行介绍。

- **小件商品的室内拍摄环境：**小件商品适合在单纯的环境里进行拍摄。图3-21所示的微型摄影棚能有效解决小件商品的拍摄环境问题。使用微型摄影棚既可避免布景麻烦，又可拍摄出漂亮的、主体突出的商品图片。在没有准备摄影棚的情况下，尽量使用白色或纯色的背景来替代，如白纸或颜色单纯、清洁的桌面等。

图3-21　小物件拍摄

- **大件商品的室内拍摄环境：**大件商品进行室内拍摄时，尽量选择整洁且单色的背景，拍摄的画面中最好不要出现其他不相关的物体。图3-22所示为室内拍摄大件商品的环境布置，室内拍摄对拍摄场地的面积、背景布置、灯光环境等都有要求，需要准备辅助器材，如柔光箱、三脚架、闪光灯、无线引闪器和反光板等。

图3-22　大件商品室内拍摄

3.2.4 通过布光方式体现视觉观感

课堂讨论

对产品进行布光拍摄，只针对摄影棚吗？户外拍摄需不需要布光，若不需要，那么户外是怎么控制光线的呢？

在室内拍摄商品，最重要的就是布光，合理布光才能展示出商品的质感。不同的材质和商品所需要的布光效果不同。拍摄材质柔软的商品需要采用柔和的光，而反光强的商品可采用直射光来衬托其质感。下面讲解常用的布光方式，包括正面两侧布光、两侧布光、单侧的不均衡布光、前后交叉布光和后方布光。

- **正面两侧布光：**正面两侧布光是进行商品拍摄时最常用的布光方式。光线投射方向和相机的拍摄方向一致，正面两侧布光方式会让正面投射的光线全面且均衡，能完整展现商品且不会有暗角，但要保证室内光源均衡，光照的强度要够大，如图3-23所示。

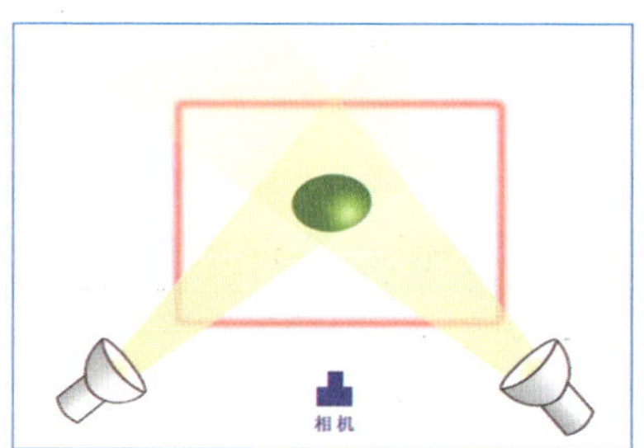

图3-23 正面两侧布光

- **两侧布光：**两侧布光，商品的受光面在顶部，正面并未完全受光。两侧布光适合拍摄外形扁平的小商品，不适合拍摄立体感较强和具有一定高度的商品。只有顶部受光才会形成顶部光亮、正面暗灰的效果，如图3-24所示。

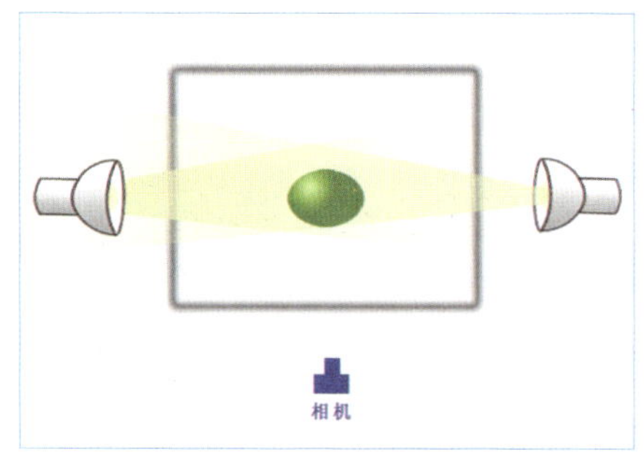

图3-24 两侧布光

- **单侧不均衡布光：**单侧的不均衡布光，受侧光照明的商品底部的投影也将变得很深，虽然对商品的立体形状和质感有很强的表现力，但商品表面的很多细节无法得到呈现。同时，由于减少了环境光线，反而增加了拍摄的难度。解决该问题的方法是，在另一侧使用反光板或白色泡沫板将光线反射到阴影面上，如图3-25所示。

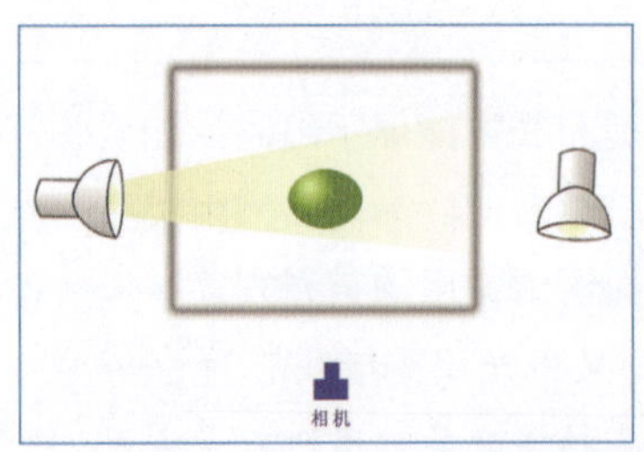

图3-25　单侧的不均衡布光

- **前后交叉布光：**前后交叉布光是前侧光与后侧光的组合。从商品的侧前方进行打光，商品的背面将出现大面积的阴暗，不能呈现商品的细节，因此，需要在商品的后侧方也进行打光，这样便能体现出阴暗部分的层次感。若两侧的光线有明暗的差别，还能保全商品更多的细节，因此，比单纯的关掉一侧灯光的效果更好，如图3-26所示。

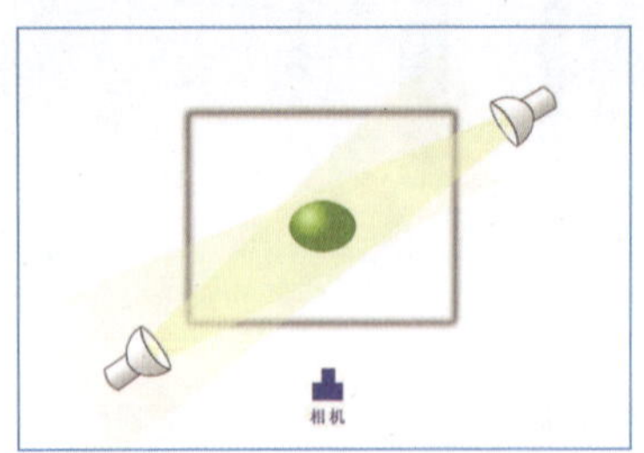

图3-26　前后交叉布光

- **后方布光：**后方布光又称轮廓光，指从商品的后面进行打光。因为是从商品的背面进行照明，所以只能照亮被拍摄物体的轮廓。后方布光拍摄技巧有3种，正逆光、侧逆光和顶逆光，如图3-27所示。

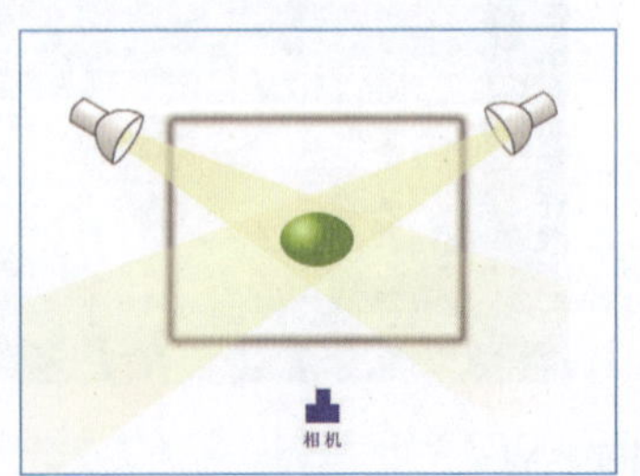

图3-27　后方布光

3.2.5 清洁与摆放商品展现真实感观

保证拍摄商品的干净与整洁是拍摄的前提，清洁与摆放不但能使商品恢复原有的色泽，还能使商品展现的视觉效果更加美观，使后期的营销更加成功。拍摄前，首先需要擦拭商品，保证商品表明没有污迹或指纹，其次，虽然商品的外部形态无法改变，但拍摄时可以充分发挥想象，通过二次设计和美化商品的外部曲线，使其具有一种独特的设计感与美感。也可以从不同角度拍摄商品，特别是对于不同的商品来说，有些商品的正面好看，有些商品的侧面好看，因此，要从最能体现商品美感和特色的角度进行拍摄，选择最能打动客户的角度来展现商品。一般来说，除了正面、侧面等角度外，还需拍摄侧视，如20°~30° 侧视、45° 侧视的各个高度的图片，每个角度的高度都至少拍2~3张图片，从而比较全面地展现商品的特点。图3-28所示为不同角度的拍摄效果。

图3-28 不同角度的拍摄效果

商品拍摄时，可通过背景的点缀来烘托出一种氛围，如金色的沙丘，蓝天、白云和蜿蜒的驼队，沙漠和绿洲，繁华的街景等，这样的场景不用过多的取景与构图技巧，随手按下快门就是一幅漂亮的画面，如图3-29所示。摆放多件商品时，不仅要考虑造型的美感，还要符合构图的合理性。因为画面上内容多就容易导致杂乱，此时，可采用有序和疏密相间进行摆放，既能使画面显得饱满丰富，又不失节奏感与韵律感。图3-30所示为多个商品的拍摄效果。

图3-29 添加背景效果

图3-30 摆放多个商品进行拍摄

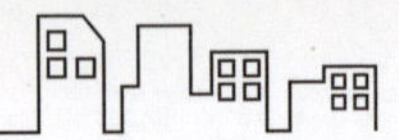

3.2.6 任务实训及考核

根据介绍的相关知识，完成表3-3所示的实训任务。

表3-3 实训任务

序号	任务描述	任务要求
1	对陶瓷茶杯进行布光，查看哪种布光方式最适合进行拍摄，并尝试其他布光方式的展现效果	掌握不同的布光方式，并学习布光方法
2	与同学进行协同合作，在户外拍摄一组连衣裙商品图片，查看拍摄中的问题	掌握辅助器材的使用方法，并学习户外拍摄的相关知识
3	选购一款单反相机，该相机要适合商品图片的拍摄，并且要具备广角性能好的特点	掌握选购相机的方法
4	现在需要拍摄一组太阳眼镜图片，在拍摄前对其进行清洁和摆放，使其相关展现更加美观，再使用选购的相机进行拍摄	掌握对商品进行清洁与摆放的方法

填写表3-4的内容并上交，考查对本节知识的掌握程度。

表3-4 任务考核

序号	考核内容	分值（100分）	说明
1	简述哪种相机更适合拍摄商品图片		
2	列举拍摄商品图片的辅助摄影器材有哪些		
3	简述构建室内拍摄环境和户外拍摄环境的方法		
4	简述布光方式和摆放商品的方法		

3.3 认识对焦和曝光

购买相机时，需要根据拍摄的商品选择合适的相机类型。而拍摄照片时，则需要通过设置相机的对焦、光圈、快门和感光度等参数，使照片的曝光和质量达到最佳。

针对下列问题展开讨论：

（1）如何准确对焦？

（2）如何对光圈、快门进行设置？

（3）如何使用曝光补偿？

对焦决定着拍摄的照片是否清晰，而曝光则决定了照片能否完美地呈现商品的细节。而要实现正确的曝光，需要控制好光圈、快门和感光度。本节将先讲解自动对焦、手动对焦，再对光圈、快门、感光度和曝光补偿等内容进行介绍，使用户可以熟练掌握相机的设置方法。

3.3.1 准确对焦拍出清晰照片

在进行拍摄时，调节相机的镜头，使一定距离外的静物清晰成像的过程，叫作对焦。正确的对焦方式对保证画面质量起着关键性的作用，对焦方式主要分为自动对焦和手动对焦两种。

1. 广泛应用的自动对焦

在拍摄时，单反相机往往默认采用自动对焦的形式，该对焦方式操作方便，聚焦准确性高，但是模式较固定，往往不能自动对焦到理想的部分。

自动对焦又称为单次AF或AF对焦模式。AF点又分十字型与一字型。目前，单反相机普遍采用十字型自动对焦感应标识。AF点的数目及准确性会随光圈的大小而变化，一般而言，光圈越大，可使用的AF点就越多，准确性也越高。

自动对焦拍摄时，可半按快门进行自动对焦，对焦成功后，维持半按快门的状态进行取景构图，在取景构图完成后，全按快门进行拍摄，被摄物品依然清晰，如图3-31所示。

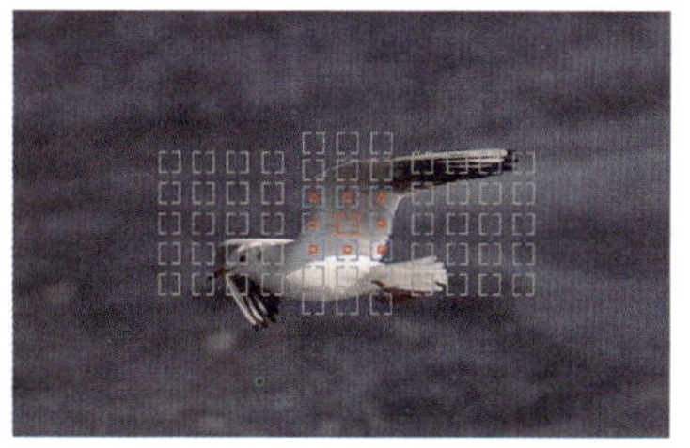

图3-31　自动对焦

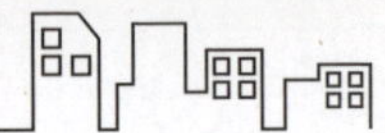

自动对焦有缺点吗？是不是所有拍摄都能使用自动对焦进行拍摄？

自动对焦方法简单、方便，但也有缺点，在完成对焦后，若被摄物突然偏离原来位置时（例如拍摄行走的人），相机不会再次自动对焦，如果按下快门，对焦便不准确，拍摄对象也会不清晰。此时，追焦系统会连续自动对焦，从而弥补单次自动对焦的不足。在对动态物体进行追焦时，该被摄物的移动方式、光线的充足度、镜头的类别、AF点的多少等因素都会影响自动对焦的效果。

2．适合拍摄小体积的手动对焦

手动对焦，是指通过转动镜头对焦环或通过按机身方向键以实现对焦清晰的对焦方式。这种对焦方式很大程度上依赖人眼对对焦屏上的影像判断，以及拍摄者的熟练程度。利用手动对焦，可以自由地选择画面中的主体，无论其在哪个位置。图3-32所示为使用手动对焦的效果。

图3-32　手动对焦

3.3.2　正确曝光呈现理想画面

曝光指摄影过程中进入镜头照射在感光元件上的光量，由光圈、快门、感光度的组合来控制。正确的曝光不但能使商品的细节在图片中得到体现，还可给后期处理留足余地，是决定商品拍摄效果好坏最重要的因素。下面分别对光圈、快门、感光度进行介绍。

1．影响画面清晰范围的光圈

光圈是相机上用来控制镜头孔径大小的部件，通常位于镜头的中央，可以控制圆孔的开口大小。在需要大量的光线进行曝光时，就开大光圈的圆孔；当仅需少量的光线来进行曝光时，就缩小圆孔，让少量的光线进入。

光圈的作用在于控制镜头的进光量，光圈大小常用f值表示。常见的光圈值有

f1.0、f1.4、f2、f2.8、f4、f5.6、f8、f11、f16、f22、f32、f44、f64等。在快门不变的情况下，f的数值越大，光圈越小，进光量越少，可能导致照片曝光不足，画面较暗；f的数值越小，光圈越大，进光量越多，照片效果越明亮，但是光圈过大，可能导致照片曝光过度。

白天在户外或光线充足的环境下，可尽量使用小光圈进行拍摄，这样进光量会比较准确，在夜晚或光线不足的环境中进行拍摄，以及拍摄人像或特写物体时，应尽量使用大光圈，以获得更多的进光量。在商品拍摄中，对小商品而言，更需要通过小光圈来展示商品的细节，图3-33所示为小光圈拍摄和大光圈拍摄的对比效果。

图3-33 小光圈拍摄和大光圈拍摄的对比效果

2. 避免画面模糊的快门

除了光圈外，快门速度也是影响画面曝光的重要因素。快门是相机用来控制感光片曝光时间的装置，快门速度的单位是“秒”，一般用数字表示。单反相机常见的快门速度范围是30s~1/8000s，即30s、15s、8s、4s、2s、1s、1/2s、1/4s、1/8s、1/15s、1/30s、1/60s、1/125s、1/250s、1/500s、1/1000s、1/2000s、1/4000s、1/8000s。相邻两挡快门速度的曝光量相差约1/2。

快门的主要功能是控制相机的曝光时间，数值越小，曝光时间越短，相机的进光量就越少，反之则越多。在光线较差的环境下进行拍摄时，使用低速快门，可增加曝光量，但最好使用三脚架进行固定，因为快门速度较低可能导致相机发生抖动。

课堂讨论

在实际使用中，怎么确定设置的快门速度符合本次拍摄的需要呢？快门速度是由哪些因素决定的？这些因素之间有什么联系？

快门速度是由被摄物体的移动速度、被摄物体的移动方向、被摄物体与相机的距离而决定的，下面分别进行介绍。

- **移动速度：**被摄物体移动速度越快，就需要使用较快的快门速度对移动的瞬间进行抓拍（快门数值越大，曝光速度越慢，反之，快门数值越小，曝光速度越快），使用较快的快门速度能拍出具有动感的画面。

- **移动方向：**被摄物体的移动方向也是快门速度选择的一个因素，运动方向有纵向、斜向和横向。横向的速度感最明显，纵向的速度感较弱。
- **与相机的距离：**被摄物体与镜头的距离越近，运动则越剧烈，为了定格画面，需选择快速的快门；而被摄物体与镜头的距离越远，其运动越不明显，此时可使用相对较慢的快门速度进行拍摄。

3．确定明暗程度的感光度

感光度是指感光元件对光线反应的明暗程度，常用ISO表示，ISO数值越小，感光度就越低；ISO数值越大，感光度则越高。感光度可以根据拍摄环境的光线进行设置，在光源充足的情况下，如阳光明媚的户外，感光度数值为100左右，在户外阴天的环境下，最好保持感光度数值在200~400，在室内有辅助灯的环境下，建议使用100~200的感光度。

专家指导

ISO值越大，底片的颗粒越粗，照片的质量越低。ISO值低，会延长快门速度，使拍摄的照片更加细腻，能突出商品的更多细节，也比较适合商品拍摄。

4．简单易用的曝光补偿

在学习了曝光的三要素后，还需要了解曝光的另一大利器——曝光补偿。曝光补偿是为了让拍摄者对相机实际的曝光量进行调整，以此得到准确曝光。单反相机的曝光补偿范围是相同的，可以在±2～3EV内进行调整。若环境光源偏暗，可增加曝光值来突显画面的清晰度。单反相机的曝光补偿“+”表示在所定曝光量的基础上增加曝光量，“-”表示减少曝光量，相应的数字是曝光补偿的级数。与无曝光补偿相比，无论是正向曝光补偿，还是负向曝光补偿，补偿的值越高，亮度变化越明显，图3-34所示为-1EV、0EV、+1EV的图片展示效果。拍摄时可根据不同的需要来调整曝光补偿。

图3-34　小光圈拍摄和大光圈拍摄

3.3.3 任务实训及考核

根据介绍的相关知识，完成表3-5所示的实训任务。

表3-5 实训任务

序号	任务描述	任务要求
1	使用自动对焦和手动对焦分别拍摄一组商品图片，分析哪种对焦方式拍摄的效果更加美观	掌握自动对焦和手动对焦的操作方法，分析两种对焦的优缺点
2	拍摄一组“陶瓷杯”商品图片，在拍摄前分别设置光圈、快门和感光度，查看哪种参数下拍摄的效果更加完美	掌握光圈、快门和感光度的设置方法

填写表3-6的内容并上交，考查对本节知识的掌握程度。

表3-6 任务考核

序号	考核内容	分值（100分）	说明
1	简述自动对焦和手动对焦		
2	列举曝光三要素，并对其进行简要说明		

3.4 拍摄商品图片

当选择好拍摄的辅助器材，并对相机进行设置和布光后，即可根据拍摄的材质进行环境的搭建，完成后即可进行商品图片的拍摄。在拍摄时，往往会根据材质的不同进行不同方式的拍摄，常见的材质类型包括吸光类、反光类和透明类。

课堂讨论

针对下列问题展开讨论：

（1）如何拍摄吸光类商品图片？

（2）如何拍摄反光类商品图片？

（3）如何拍摄透明类商品图片？

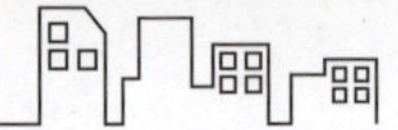

在商品拍摄过程中，因为商品材质不同，需要的光源和穿透度也不相同，其对应的环境需求、拍摄方式和拍摄环境都有所区别。本节将分别对吸光类商品、反光类商品和透明类商品的拍摄技巧和方法进行介绍。

3.4.1 拍摄吸光类商品图片

吸光类商品主要分为全吸光和半吸光两类。其中全吸光类商品包括毛、呢、布料、毛线、裘皮、铸铁、粗陶、橡胶等。而半吸光类商品则包括纸制品、质地细腻的纺织品、木材、亚光塑料、部分加工后的金属制品、人的皮肤等。下面分别对两种类型商品的拍摄技巧和注意事项进行介绍。

- **全吸光类商品：**全吸光类商品的表面结构粗糙，起伏不平，质地或软或硬。拍摄时可用稍硬的光照明，照射方位要以侧光、侧逆光为主，照射角度宜低。当使用较硬的光照射时，照射的效果所表现的层次和色彩将显示得更加丰富。若使用过柔过散的顺光，会软化被摄体的质感。如果拍摄对象表面结构十分粗糙也可以使用更硬的直射光照明，使表面凹凸不平的质地产生细小的投影，从而强化肌理表现。
- **半吸光类商品：**半吸光类商品的表面结构一般都较平滑，大部分可以直接观察到其结构、纹理。半吸光类商品的布光主要以侧光、顺光、侧顺光为主。拍摄此类商品灯光的照射角度不宜太高，这样才能拍摄出具有视觉层次和色彩表现的图片。

拍摄全吸光和半吸光商品时，应根据商品表面质感状态的粗细程度、软硬程度确定用光光质。表面结构粗糙的物体、质地坚硬结实的物体可以使用硬光，如图3-35所示；表面细腻的或质地柔软的物体需要用软光来刻画，如图3-36所示；也可根据商品的内在气质确定用光光质，内在气质强硬的商品拍摄可以用硬光，内在气质柔弱的商品拍摄可用软光，如男性专用商品拍摄可用硬光，女性或儿童专用商品拍摄可用软光。

光质概述

图3-35 硬光拍摄

图3-36 软光拍摄

使用硬光布光应注意光比因素。硬光的光质特性可以加大被摄体的明暗反差，光比应控制在感光胶片允许的范围之内，同时又要根据被摄体固有的明度设计好所要表现的明暗反差。控制光比缩小反差应适当提亮硬光投射所产生的暗部，可用反光板等反光工具或辅助光进行补光。

3.4.2 拍摄反光类商品图片

反光类商品常指不锈钢制品、银器、电镀制品、陶瓷品等，该类制品因为表面光滑，具有强烈的光线反射能力，拍摄时不会出现柔和的明暗过渡现象，图3-37所示为反光类商品。

图3-37 反光类商品

因为反光物体没有明暗过渡，因此拍摄的商品图片缺少丰富的明暗层次，此时反光板的放置变得尤为重要。在拍摄时，可以将一些灰色或深黑色的反光板或吸光板放于拍摄物的旁边，让物体反射出这些光板的色块，以增加物体的厚实感，从而改善表现的效果。在拍摄该类物体时，灯光也很重要，主要采用较柔和的散射光进行照明，这样不但能使色彩更加丰富，还能使质感最大化显示。

拍摄反光类商品需要具有一定的技巧，可将大面积的柔光箱和扩散板放于拍摄物的两侧，并尽量靠近拍摄体，这样可形成均衡柔和的大面积布光，再将这些布光全部罩在拍摄物的反射内，使其显示出明亮光洁的质感。图3-38所示为反光类商品图片的拍摄效果。

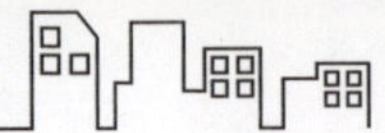

图3-38　拍摄反光类商品

3.4.3　拍摄透明类商品图片

透明类商品常指玻璃制品、水晶制品和部分塑料制品，这类商品具有透明的特点，可以让光线穿透其内部，因此通透性较强。拍摄透明类商品要表现其玲珑剔透的感觉，因此，在选择光线时，常选择侧光、侧逆光和底部光等照明方式，利用透明体的厚度不同，而产生不同的光亮差别，从而产生不同的质感。图3-39所示为拍摄出的透明类商品图片。

图3-39　拍摄透明类商品

若在黑背景下拍摄透明类商品，布光应该与被拍摄物相分离，此时可在两侧使用柔光箱或闪光灯添加光源，把主体和背景分开，再在前方或左右添加灯箱，将物体的上半部分轮廓体现出来，从而表现玻璃制品的透明度，使其精致剔透，如图3-40所示。如果拍摄物盛有带色液体或透明物，为了使色彩不流失原有的纯度，可在背面贴上与外观相符的白纸，从而对原有色进行衬托。

图3-40　拍摄玻璃杯

3.4.4　任务实训及考核

根据介绍的相关知识，完成表3-7所示的实训任务。

表3-7　实训任务

序号	任务描述	任务要求
1	拍摄糕点图片，要求将糕点中鲜明的颜色拍摄出来，展现出食欲感	根据本节所学内容，掌握拍摄吸光类商品的拍摄方法
2	拍摄一套陶瓷餐具，要求拍摄时展现餐具的花纹，并在其中添加食物进行拍摄，保持食物与餐具的美观度	结合前面所学内容，布置装饰场景，并使用反光类商品的拍摄方法进行餐具的拍摄

填写表3-8的内容并上交，考查对本节知识的掌握程度。

表3-8　任务考核

序号	考核内容	分值（100分）	说明
1	简述吸光类商品的拍摄方法		
2	简述反光类商品的拍摄方法		
3	简述透明类商品的拍摄方法		

3.5 拍摄商品视频

商品图片是视觉营销过程中的一种表现形式，它能在营销过程中体现商品的展示效果。而将商品图片展现效果转换为视频则是视觉的升级。视频能真实地体现细节，加强客户对商品的信任。

针对下列问题展开讨论：

（1）视频是怎么在营销中得到展现的？

（2）怎么拍摄视频？

（3）视频的拍摄技巧有哪些？

视频符合人类视觉系动物的本性，可有力驱动流量和转换率，制造深刻印象和话题，甚至可有效降低退货率，从而节省营销及CRM成本（客户关系管理成本）。本节将对视频在营销中的重要性、视频的拍摄要求、拍摄和编辑视频等内容进行介绍，使用户熟练掌握视频的拍摄和制作的方法。

3.5.1 视频在营销中的重要性

视频营销是将各种视频短片以不同的形式放到互联网上，达到一定宣传目的的营销手段，这种视频可以是商品视频、品牌视频、企业宣传片等。视频是实现营销媒体战略的重要部分，其重要性大致概括为以下5点。

- **灵活性强、传播范围广：**视频能做到按照需要及时变更内容。并且，视频的传播范围极其广泛，不受时间和空间的限制，可以在城市，也可以是全国，甚至是世界各地。
- **成本比较低：**利用视频在平台中进行宣传，可为店铺节省更多的成本。视频在营销过程中投入的成本与传统的宣传投入价格相差很大，视频的性价比高。
- **针对目标明确：**视频比其他传统媒体的营销方式更精准。因为把视频放在对应的网站或是区域，只要受众打开网站就很容易欣赏它并在大脑形成清晰印象。令人感兴趣的内容能吸引受众，而受众的不断支持、回复、传播、上传又能产生良好的内容。一传一受的交互方式可以达成思想共鸣，引发讨论，这就起到了一定的宣传效果。
- **受众数量可跟踪监测：**视频营销可以统计用户的停留时间和次数、视频被点击数量和转载数量及评论数，以及这些用户查阅的时间分布和地域分布。这样，借助分析工具可使用户群体清晰易辨，行为收益也能准确计量，有助于商家正确评估视频效果，制定视频投放策略。

- **感官性强：**内容价值高、观赏性强的视频，在让客户全方位了解商品的同时，紧紧抓住客户的心。文案再好再颠覆人心毕竟是需要客户去想象，而震撼的视频则直接将想象的场景展示给了客户。

3.5.2 视频拍摄的要求

在拍摄时，可能出现一些问题，如摄影机过分移动，拍摄进程将不稳定，拍摄的整体画面会出现倾斜不平衡；在逆光的情况下进行拍摄，画面主体不清晰；固定画面太少，后期编辑没有过渡的镜头；声音不清楚等情况。为了避免出现这些情况，需要掌握视频的拍摄要求，下面分别进行介绍。

- **保持画面稳定：**画面稳定是视频拍摄的核心，虽然现在很多摄像机都带有防抖功能，但是拍摄的视频要提高稳定性，则需要使用三脚架。在没有三脚架的情况下，需要双手持机；右手正常持机，左手扶住屏幕使机器稳定，若胳膊肘能够顶住身体找到第三个支点，则摄像机将会更加稳定。
- **保持画面水平：**若画面倾斜严重将会影响视频效果。因此，在拍摄过程中，应确保取景的水平线（如地平线）和垂直线（如电线杆或大楼）与取景器或液晶屏的边框保持平行，保持画面水平符合客观事实。采用倾斜的机位拍摄，有悖于人们眼睛所看到的世界，会让观看者感觉不舒服。
- **拍摄时间的把握：**在拍摄视频时，要分镜头进行拍摄。因为长时间观看同一视角的视频会使人失去观看的兴趣。所以，同一个动作或同一个场景通过几段甚至是十几段不同镜头的视频连续进行展现就会生动许多。因此，拍摄视频时应尽量对拍摄时间进行控制，保证特写镜头控制在2~3秒，中近景3~4秒，中景5~6秒，全景6~7秒，大全景6~11秒，而一般镜头控制在4~6秒为宜。对拍摄时间的控制，可以方便后期的制作，让观看者看清楚拍摄的场景并明白拍摄者的意图，使视频效果更加生动。
- **独特的拍摄视角：**构图的关键在于“平衡”，拍摄自然风景时，应尽量避免地平线处在画面的等比线上，否则会将画面均分为两半，给人呆板的感觉。地平线处于画面上方，会给人活泼有力的感觉；地平线处于画面下方，会给人宁静的感觉。在拍摄过程中，使用不同的拍摄机位可获得不同的视角和构图，产生的镜头效果也不同。镜头由下而上拍摄主体，可以使被摄体的形象高大；镜头由上而下拍摄主体，可使被摄体变得渺小而产生戏剧性的效果。

3.5.3 拍摄视频的流程

制作视频前需要先拍摄商品视频，拍摄视频与拍摄商品图片有所区别，下面将以淘宝网商品的拍摄流程为例进行讲解。

1. 了解商品的特点

在拍摄淘宝网视频前需要对拍摄的商品有一定的认识，了解商品的特点、使用方法和使用后的效果等。只有对商品有所了解，才能选择合适的模特、拍摄环境、拍摄时间。然后根据商品的大小和材质来选择拍摄的器材和布光等。拍摄时，重点表现商品的特色，可以帮助客户更好地了解商品，提高转化率。

2. 道具、模特与场景的准备

了解商品的特点后，就可以准备道具、模特以及布置场景，为视频拍摄做好前期准备工作。

- **道具：**视频拍摄可选择的道具有很多，但需要根据实际需要来选择。在室内拍摄的商品需要选择适合的摄影灯，若需要对商品进行解说则需要录音设备。道具的选择要适当，否则会出现场景杂乱的现象。
- **模特：**不同的商品对模特的需求不同，有些商品甚至不需要模特，如拍摄排气扇抽油烟的过程。拍摄洗面奶的视频时，可通过模特展示洗面奶的使用过程和使用后的效果。应注意，由于模特是为商品服务的，所以不能出现主次不分的情况。
- **场景：**拍摄的场景包括室内场景和户外场景。室内场景需要考虑灯光、背景和布局等；而户外拍摄则需要选择一个合适的环境，避免在人物繁杂的环境中进行拍摄。无论是室内场景还是户外场景，每款商品都需要多方位展示并拍摄多组视频，以便后期的挑选与剪辑。

3. 视频拍摄

一切准备就绪后，便可进行视频拍摄。在拍摄过程中，为了保持画面的平衡，需要使用三脚架，并根据商品的性能依次进行拍摄，在拍摄时注意展示全貌，并将各个角度分别进行拍摄，如果属于食品类，还应该拍摄制作完成后的效果，如图3-41所示。

图3-41 视频拍摄

4. 后期合成

视频拍摄完成后，需要将多余的部分剪切掉，进行多场景的组合；还需添加字幕、音频、转场和特效等操作，这些操作需要通过视频编辑软件完成。常用的视频编辑软件有会声会影和Premiere等。对新手来说，会声会影操作简单更易掌握。

3.5.4　拍摄具有吸引力的视频

当熟悉拍摄流程后，即可进行视频的拍摄。下面将采用室内拍摄的方式拍摄护肤品视频，在拍摄时注意保持稳定拍摄，并将各个细节在画面中展现出来，其具体操作如下。

STEP 01 在平台上铺满白纸，并使用日光灯斜射拍摄物，在商品的前方放入三脚架，使用三脚架架上相机，设置相机摄影的分辨率为1920×1080，并使用中长镜头对准中间区域，完成后为了防止在瓶身上留下指纹而影响效果，在用手移动或拿起瓶子时，需要戴上手套。拿起护肤品，先展示其瓶身，如图3-42所示。

STEP 02 将护肤品放在平台上，暂停拍摄，将相机向下压，保持安静，避免出现噪声，继续拍摄护肤品正面。用手旋转护肤品，使客户能感受该商品的立体形态，如图3-43所示。

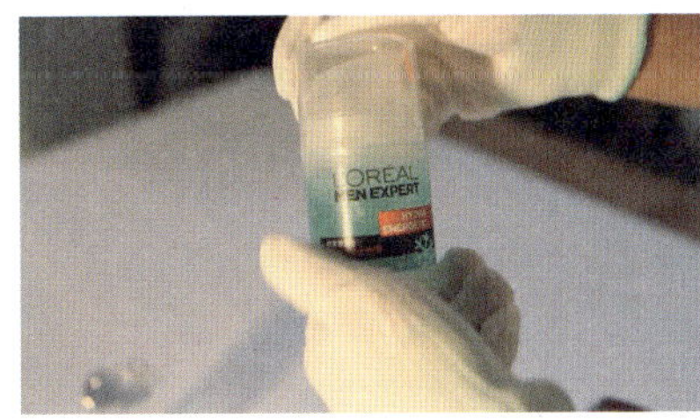

图3-42　瓶身展示

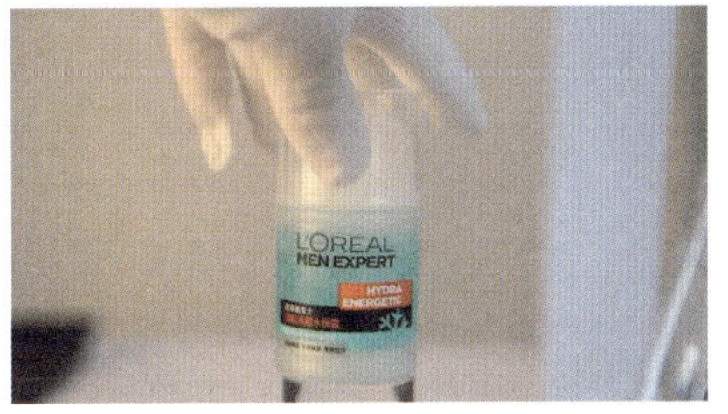

图3-43　立体展示

STEP 03 进行90°逆时针旋转，展示商品的侧面，如图3-44所示。

STEP 04 再进行90°逆时针旋转，展示商品的背面，如图3-45所示。

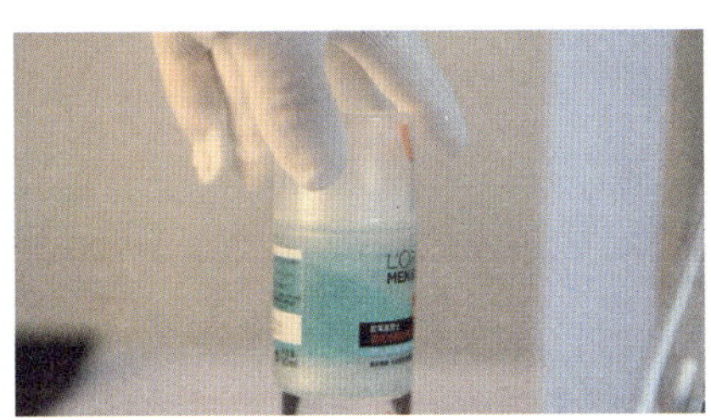

图3-44　侧面展示

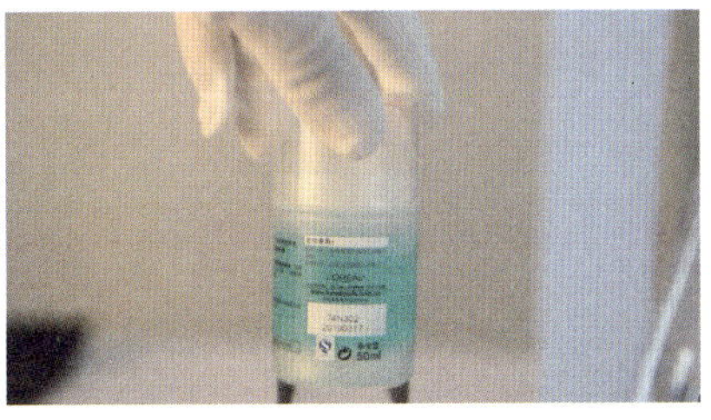

图3-45　背面展示

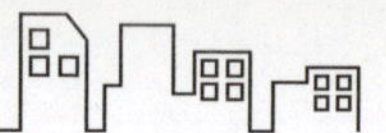

STEP 05 打开瓶盖，将护肤品放在木制的桌子上，展示护肤品瓶口的效果，并在瓶身上撒少量的水，使瓶身沾上小水珠，具有一种水润的感觉，如图3-46所示。

STEP 06 将瓶盖依靠在瓶身的旁边进行摆放，使用喷壶对喷雾喷水，拍摄瓶身带有水珠的效果，如图3-47所示。

图3-46　瓶口展示

图3-47　搭配拍摄

专家指导

在拍摄视频的过程中，由于拍摄者在拍摄时需要近距离进行拍摄，因此稍微有说话的声音，在后期观看拍摄效果时都会显得音量很大，感觉很聒噪。因此，保持拍摄环境安静，是视频拍摄中非常重要的一点。在条件允许的情况下，可使用360°旋转展示台进行展示，旋转的速度更平稳，展示的效果更好，且不会遮挡瓶身上的文字。

3.5.5　任务实训及考核

根据介绍的相关知识，完成表3-9所示的实训任务。

表3-9　实训任务

序号	任务描述	任务要求
1	拍摄一款户外长裙视频，在视频中展现长裙的飘逸，并将材质和穿戴效果展现出来	掌握拍摄视频的方法，并了解拍摄视频的要求和方法
2	拍摄润肤霜视频，在视频中展现水润效果，并将使用前和使用后进行对比	掌握拍摄润肤霜视频的方法，并对注意事项进行了解

填写表3-10的内容并上交，考查对本节知识的掌握程度。

表3-10 任务考核

序号	考核内容	分值（100分）	说明
1	简述拍摄视频的流程		
2	学习拍摄视频的方法		

拓展延伸

视觉是决定营销效果的重点，而商品图片和视频又是决定视觉效果的基本因素，因此，图片和视频的好坏直接决定了营销能否成功。下面将对拍摄过程中的常见问题进行解答，帮助用户更好地制作出高质量的视觉效果图片和视频。

一、怎么对远处进行高精度对焦?

当对风景等远方的被摄体对焦时，可以将对焦环对准距离刻度设为无限远的位置。但根据镜头种类的不同，有些镜头没有该距离刻度。因此，要想对远处高精度对焦，比较稳妥的办法是通过取景器或使用“实时显示功能”，用自己的眼睛来进行确认。

二、什么是景深，在拍摄中有什么作用?

当镜头对准拍摄主体物时，主体物与背景之间有一个清晰的范围，该范围叫景深。景深越浅表示可看到的清晰范围越小，景深越大表示可看到的清晰范围越大。景深的大小与镜头的焦距、拍摄的距离和光圈的大小有关，如图3-48所示。

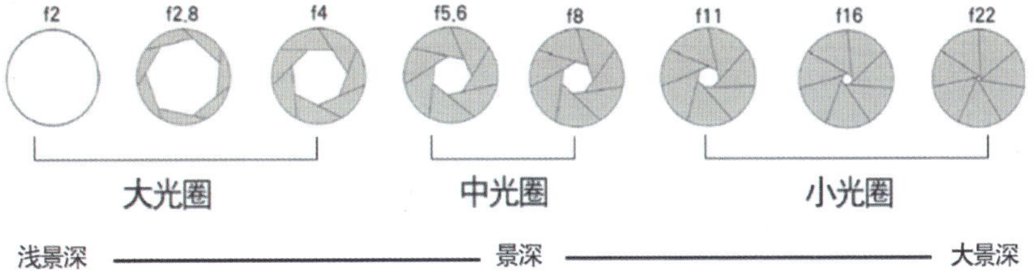

图3-48 景深

调节景深时需记住“光圈大、景深小，光圈小、景深大，焦距长、景深小，焦距短、景深大，物距近、景深小，物距远、景深大”的原则。

实战与提升

通过本章知识的学习，对下列问题展开讨论与练习，在巩固所学知识的同时，拓展视野，进一步提高自己的能力。

（1）拍摄一组休闲鞋的商品图片，分析在户外和室内拍摄休闲鞋的方法，并对各个常见的搭建方法进行掌握。

提示：可以先在室内搭建摄影棚，并进行布光拍摄，完成后通过模特拍摄室外穿戴效果，展现不一样的场景。

（2）拍摄休闲鞋展示视频，分析休闲鞋视频的拍摄方法。

提示：可以在上方的休闲鞋商品图片的场景中，选择一个场景进行拍摄，拍摄主要以穿戴效果、材质等为主。

商品图片的处理

学习目标

图片是网店商品的展现形式，拍摄商品图片后可能出现尺寸不符、图片昏暗、有污点、不够清晰、有色差等问题，为了让商品图片展现的视觉效果更加吸引人，我们需要选择合适的图像处理软件对图片进行处理，提高图片的质量。处理后的商品图片可直接用于商品的视觉营销，也可用于后期制作视觉图和店铺的装修与美化。

学习导图

- 商品图片的处理
  - 裁剪视觉效果不完整的商品图片
    - 认识网店图片的常见尺寸
    - 裁剪人物场景中不需要的部分
    - 矫正水平线让商品端正展示
  - 调整图片颜色与质感增强视觉感
    - 让商品图片恢复真实颜色
    - 让商品图片摆脱沉闷灰色
    - 让商品图片效果更加温馨
    - 让玻璃制品更加剔透
    - 让金属制品更具有金属感
  - 精细处理图片体现商品真实感
    - 将模糊的图片清晰化
    - 修复画面中的污点
    - 修复服装上的瑕疵和褶皱
  - 抠取图片中所需要的内容
    - 单色背景抠取
    - 外形不规则商品的抠取
    - 精细商品的抠取
    - 半透明商品的抠取
  - 丰富商品图片内容
    - 添加与美化商品图片文字
    - 为商品图片添加形状

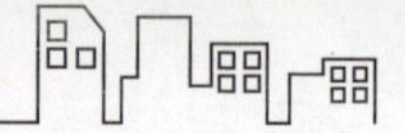

案例导入

小关在淘宝网上经营一家珠宝店，主要销售的商品是一些纯银首饰，如耳环、戒指、手镯、项链等。

小关刚创建自己淘宝网店铺时，为了保证商品的真实性，直接使用实拍的各个角度的珠宝照片作为主图与商品描述图。同时，小关深信质量才是王道，因此，店铺中的每一件珠宝，他都对参数、性能、功能等内容进行详细描述，并且提供了鉴定纯银的方法。他相信，客户在看过了商品的信息后，一定会信任自己，并购买自己的商品。

但结果却出乎他的意料。数据显示，小关店铺商品的转化率远低于同行水平，客户在商品详情页停留的平均时长也非常短，跳出率很高。这一点让小关非常不解。小关觉得，在外观上，自己珠宝的外观与那些销量很好的珠宝外观比较类似，在价格上，自己珠宝的价格与那些销量很好的珠宝价格相比也不高，而自己的主图和商品详情页都很好地迎合了客户对质量的需求，为什么无法得到好的效果？

于是，小关决定分析同行的优秀店铺。经过一番对比，小关终于找到了原因。同行做得好的店铺，不管是主图还是详情页图片，图片的美化效果都非常好，不仅商品图片清晰明亮，连页面排版都井井有条，简洁大气，文案搭配恰到好处，一上来就吸引了客户的目光。在引起了客户的兴趣后，他们才慢慢讲述商品的参数和性能，让客户一点点了解所需商品的信息，他们甚至通过场景拍摄，向客户展示了商品的使用环境，从而增加了客户购买的理由。反观自己的商品，图片清晰度不高，美化程度不够，而且介绍商品的内容太多，非常影响客户的阅读体验，从第一眼的印象上就被对手比了下去。

汲取了这次的教训后，小关对主图和详情页图片进行了美化，店铺的情况很快得到了改善：销量提了上去，销售额甚至远超同行的其他店铺。

在对商品图片进行处理时，我们需要明白一个道理："爱美之心人皆有之"。不管是什么属性的商品，首先都应该做到图片清晰、色调饱满。一些商品虽然对美化度要求不高，但并不代表它不需要美化，只要是用于网店销售的，都要以能够带给客户舒适的视觉感觉为第一要求，这样才能吸引客户进一步了解商品，从而产生购买行为。

【思考】

（1）怎么对拍摄的商品图片进行修整？

（2）怎么添加说明性文字？

（3）如何对商品进行精细抠图，让画面感更强？

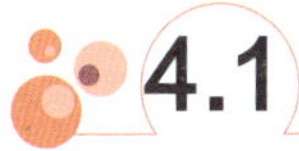

4.1 裁剪视觉效果不完整的商品图片

使用数码相机拍摄的图片占用的存储空间一般都较大，而由于网店对商品图片有一定的上传大小或尺寸的限制，因此需要对图片进行适当的调整，使其符合需要。此外，在照片的拍摄过程中，可能因为角度选取不对，导致拍摄的照片出现倾斜或透视变形等情况，将影响客户做出购买决策，此时，需要调整图片的角度，使其恢复正常的效果。

针对下列问题展开讨论：

（1）网店图片的常见尺寸是多少？

（2）如何裁剪图片？

（3）如何对倾斜的图片进行矫正？

裁剪是处理图片的第一步，我们应裁剪掉不需要的部分，并对图片的大小进行修正，能让图片视觉效果更加美观，便于后期的操作。本节将先介绍网店图片的常见尺寸，再对裁剪图片和矫正图片的方法进行详细讲解。

4.1.1 认识网店图片的常见尺寸

淘宝网尺寸与京东尺寸的区别

网店不同模块对图片的尺寸要求有所不同，以淘宝网为例，淘宝网店铺装修中需要用到店标、店招、宝贝分类、促销区公告和宝贝描述等模块，这些模块一般都有一定的尺寸限制或者大小限制，清楚这些限制，是制作这些模块的前提，表4-1所示为淘宝网中常见的图片尺寸及具体要求。

表4-1 淘宝网中常见的图片尺寸及具体要求

图片名称	尺寸要求	支持图片格式
店标	80×80px	GIF、JPG、PNG
宝贝主图	800×800px	JPG、GIF、PNG
直通车推广图	800×800px	JPG、GIF、PNG
钻石展位图	640×200px、520×280px、 160×200px、375×130px、520×280px、 640×200px、800×90px	JPG、GIF、PNG

续表

图片名称	尺寸要求	支持图片格式
宝贝分类图片	宽度≤148px	JPG、GIF
公告栏图片	宽度≤340px，高度建议不超过450px	JPG、GIF
店招图片	默认：950（天猫990）×120px 全屏：1920×150px	GIF、JPG、PNG
图片轮播	默认：950×450~650px	GIF、JPG、PNG
全屏轮播	建议：1920×400~600px	GIF、JPG、PNG

4.1.2 裁剪人物场景中不需要的部分

裁剪人物场景中不需要的部分

拍摄商品图片时，往往为了拍摄的完整度，需要对整个人物进行拍摄。但在实际应用中有时只需要图片中的某一个部分，此时需要将多余的部分进行裁剪，使其只展现需要的部分。在Photoshop中可以通过裁剪工具快速裁剪商品图片，获得需要的大小。本例将打开“美女模特.jpg”图像文件，将人物的下半部分进行裁剪，使其只展现上半部分，其具体操作如下。

STEP 01 打开“美女模特.jpg”图像文件（配套资源:\素材文件\第4章\美女模特.jpg），在工具箱中选择“裁剪工具”，在工具属性栏中设置“裁剪模式”为“不受约束”，此时在图像边缘将出现8个控制点，用于确认裁剪区域，如图4-1所示。

STEP 02 将鼠标指针移动到人物下方中间的控制点上，向上拖动，确认裁剪区域，如图4-2所示。

STEP 03 确定裁剪区域后，在工具箱中选择“移动工具”，打开“要裁剪图像吗？”提示框，单击 裁剪(C) 按钮，即可完成裁剪操作。

STEP 04 查看裁剪后的效果，如图4-3所示（配套资源:\效果文件\第4章\美女模特.jpg）。

专家指导

在裁剪工具属性栏的“设置自定长宽比”数值框中输入数值，可按输入的比例裁剪图像，也可在下拉列表中选择常见的裁剪比例。

图4-1　开始裁剪

图4-2　确认裁剪区域

图4-3　完成裁剪

4.1.3　矫正水平线让商品端正展示

矫正水平线让商品端正展示

在拍摄商品的过程中，为了拍摄方便可能会将相机倾斜拍摄，使商品图片展现的水平线出现偏差，此时可对偏差的商品图片进行矫正。在Photoshop中校正图片需要先建立水平或垂直的参考线，根据参考线来确定图片修正的角度，然后对矫正后的图片背景进行修复，使图片效果完整且美观。下面将倾斜的图像文件进行角度调整，使其达到垂直于水平线的效果，然后裁剪至合适的大小，其具体操作如下。

STEP 01 打开“鸡尾酒.jpg”图像文件（配套资源:\素材文件\第4章\鸡尾酒.jpg），从图4-4中可以看到拍摄的商品图片存在倾斜的现象。

STEP 02 选择【视图】/【标尺】命令，在图像中显示标尺，在上方选择标尺并向下进行拖动，在杯底添加参考线，在左侧选择标尺并向右进行拖动，在杯柄处添加垂直参考线，用作矫正的水平线。

STEP 03 双击“背景”图层，打开“新建图层”对话框，设置“名称”为“图层0”，单击 确定 按钮，如图4-5所示。

图4-4　查看素材

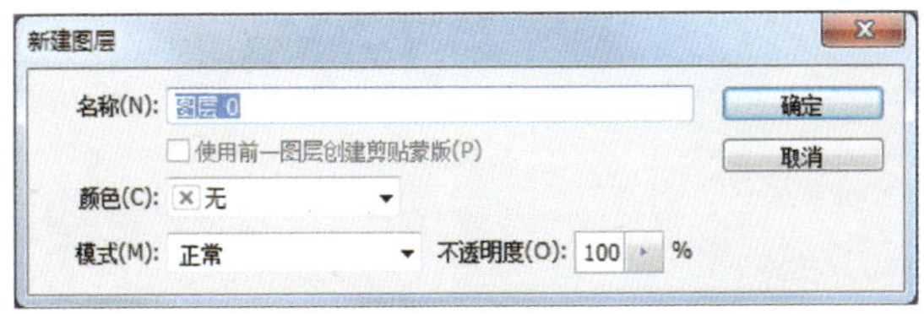

图4-5　新建图层

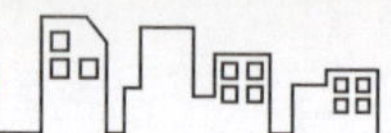

STEP 04 按【Ctrl+T】组合键进入自由变换状态，将鼠标指针放在右上角定界框外侧，当指针变为↰形状时，按住鼠标左键旋转图像，旋转到适当位置后释放鼠标左键，如图4-6所示。

STEP 05 保持与水平、垂直参考线平行后按【Enter】键，查看旋转角度后的效果，如图4-7所示。

STEP 06 打开“图层”面板，按【Ctrl+J】组合键复制图层0，如图4-8所示。

图4-6 旋转图片

图4-7 查看旋转后的效果

图4-8 复制图层

专家指导

按【Ctrl+T】组合键，在工具属性栏的“旋转”数值框中输入角度值，或选择【图像】/【图像旋转】菜单中的角度命令可实现精确的角度调整。

STEP 07 选择复制后的图层，选择“仿制图章工具”，在工具属性栏中调整画笔大小，按住【Alt】键不放，在透明区域的旁边单击确定仿制点，如图4-9所示。

STEP 08 在透明区域涂抹，仿制周围的色块，如图4-10所示。

STEP 09 使用相同的方法对其他透明区域进行涂抹，使整个画面填充完整。

STEP 10 按【Ctrl+；】组合键隐藏参考线，并查看完成后的效果，如图4-11所示（配套资源:\效果文件\第4章\鸡尾酒.psd）。

图4-9 确定仿制点

图4-10 仿制周围色块

图4-11 查看完成后的效果

4.1.4 任务实训及考核

根据介绍的相关知识，完成表4-2所示的实训任务。

表4-2 实训任务

序号	任务描述	任务要求
1	使用裁剪工具裁剪人物图片上半部分，重点表现人物面部	掌握裁剪工具的使用方法
2	调整倾斜的商品图片	掌握调整倾斜图片的方法

填写表4-3的内容并上交，考查对本节知识的掌握程度。

表4-3 任务考核

序号	考核内容	分值（100分）	说明
1	简述淘宝店铺中常见的图片大小		
2	简述怎么裁剪商品图片		
3	简述如何调整倾斜的商品图片		

4.2 调整图片颜色与质感增强视觉感

裁剪商品图片能使商品图片展现的效果更突出。但仍然存在拍摄过程中，天气、灯光、拍摄角度、背景等原因导致拍摄的照片昏暗、亮度不够或色彩不够亮丽、画面模糊的现象，从而影响视觉感。此时需要对图片的颜色进行调整，使商品图片更加清晰亮丽、鲜艳夺目。

课堂讨论

针对下列问题展开讨论：

（1）怎么让商品图片摆脱沉闷灰色，恢复真实颜色？

（2）怎么让商品照片效果更加温馨？

（3）怎么让玻璃制品更加晶莹剔透？

（4）怎么让金属制品更具有金属感？

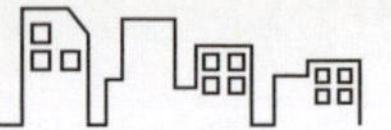

拍摄的商品图片不能保证光线和位置的完美，有些商品图片存在太暗、模糊、有瑕疵、颜色不准确等问题，我们需要依次对这些问题进行处理，保证图片更加接近真实效果。本节将针对商品图片的一系列问题，以恢复真实颜色、摆脱沉闷灰色、打造温馨效果、调整玻璃制品和金属制品的效果为例，具体讲解商品图片色彩与质感的调整方法。

4.2.1 让商品图片恢复真实颜色

商品图片如果存在色差，将不能真实地表达商品原本的颜色，从而造成客户对商品判断失误，导致退换货的情况出现。因此需要对具有色差的商品图片进行处理，通过色彩调整命令来处理图片，使其尽量接近商品本身的颜色。在Photoshop中选择【图像】/【调整】命令，弹出的子菜单包括了多种颜色调整命令，选择对应的命令即可。但要注意在调整色差时，不要为了追求色彩的美观而过度修饰，使图片与商品真实颜色的差异更大，引起客户的质疑。下面将对“衬衣.jpg”图像文件进行调整，纠正发黄的皮肤颜色，使其恢复红润，然后使用“替换颜色”命令调整衬衣颜色，达到恢复为原本颜色的目的，其具体操作如下。

让商品图片恢复真实颜色

STEP 01 打开“衬衣.jpg”图像文件（配套资源:\素材文件\第4章\衬衣.jpg），如图4-12所示，发现图片偏黄，在皮肤颜色上体现最为明显。

STEP 02 选择【图像】/【调整】/【色相/饱和度】命令，打开“色相/饱和度”对话框，在“预设”下方的下拉列表框中选择“黄色”选项，在“色相”数值框中输入“-30”，补充红色，减少黄色，单击 确定 按钮，如图4-13所示。

图4-12 打开素材

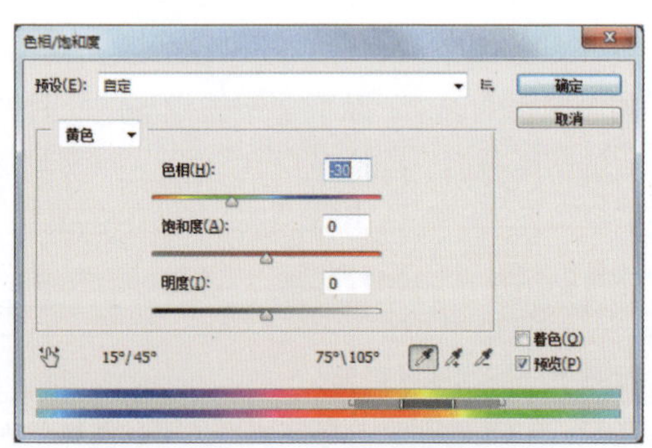

图4-13 调整图片整体色相

STEP 03 返回图像窗口，查看调整后的颜色效果，发现皮肤发黄的效果得到改善，如图4-14所示。

STEP 04 选择【图像】/【调整】/【替换颜色】命令，打开“替换颜色”对话框，单击按钮，在图像窗口中单击红色衬衣吸取颜色，单击选中“选区”单选项，白色区域为颜色替换的范围，在“颜色容差”数值框中输入“40”，然后在“替换”栏设置色相、饱和度、明度分别为“5”“+25”“+5”，单击确定按钮，如图4-15所示。

STEP 05 返回图像窗口，发现衬衣比前面更加鲜亮，更加接近原本的颜色效果，如图4-16所示，完成后按【Ctrl+S】组合键保存文件（配套资源:\效果文件\第4章\衬衣.jpg）。

图4-14　查看肤色调整效果　　图4-15　调整衬衣颜色　　图4-16　查看完成后的效果

专家指导

为了不影响其他部分的相似颜色，可为需要调整的区域创建选区，然后再执行颜色调整命令。此外，使用“可选颜色”命令可以达到相似的效果。

4.2.2　让商品图片摆脱沉闷灰色

拍摄商品图片时，如果曝光不准，将会出现图片偏灰的现象，当遇到这种情况时，后期的处理就十分重要。在Photoshop的【图像】/【调整】命令子菜单中的色阶、曲线、曝光度、亮度/对比度、自然饱和度、阴影/高光等都是常用的调整色彩的命令，在使用时可结合多个命令来打造更加自然和真实的图片效果，增强图片的

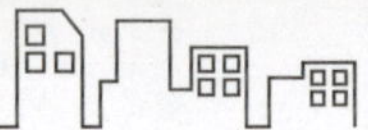

视觉表现力。下面对“休闲鞋.jpg”图像文件进行调整，通过色阶、自然饱和度和对比度的调整，达到去除沉闷、对比鲜明的效果，其具体操作如下。

让商品图片摆脱沉闷灰色

STEP 01 打开“休闲鞋.jpg”图像文件（配套资源:\素材文件\第4章\休闲鞋jpg），如图4-17所示，发现图片偏灰暗，颜色展现不够明显。

STEP 02 选择【图像】/【调整】/【色阶】命令，打开“色阶”对话框，在“输入色阶”下方的数值框中依次输入“12”“1.21”“226”，调整图像的亮度，完成后单击 确定 按钮，如图4-18所示。

图4-17 打开素材

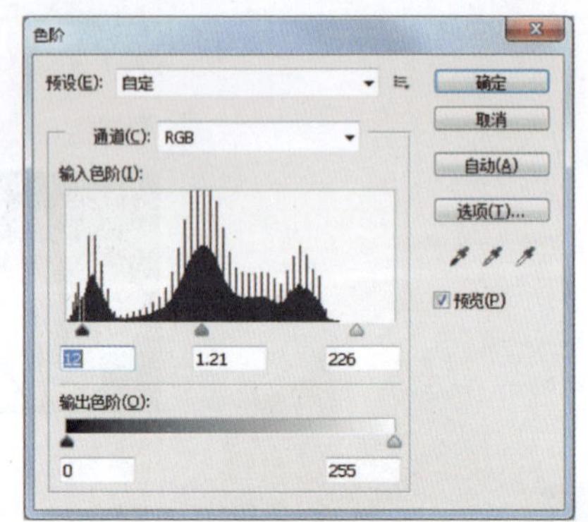

图4-18 调整色阶

STEP 03 返回图像窗口，查看调整后的效果，发现图像效果已经变亮，但是自然饱和度不够，如图4-19所示。

STEP 04 选择【图像】/【调整】/【自然饱和度】命令，打开“自然饱和度”对话框，设置自然饱和度和饱和度的值分别为“-23”和“+61”，完成后单击 确定 按钮，如图4-20所示。

图4-19 查看调整后的效果

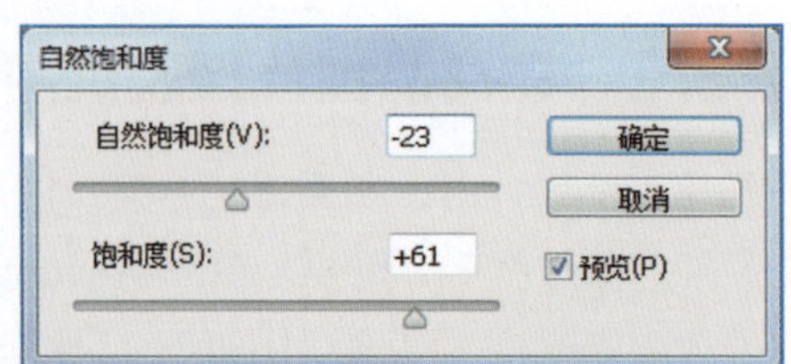

图4-20 设置自然饱和度

STEP 05 选择【滤镜】/【锐化】/【USM锐化】命令，打开“USM锐化”对话框，设置数量、半径和阈值的值分别为“70”%、“2.6”像素、“0”色阶，完成后单击确定按钮，如图4-21所示。

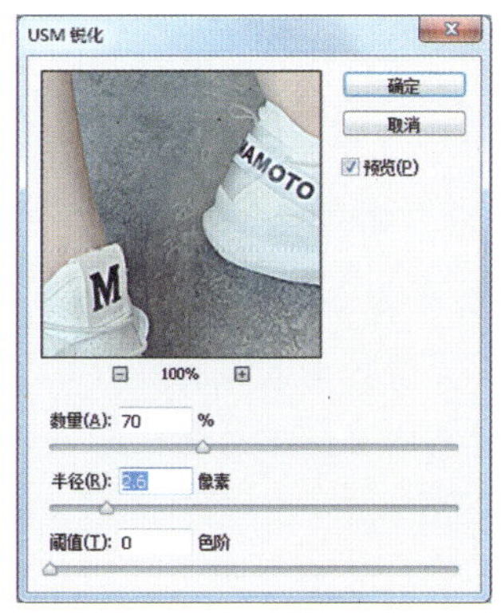

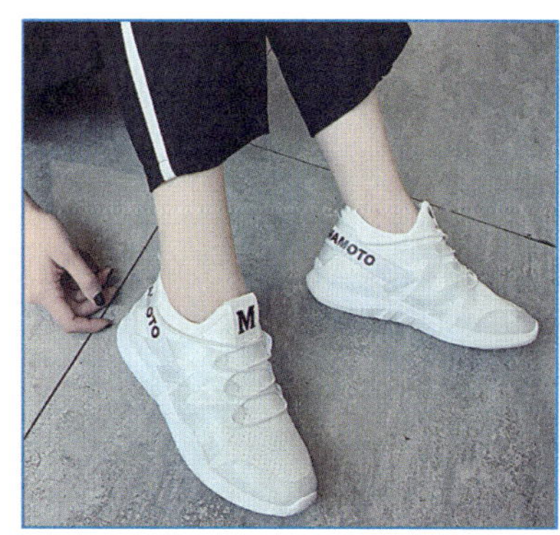

图4-21 USM锐化

STEP 06 选择【图像】/【调整】/【亮度/对比度】命令，打开“亮度/对比度”对话框，设置亮度和对比度的值分别为“12”和“10”，完成后单击确定按钮，如图4-22所示。

STEP 07 返回图像窗口，查看完成后效果，如图4-23所示，完成后按【Ctrl+S】组合键保存文件（配套资源:\效果文件\第4章\休闲鞋.jpg）。

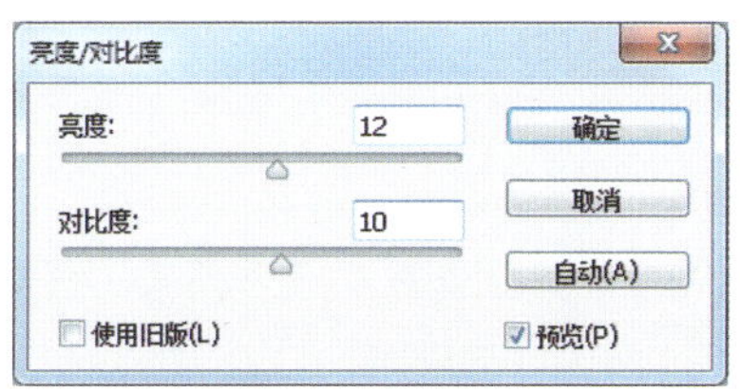

图4-22 亮度/对比度

图4-23 查看完成后的效果

专家指导

在处理灰暗的图片时，第一步提亮，使整个轮廓清晰，再根据图片的特点进行颜色调整，在调整过程中尽量不要出现曝光过度的现象，这样调整的图片效果才更加美观。

4.2.3 让商品图片效果更加温馨

让商品图片效果更加温馨

在对商品图片调色的过程中，有时需要在保证商品颜色不变的情况下，改变商品的色调，以迎合整个环境的氛围。如将商品图片或是整个店铺的装修效果调整为暖色调，此时就需要通过灵活应用多种色彩调整命令或通过调整图层来进行综合处理。下面将打开“优雅女士.jpg”图像文件进行调整，将冷色的场景调整为暖色，从而达到温馨的效果，其具体操作如下。

STEP 01 打开“优雅女士.jpg”图像文件（配套资源:\素材文件\第4章\优雅女士.jpg），如图4-24所示，发现图片偏冷，没有一点暖色的效果。

STEP 02 打开“图层”面板，在其下方单击“创建新的填充或调整图层”按钮，在打开的下拉列表中选择“纯色”选项，如图4-25所示。

STEP 03 打开“拾色器（纯色）”对话框，在下方设置颜色值为“#ffe579”，单击 确定 按钮，如图4-26所示。

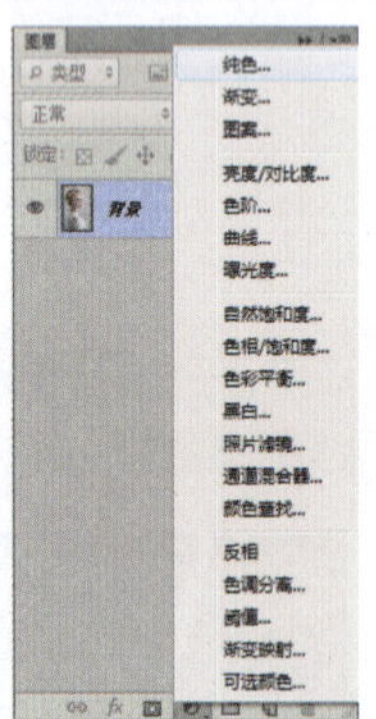
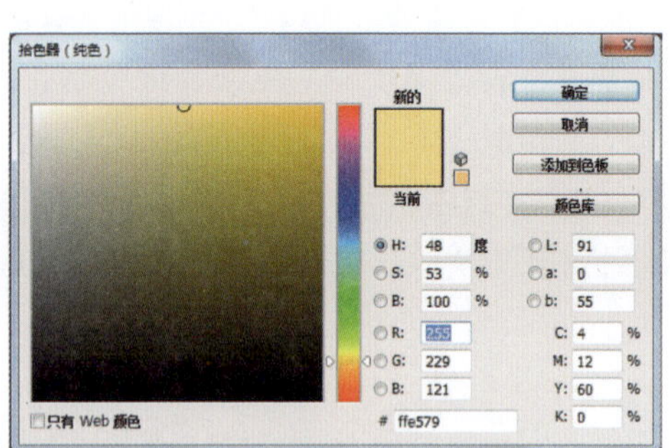

图4-24 打开素材 图4-25 选择“纯色”选项 图4-26 设置填充颜色

STEP 04 打开“图层”面板，选择设置填充颜色的图层，设置图层混合模式为“柔光”，查看设置后的图像显示效果，如图4-27所示。

STEP 05 在“图层”面板的下方再次单击“创建新的填充或调整图层”按钮，在打开的下拉列表中选择“照片滤镜”选项，如图4-28所示。

STEP 06 打开“照片滤镜”属性面板，单击选中“颜色”单选项，并单击右侧的颜色色块，打开“拾色器（照片滤镜颜色）”对话框，设置颜色为“#fab113”，单击 确定 按钮，如图4-29所示。

专家指导

选择【窗口】/【调整】命令，打开“调整”面板，在其中罗列了“创建新的填充或调整图层”按钮下的选项，单击对应的按钮也可执行上述操作。

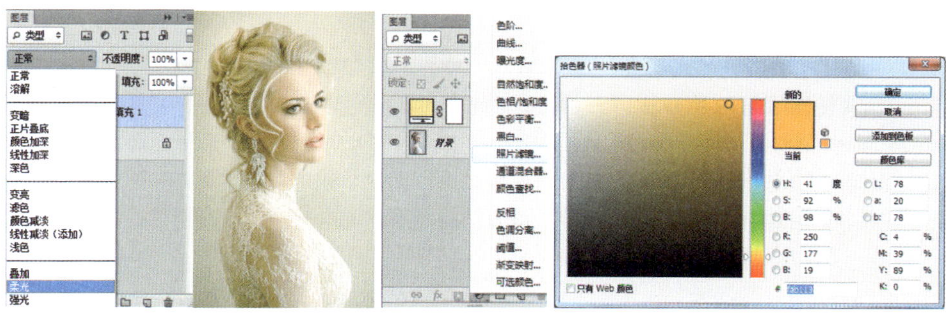

图4-27　设置图层混合模式　　图4-28 选择“照片滤镜”选项　　图4-29　设置滤镜颜色

STEP 07 返回“照片滤镜”面板，设置“浓度”为“60”%，单击选中“保留明度”复选框，完成后查看设置后的效果，如图4-30所示。

STEP 08 按【Ctrl+Shift+Alt+E】组合键盖印图层，再按【Ctrl+J】组合键，复制盖印的图层。

专家指导

盖印就是将处理后的效果盖印到新的图层上，在盖印后形成的图层上进行操作将不影响前面的效果。若不想某个图层被盖印，可在盖印前隐藏该图层，再进行盖印操作。

STEP 09 打开“图层”面板，设置图层混合模式为“颜色”，并设置不透明度为“70”%，如图4-31所示。

STEP 10 在工具箱中选择“历史记录画笔工具”，对人物进行涂抹，去除人物身上的各种操作。

STEP 11 返回图像窗口，查看完成后效果，如图4-32所示，完成后按【Ctrl+S】组合键保存文件（配套资源:\效果文件\第4章\优雅女士.psd）。

图4-30　设置浓度

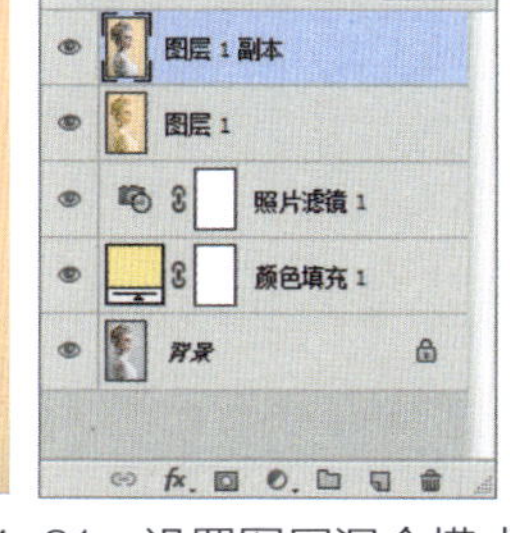

图4-31　设置图层混合模式

图4-32　查看完成效果

专家指导

调整图层有两种方法，一种是“调整”命令，另一种是“调整”图层。“调整”命令主要是选择【图像】/【调整】命令，在打开的子菜单中选择需要的命令进行图像的调整，该调整主要是针对当前图层进行调色；或是新建“调整”图层，在调整图层的属性面板中进行色彩调整，该方法将对下面的所有图层进行调色，而不是针对某一个图层进行调整。

4.2.4 让玻璃制品更加剔透

让玻璃制品更加剔透

玻璃、水晶、冰块等商品，有时候会因为光线等原因，出现灰暗、不晶莹剔透的情况。此时可通过后期调整，使展现的效果更加晶莹剔透。下面将打开“夏日饮品.jpg”图像文件，对高光和黑白进行调整，使场景明亮剔透，增加展现的视觉效果，其具体操作如下。

STEP 01 打开“夏日饮品.jpg”图像文件（配套资源:\素材文件\第4章\夏日饮品.jpg），如图4-33所示，发现图片偏暗，视觉效果不强，打开“图层”面板，按【Ctrl+J】组合键，复制背景图层。

STEP 02 选择【图像】/【调整】/【阴影/高光】命令，打开“阴影/高光”对话框，设置数量为“20”%，单击确定按钮，如图4-34所示。

图4-33 打开素材

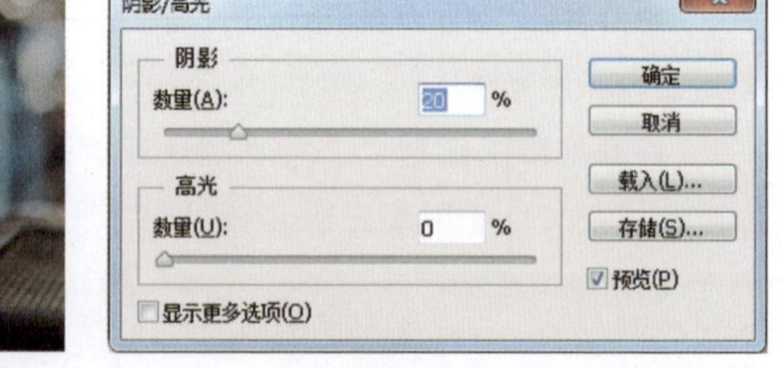

图4-34 设置阴影和高光参数

STEP 03 打开“图层”面板，在其下方单击“创建新的填充或调整图层”按钮，在打开的下拉列表中选择“黑白”选项，打开“黑白”属性面板，设置红色、黄色、绿色、青色、蓝色和洋红的值分别为“43”“36”“4”“0”“20”“19”，如图4-35所示。

STEP 04 选择“黑白”调整图层设置图层混合模式为“叠加”，查看完成后的效果，如图4-36所示。

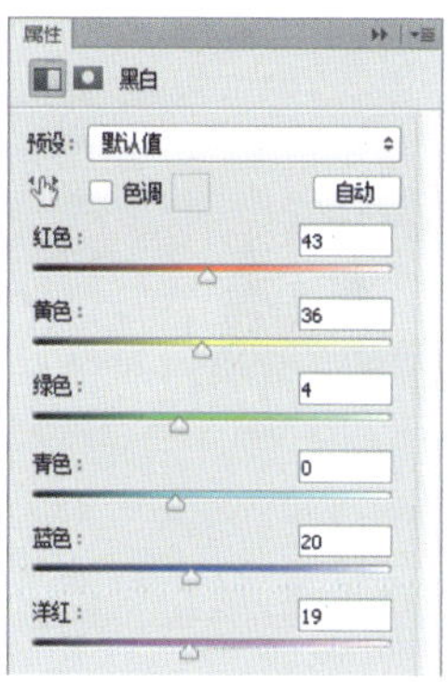

图4-35　设置黑白调整效果

图4-36　设置混合模式后的效果

STEP 05 复制图层1，选择【滤镜】/【锐化】/【智能锐化】命令，打开“智能锐化”对话框，设置半径为“4”像素，单击 确定 按钮，如图4-37所示。

STEP 06 返回图像窗口，查看完成后效果，如图4-38所示，完成后按【Ctrl+S】组合键保存文件（配套资源:\效果文件\第4章\夏日饮品.psd）。

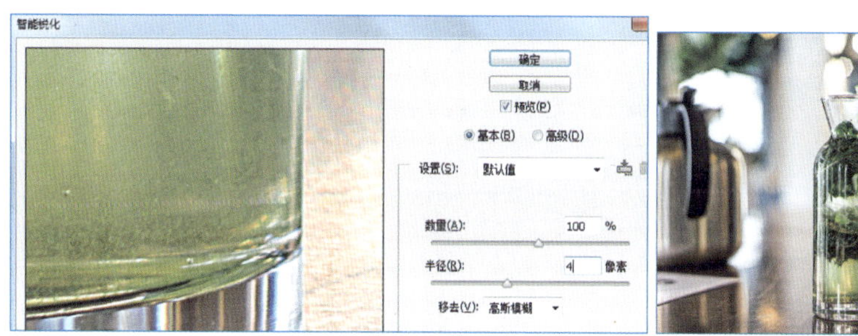

图4-37　智能锐化

图4-38　查看完成后的效果

4.2.5　让金属制品更具有金属感

让金属制品更具有金属感

在拍摄金属制品的过程中，由于反光太强烈，往往会打散光，但金属感会受到影响。下面将打开“不锈钢锅.jpg”图像文件，对颜色进行调整，凸显商品的金属感，其具体操作如下。

STEP 01 打开“不锈钢锅.jpg”图像文件（配套资源:\素材文件\第4章\不锈钢锅.jpg），如图4-39所示，发现图片整体较暗，金属感不强。

STEP 02 打开“图层”面板，按【Ctrl+J】组合键复制背景图层。选择【图像】/【调整】/【色阶】命令，打开“色阶”对话框，在色块下方的数值框中依次输入“0”“1.06”“230”，调整图像的亮度，完成后单击 确定 按钮，如图4-40所示。

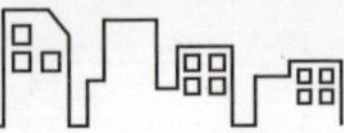

图4-39　打开素材

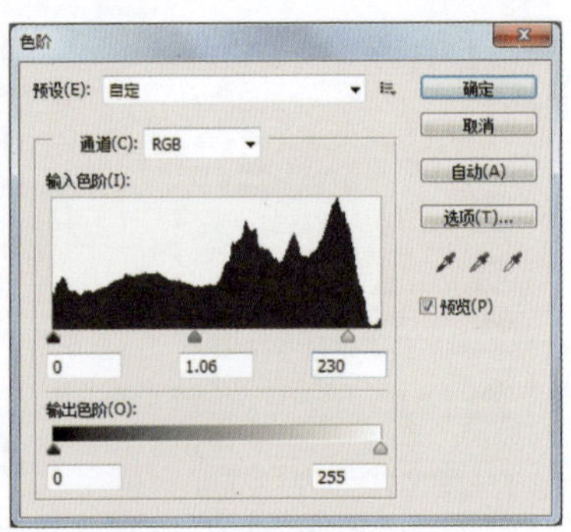

图4-40　调整色阶

STEP 03 选择【图像】/【调整】/【曲线】命令，打开“曲线”对话框，在“预设”下拉列表中选择“增强对比度（RGB）”选项，增强画面对比度，如图4-41所示。

STEP 04 在“通道”下拉列表中选择“蓝”选项，在下方曲线上方添加两个控制点，分别向上和向下调整曲线，完成后单击 确定 按钮，如图4-42所示。

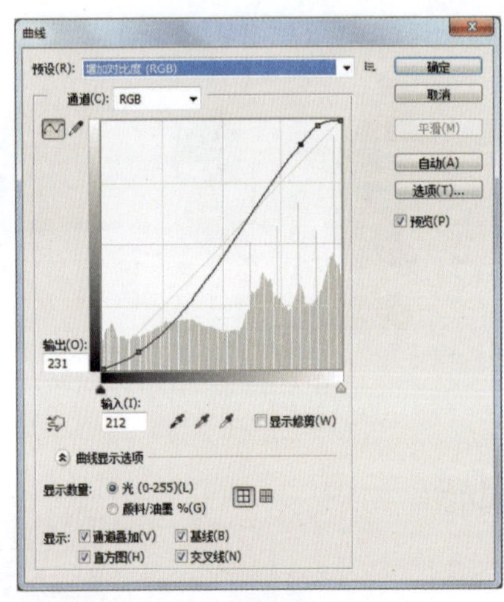

图4-41　增强对比度

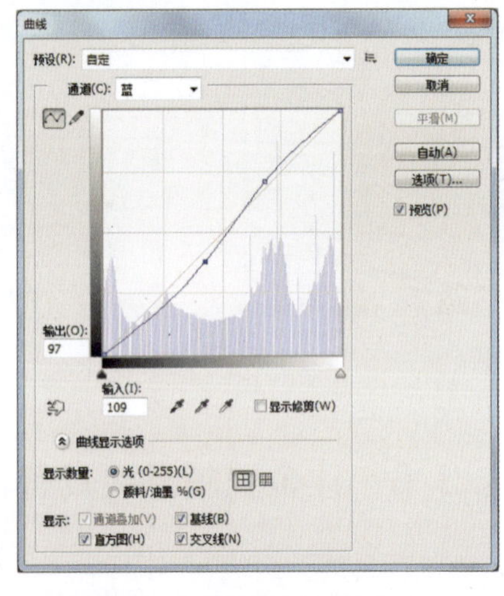

图4-42　调整蓝色通道对比

STEP 05 选择【图像】/【调整】/【亮度/对比度】命令，打开“亮度/对比度”对话框，设置亮度和对比度分别为“36”和“21”，单击 确定 按钮，如图4-43所示。

STEP 06 选择【图像】/【调整】/【自然饱和度】命令，打开“自然饱和度”对话框，设置自然饱和度和饱和度分别为“+25”和“+15”，单击 确定 按钮，如图4-44所示。

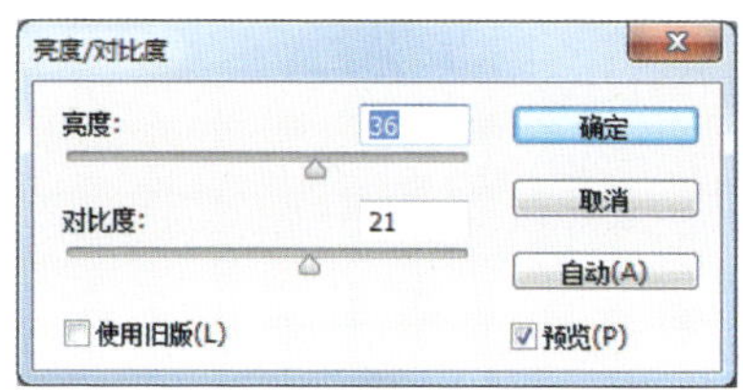

图4-43　调整亮度/对比度

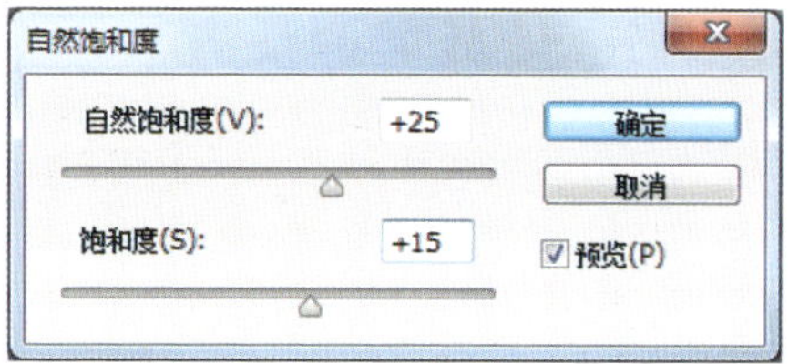

图4-44　调整自然饱和度

STEP 07 选择【图像】/【调整】/【阴影/高光】命令，打开“阴影/高光”对话框，设置阴影数量和高光数量分别为“50”%和“12”%，单击 确定 按钮，如图4-45所示。

STEP 08 返回图像窗口，可发现已经具有金属效果，但是整个画面偏黄，失去了原色效果，如图4-46所示。

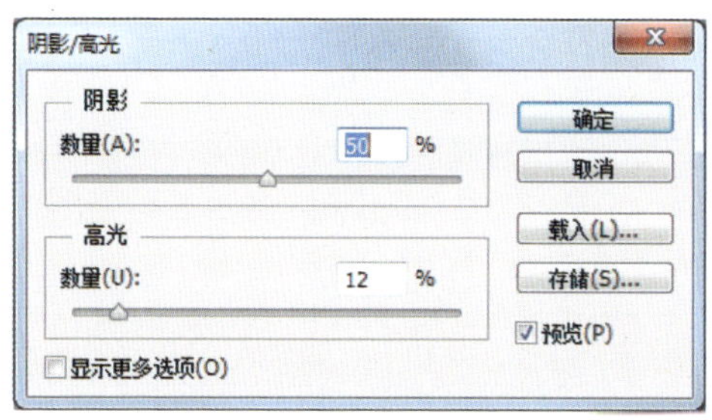

图4-45　调整阴影/高光

图4-46　查看调整后的效果

STEP 09 按【Ctrl+M】组合键，打开“曲线”对话框，在“通道”下拉列表中选择“蓝”选项，在下方曲线上方添加两个控制点，分别向上和向下调整曲线，完成后单击 确定 按钮，如图4-47所示。

STEP 10 返回图像窗口，查看完成后效果，如图4-48所示。完成后按【Ctrl+S】组合键保存文件（配套资源:\效果文件\第4章\不锈钢锅.jpg）。

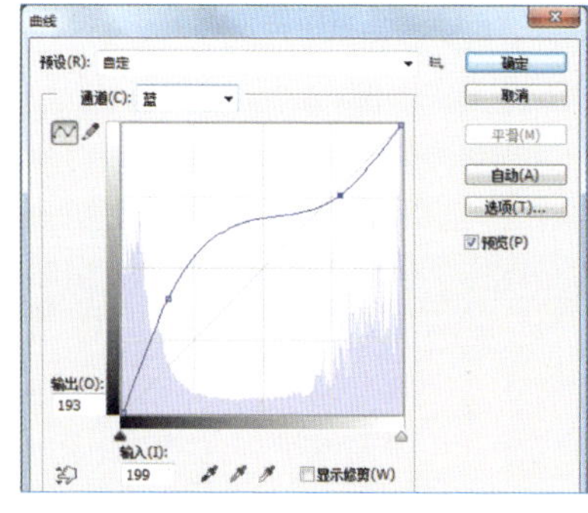

图4-47　调整曲线

图4-48　查看完成后效果

4.2.6 任务实训及考核

根据介绍的相关知识，完成表4-4所示的实训任务。

表4-4 实训任务

序号	任务描述	任务要求
1	处理香水图片，要求将香水瓶的通透和玻璃的质感体现出来	掌握调整水晶质感的方法
2	处理女装图片，要求展现女装的细节，并使光线显示正常	掌握恢复商品真实颜色的方法，并进行颜色的调整
3	处理水果图片，要求体现水果的色彩，使其展现得更有食欲	掌握调整色彩饱和度、对比度和亮度的方法

填写表4-5的内容并上交，考查对本节知识的掌握程度。

表4-5 任务考核

序号	考核内容	分值（100分）	说明
1	简述如何让商品图片摆脱沉闷灰色		
2	简述如何让商品图片效果更加温馨		
3	简述如何让水晶制品更加晶莹剔透		
4	简述如何使金属制品更具有金属感		
5	简述如何恢复商品的真实颜色		

4.3 精细处理图片体现商品真实感

通常，没有经过处理的图片可能存在杂点、划痕、破损、瑕疵等现象，这样的图片不但不会提升客户的兴趣，还会令客户乏味。而前面讲解的裁剪和调色只能解决尺寸和色调的问题，若是商品拍摄中存在一定的瑕疵，就需要对商品图片进行精细处理，恢复商品的真实面貌，这样商品图片才能够吸引客户的眼球。

课堂讨论

针对下列问题展开讨论：

（1）如何将模糊的图片清晰化？

（2）如何修复画面中的污点？

（3）如何修复服装上的瑕疵和褶皱？

每张图片对精细度的要求不同，比如毛拖鞋，它的精细度是将毛质和材质体现出来。在处理过程中应该根据商品的特点，对杂点、划痕、破损、瑕疵等进行处理，体现商品的真实性。本节将先讲解模糊照片的处理、画面中污点的修复，再对商品图片中的瑕疵缺陷等进行修复，提高用户熟练处理图片的能力。

4.3.1 将模糊的图片清晰化

当商品图片较为灰暗、模糊时，很难展示商品的质感，此时可通过增加图片清晰度来提高图片的质感。下面将利用USM锐化和高反差保留滤镜对毛绒玩具进行清晰度处理，使其毛绒感更强，其具体操作如下。

将模糊的图片清晰化

STEP 01 打开“毛绒公仔.jpg”图像文件（配套资源:\素材文件\第4章\毛绒公仔.jpg），观察图片，发现毛绒感不明显。

STEP 02 选择“钢笔工具”，并在图像编辑区绘制公仔区域，按【Ctrl+Enter】组合键创建选区，按【Ctrl+J】组合键将创建的选区复制到新的图层上，如图4-49所示。

STEP 03 选择新建的图层，选择【滤镜】/【锐化】/【USM锐化】命令，打开“USM锐化”对话框，设置数量、半径和阈值分别为“80”%、“135”像素、“130”色阶，单击 确定 按钮，如图4-50所示。

STEP 04 选择图层1，按【Ctrl+J】组合键复制图层1。选择复制后的“图层1副本”图层，选择【滤镜】/【其他】/【高反差保留】命令，打开“高反差保留”对话框，设置半径为“10.0”像素，单击 确定 按钮，如图4-51所示。

图4-49　创建选区

图4-50　锐化效果

STEP 05 打开“图层”面板，设置“图层1副本”图层的混合模式为“柔光”，进一步清晰化处理毛绒公仔，如图4-52所示。

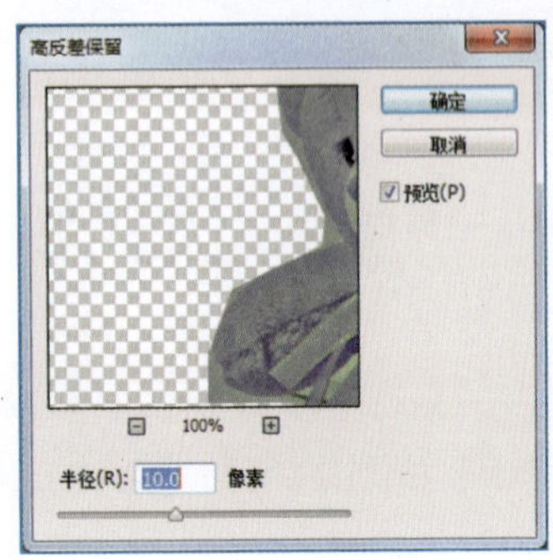

图4-51　设置高反差保留

图4-52　添加混合效果

STEP 06 选择【图层】/【新建调整图层】/【色阶】命令，在打开的“色阶”属性面板中设置左侧滑块值为“29”，此时可发现明暗对比更加明显，如图4-53所示。

STEP 07 打开“毛绒公仔文字.psd”图像文件（配套资源:\素材文件\第4章\毛绒公仔文字.psd），将其中的文字拖动到图像的左上角，查看完成后的效果，如图4-54所示（配套资源:\效果文件\第4章\毛绒公仔.psd）。

专家指导

对于毛绒产品，若需要进行清晰化处理，首先要突出毛绒质感，当毛绒质感有了明显的增强后，图片清晰度也会自然提高。但注意不要锐化过度，否则会出现杂点，反而使图片更加模糊。

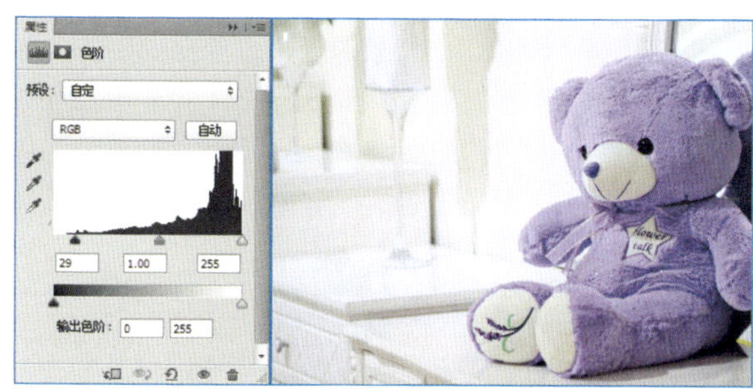

图4-53 查看调整色阶后的效果

图4-54 查看完成后的效果

4.3.2 修复画面中的污点

修复画面中的污点

除了图片不够清晰导致效果不好外，背景有污点也会导致图片不够美观，此时需要将有污点的图片修复到能够正常显示。下面将打开“装生菜的盘子.jpg”图像文件，使用污点修复画笔工具和修补工具，对污点进行修复，其具体操作如下。

STEP 01 打开“装生菜的盘子.jpg”图像文件（配套资源:\素材文件\第4章\装生菜的盘子.jpg），如图4-55所示。

STEP 02 在工具箱中选择“污点修复画笔工具”，在工具属性栏中设置画笔大小为“85”像素，在生菜上选择一个斑点，单击并向下拖动，即可对斑点进行处理，如图4-56所示。

图4-55 打开素材图片

图4-56 修复污点

STEP 03 使用相同的方法，继续在需要处理的污点上进行涂抹即可修复污点，查看修复后的效果，如图4-57所示。

STEP 04 在工具箱中选择“修补工具”，框选右上角桌子上的一个孔洞，向左进行拖动，此时可发现桌面上的孔洞已经消失，如图4-58所示。

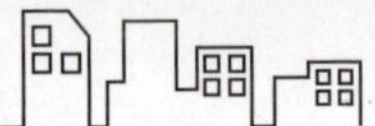

STEP 05 使用相同的方法，修补另外一个孔洞。

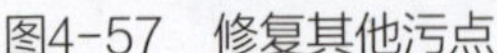

图4-57 修复其他污点

图4-58 修补桌面孔洞

专家指导

“修补工具”是使用选中的图像来修补替换另一个区域的工具，它会将源区域和目标区域的纹理、明暗等相匹配。

STEP 06 在工具箱中选择“套索工具”，框选生菜的两头，按【Ctrl+J】组合键复制图层，再将前景色设置为“#a6bf30”，按【Alt+Delete】组合键填充前景色。

STEP 07 打开“图层”面板，设置图层混合模式为“柔光”，如图4-59所示。

STEP 08 返回图像编辑区，可发现生菜的两头变得更加清晰、新鲜，保存图像查看完成后的效果，如图4-60所示（配套资源:\效果文件\第4章\装生菜的盘子.psd）。

图4-59 绘制生菜两头并填充颜色

图4-60 查看完成后的效果

4.3.3 修复服装上的瑕疵和褶皱

修复服装上的瑕疵和褶皱

污点会让效果展现不够美观，而瑕疵和褶皱则会降低商品的质感，使好商品低廉化，从而使后期的促销变得困难。去除瑕疵和褶皱常使用修复画笔工具，本例将去除羽绒服上的部分褶皱，提高羽绒服亮度并将羽绒服进行清晰化处理，达到美化羽绒服的目的，其具体操作如下。

STEP 01 打开“羽绒服.jpg”图像文件（配套资源:\素材文件\第4章\羽绒服.jpg），按【Ctrl+J】组合键复制背景图层，在工具箱中选择“修复画笔工具”，在褶皱处的平滑部分按住【Alt】键不放并单击，再在周围进行拖动，可发现拖动区域褶皱已经消失，如图4-61所示。

STEP 02 使用相同的方法继续处理衣服上的其他褶皱，注意保留缝线周围的褶皱，处理后的效果如图4-62所示。

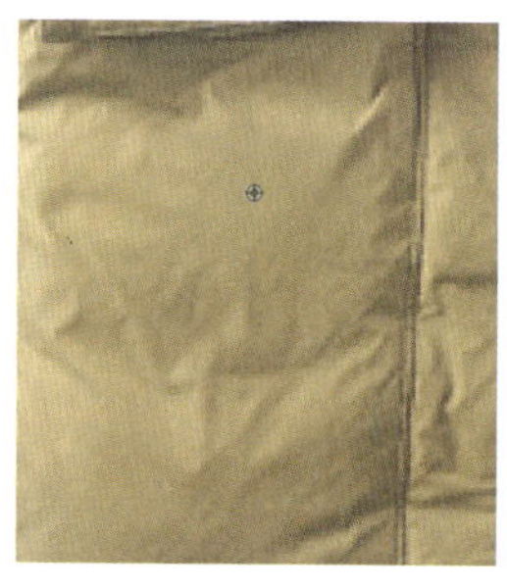
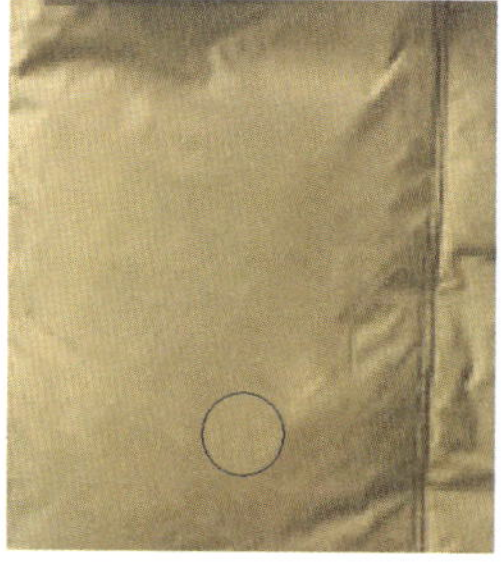

图4-61 修复褶皱

图4-62 修复其他褶皱

STEP 03 选择【图像】/【调整】/【色阶】命令，在打开的对话框中设置两端的滑块值为“11”“248”，单击 确定 按钮，如图4-63所示。

STEP 04 放大图像，选择“涂抹工具”，设置强度为“44”%，按【[】键或【]】键调整笔尖大小，涂抹粗糙的面料表面，使材质光滑，效果如图4-64所示。

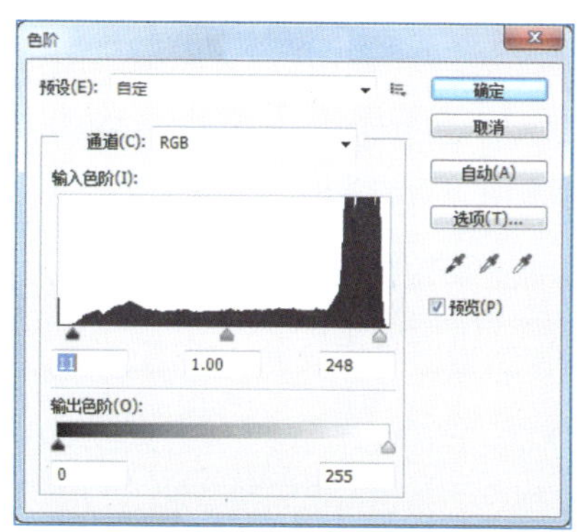

图4-63 调整色阶

图4-64 使用涂抹工具使材质光滑

STEP 05 选择图层1，使用“钢笔工具”为羽绒服创建选区，按【Ctrl+J】组合键复制羽绒服到新图层上。选择抠取的羽绒服图层，选择【滤镜】/【其他】/

【高反差保留】命令，打开“高反差保留”对话框，设置半径为“8.0”像素，单击 确定 按钮，如图4-65所示。

STEP 06 返回图像窗口，设置抠取的羽绒服图层的混合模式为“柔光”，加亮并清晰化处理羽绒服。

STEP 07 打开“羽绒服标签.png”图像文件（配套资源:\素材文件\第4章\羽绒服标签.png），将其拖动到羽绒服图像中，调整大小与位置，最终效果如图4-66所示（配套资源:\效果文件\第4章\羽绒服.psd）。

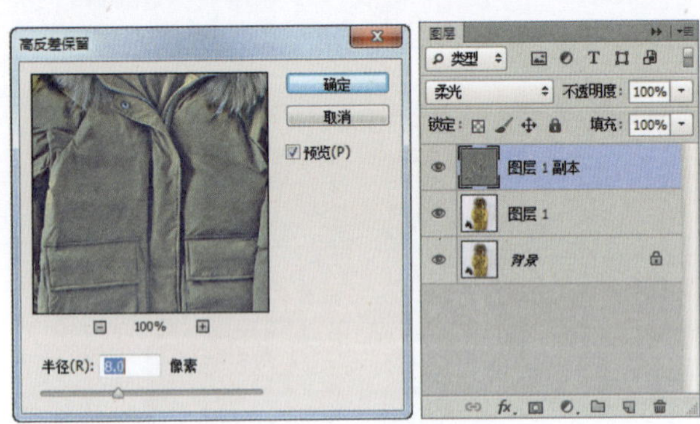

图4-65　高反差保留

图4-66　查看完成后的效果

4.3.4　任务实训及考核

根据介绍的相关知识，完成表4-6所示的实训任务。

表4-6　实训任务

序号	任务描述	任务要求
1	处理地毯或毛绒沙发，凸显商品的纹理和毛绒感	掌握毛绒材质图片的处理方法和图片清晰化处理的方法
2	对衬衣进行处理，减少衬衣上的褶皱，使其变得顺滑、整洁	掌握修复服装瑕疵和褶皱的方法，并熟悉其他修复工具
3	对水果展示照片进行处理，修复图片中水果的瑕疵和污点，并对水珠进行处理，使其展现的效果更加通透	掌握污点的处理方法，并对通透效果的调色方法进行巩固和学习

填写表4-7的内容并上交，考查对本节知识的掌握程度。

表4-7 任务考核

序号	考核内容	分值（100分）	说明
1	简述将模糊的图片清晰化的方法		
2	简述修复画面中污点的方法		
3	简述修复服装瑕疵和褶皱的方法		

4.4 抠取图片中所需要的内容

一张好的商品图片不仅主体物要美观，还要有一个好的背景进行衬托。好的背景可以提高商品图片的观赏性，为商品的展示营造良好的氛围，从而提升视觉展现效果，为后期的营销打下坚实的基础。在Photoshop中，可以通过抠取商品图片并为其替换背景的方法来使商品图片更加美观。

针对下列问题展开讨论：

（1）如何进行单色背景抠取？

（2）如何对半透明商品进行抠取？

（3）如何对外形不规则的商品进行抠取？

（4）如何对精细商品进行抠取？

若商品或背景的颜色较为简单，商品与背景的边界分明，可使用魔棒工具和快速选择工具抠取商品图片；对于轮廓清晰的商品，可使用磁性套索工具进行抠取；对于半透明的商品，则可使用通道进行抠取；若商品背景较复杂，或是商品材质较复杂，还可使用钢笔工具进行抠取。本节将根据商品的类型分别对单色背景的抠取、外形不规则商品的抠取、精细商品的抠取和半透明商品的抠取的抠取方法进行讲解，让读者掌握不同商品的抠取方法。

4.4.1 单色背景抠取

单色背景图片在商品图片中显得最单一也最好抠取，在抠取时，只需使用“魔棒工具”单击背景即可快速进行抠取。本例将打开“化妆品.jpg”图像文件，将其中的化妆品抠取出来，并应用到化妆品背景中，其具体操作如下。

单色背景抠取

STEP 01 打开“化妆品.jpg”图像文件（配套资源:\素材文件\第4章\化妆品.jpg），按【Ctrl+J】组合键复制图层，如图4-67所示。

STEP 02 在工具箱中选择“魔棒工具”，在其工具属性栏中单击按钮，设置容差为“20”，再在空白区域单击，创建选区，如图4-68所示。

图4-67 打开并复制背景素材

图4-68 抠取素材

STEP 03 若发现还有未选中区域，可按住【Shift】键继续单击未选中区域，加选细节部分，完成后按【Ctrl+Shift+I】组合键反选选区，如图4-69所示。

STEP 04 打开“化妆品背景.jpg”图像文件（配套资源:\素材文件\第4章\化妆品背景.jpg），如图4-70所示。

STEP 05 将抠取后的商品图片拖动到背景中，调整位置，如图4-71所示，保存图像并查看完成后的效果（配套资源:\效果文件\第4章\化妆品.psd）。

图4-69 反选选区

图4-70 打开背景素材

图4-71 查看完成后的效果

4.4.2 外形不规则商品的抠取

若需要抠取的商品图片不规则，颜色也有变化，但轮廓清晰，可使用“磁性套索工具”来进行抠取。本例将打开“吹风机.jpg”图像文件，使用磁性套索工具抠取吹风机，并将其应用到背景中，使展现的画面更强，其具体操作如下。

STEP 01 打开“吹风机.jpg”图像文件（配套资源:\素材文件\第4章\吹风机.jpg，如图4-72所示。

STEP 02 选择“磁性套索工具”，设置羽化为“5”像素，将鼠标指针移动到商品边缘即可自动依附，沿着商品边缘移动鼠标指针即可抠取出商品，如图4-73所示。

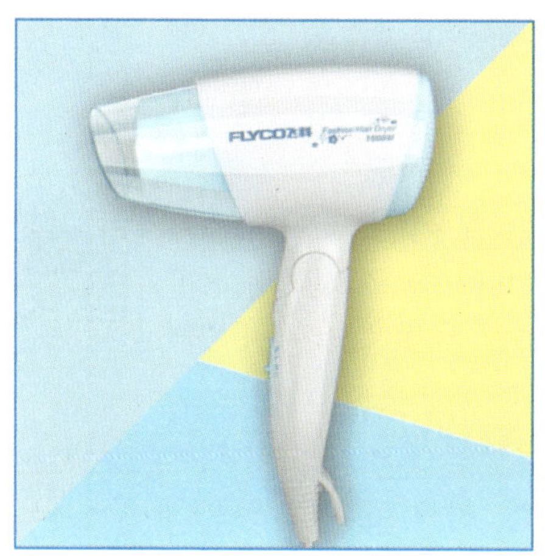

图4-72 打开背景素材

图4-73 抠取素材

STEP 03 在工具属性栏中单击 调整边缘... 按钮，打开“调整边缘”对话框，设置半径、平滑、羽化和移动边缘分别为“2”像素、“27”、“1”像素、“30”%，完成后单击 确定 按钮，如图4-74所示。

STEP 04 返回图像窗口，可发现图像边缘部分将比设置前更加润滑。

STEP 05 打开“吹风机背景.jpg”图像文件（配套资源:\素材文件\第4章\吹风机背景.jpg），将抠取出来的商品选区部分拖动到背景中，调整位置，效果如图4-75所示。保存图像并查看完成后的效果（配套资源:\效果文件\第4章\吹风机.psd）。

专家指导

套索工具还包括“套索工具”和“多边形套索工具”，其中“套索工具”可根据用户的需要自行绘制选区。而“多边形套索工具”则多用于对比较规整的图形绘制选区。

图4-74　调整边缘

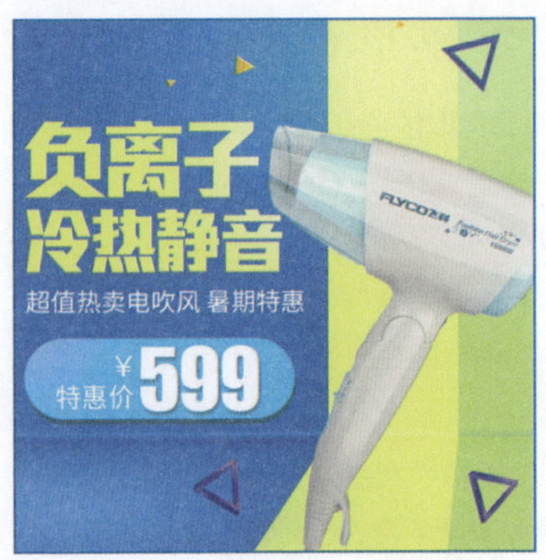

图4-75　查看完成后的效果

4.4.3　精细商品的抠取

当遇到商品的轮廓比较复杂，背景也比较复杂，或背景与商品的分界不明显时，上述的抠图方法都很难达到精确的抠图效果，此时可使用路径来进行抠图。下面将打开“唇膏.jpg”图像文件，使用“钢笔工具”抠图，并替换背景，其具体操作如下。

STEP 01 打开“唇膏.jpg”图像文件（配套资源:\素材文件\第4章\唇膏.jpg）。

STEP 02 在工具箱中选择“钢笔工具”，在其工具属性栏的下拉列表中选择“路径”选项，然后在图片中选取一个边缘点进行单击，确定所绘路径的起点位置，如图4-76所示。

STEP 03 沿着唇膏图片的边缘依次单击，为图片添加锚点，添加到起始点时，再次单击起始点锚点，即可闭合路径，如图4-77所示。在添加锚点时，尽量在放大图片的情况下进行添加，并尽量将锚点添加在边缘靠内的位置。

图4-76　确定路径起点

图4-77　确定路径起点

STEP 04 闭合路径之后，选择“转换点工具” ，单击锚点为其添加控制柄，拖动控制柄调整路径的平滑度，如图4-78所示。控制柄两端的锚点分别用于调整当前路径两侧线段的平滑度。

STEP 05 按照该方法依次调整所有路径线段的平滑度，绘制完成后按【Ctrl+Enter】组合键或在“路径”面板中单击“将路径作为选区载入”按钮 ，将路径转换为选区，如图4-79所示。

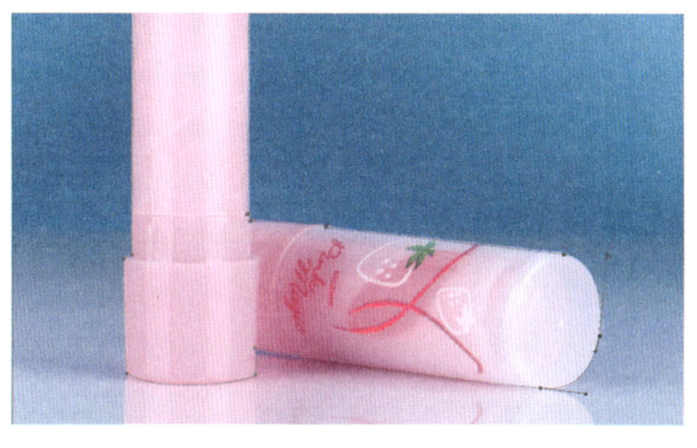

图4-78 调整路径平滑度

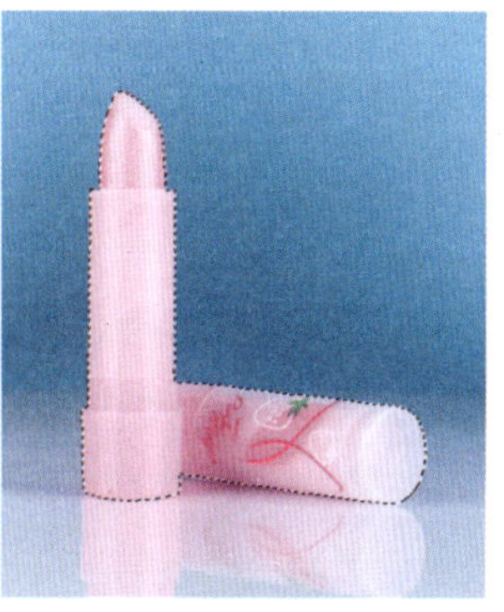

图4-79 将路径转化为选区

STEP 06 打开“唇膏背景.jpg”图像文件（配套资源:\素材文件\第4章\唇膏背景.jpg），使用“移动工具” 将唇膏选区拖动到背景文件中，调整其大小、位置，并选择【图层】/【图层样式】/【投影】命令，在打开的对话框中直接单击 确定 按钮，为其添加投影效果，效果如图4-80所示（配套资源:\效果文件\第4章\唇膏.psd）。

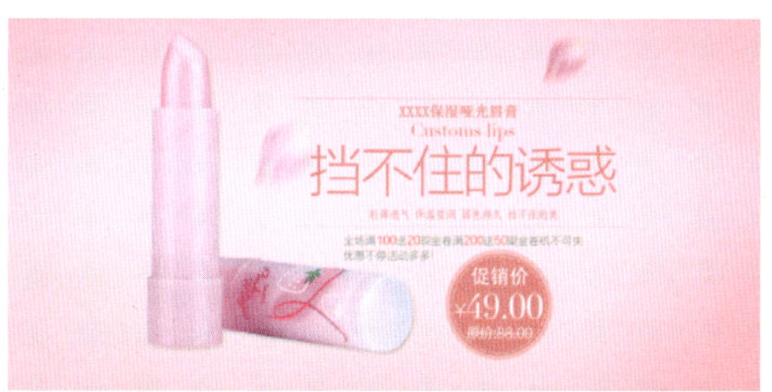

图4-80 更换背景

4.4.4 半透明商品的抠取

一些特殊的商品，如水杯、酒杯、婚纱、冰块、矿泉水等。使用一般的抠图工具得不到想要的透明效果，此时需结合钢笔工具、图层蒙版和通道等进行抠图。下

面以抠取婚纱为例讲解半透明商品图片的抠图方法，其具体操作如下。

半透明商品的抠取

STEP 01 打开“婚纱.jpg”图像文件（配套资源:\素材文件\第4章\婚纱.jpg），按【Ctrl+J】组合键复制背景图层，得到“图层1”，如图4-81所示。

STEP 02 在工具箱中选择“钢笔工具”，沿着人物轮廓绘制路径，注意绘制的路径应不包括半透明的婚纱部分，按【Ctrl+Enter】组合键将绘制的路径转换为选区。

STEP 03 打开“路径”面板，单击右上角的“设置”按钮，在打开的下拉列表中选择“储存路径”选项，将路径储存为“路径1”，如图4-82所示。

图4-81　复制背景图层

图4-82　绘制并储存路径

STEP 04 单击“通道”面板中的“将路径作为选区载入”按钮，将选区储存为通道，如图4-83所示。

STEP 05 复制“蓝”通道，得到“蓝 副本”通道。新建“路径2”，使用钢笔工具创建背景路径，按【Ctrl+Enter】组合键转化为选区，填充为黑色，取消选区，如图4-84所示。

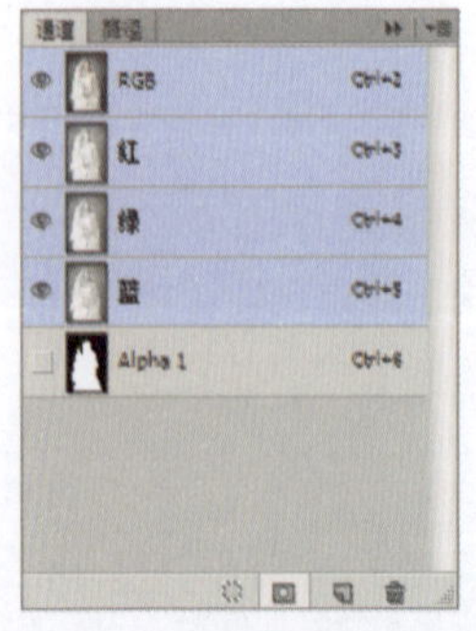

图4-83　将选区储存为通道

图4-84　填充背景选区为黑色

专家指导

在选择通道时，可分别查看3个通道的对比，选择对比最明显的通道，这样更方便涂抹和抠取。在抠取背景时，除了通过钢笔工具进行抠取外，还可直接使用画笔工具进行涂抹，在涂抹人物部分时，如果想抠取得更精确一些，可以将画笔缩小再进行涂抹，特别是在涂抹细节和发丝部分时，可以边涂抹边与RGB通道的图层进行对比，使涂抹部分更加精确。

STEP 06 选择【图像】/【计算】命令，打开“计算”对话框，设置源2通道为“Alpha1”，设置混合为“相加”，单击 确定 按钮，如图4-85所示。

STEP 07 查看计算通道后的效果，再在“通道”面板底部单击“将通道作为选区载入”按钮，载入通道的人物选区，如图4-86所示。

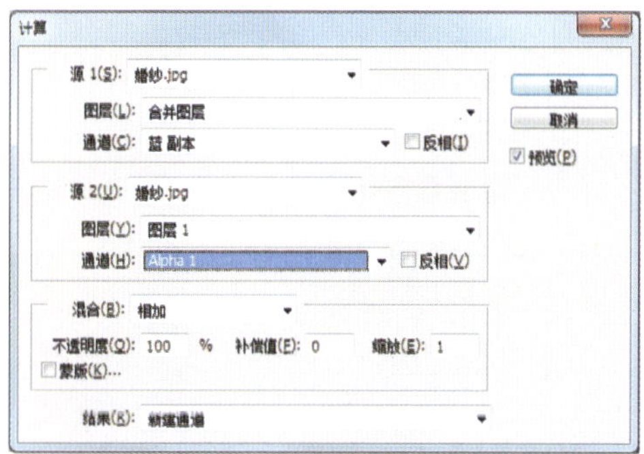

图4-85 计算通道

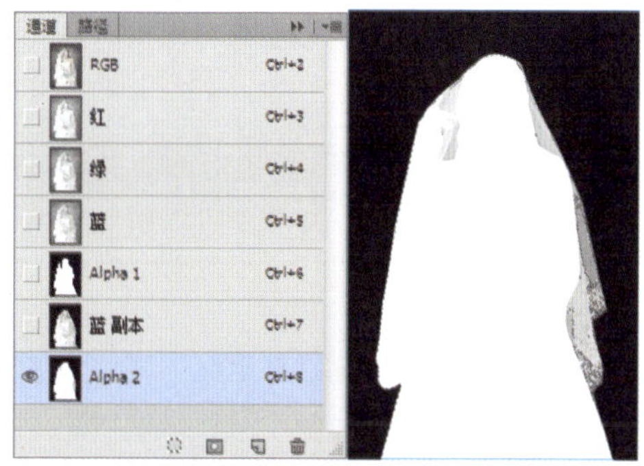

图4-86 载入通道的人物选区

STEP 08 打开“图层”面板，选择图层1，按【Ctrl+J】组合键复制选区到图层2上，隐藏其他图层，查看抠取的婚纱效果，如图4-87所示。

STEP 09 打开“婚纱背景.jpg”图像文件（配套资源:\素材文件\第4章\婚纱背景.jpg），将人物拖放到“婚纱背景.jpg”图像中，调整大小与位置，保存文件，查看完成后的效果，如图4-88所示（配套资源:\效果文件\第4章\婚纱.psd）。

图4-87 抠取效果

图4-88 查看完成后的效果

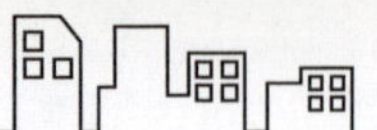

4.4.5 任务实训及考核

根据介绍的相关知识，完成表4-8所示的实训任务。

表4-8 实训任务

序号	任务描述	任务要求
1	抠取女包图片，将抠出的女包放于促销背景中	掌握魔棒工具的使用方法
2	抠取玻璃杯图片，要求抠取的玻璃杯要有通透感，完成后将其替换到促销背景中	掌握通道抠图的方法
3	抠取背景复杂的陶瓷图片，要求将陶瓷图片的细节抠取出来，再将其替换到单一的背景中	掌握钢笔工具的使用方法
4	抠取外形不规则的足球，并将其替换到其他背景中，使其展现得更加美观	掌握套索工具的使用方法

填写表4-9的内容并上交，考查对本节知识的掌握程度。

表4-9 任务考核

序号	考核内容	分值（100分）	说明
1	简述单色背景的抠取方法		
2	简述不规则商品的抠取方法		
3	简述精细商品的抠取方法		
4	简述半透明商品的抠取方法		

4.5 丰富商品图片内容

影响商品图片好坏的因素不仅仅包括图片展现的商品，还包含商品图片的描述文字和图形。为商品图片添加文字和图形描述，可以使图片内容更加丰富，且更加明确地表达出图片的意思。合理搭配文字和形状能够有效突出商品的特点或卖点，给客户专业、美观的感觉，进而提高店铺流量，促进销量。

针对下列问题展开讨论：

（1）怎么添加与美化图片文字？

（2）怎么为商品图片添加形状？

当图片完成处理后，还可以选择添加一些设计元素，以修饰与丰富图片。文字、形状、标签、图案是网店中最常见的设计元素。本节将先讲解添加与美化图片文字的方法，再对添加形状的方法进行介绍。

4.5.1　添加与美化商品图片文字

添加与美化图片文字

文字作为商品图片的重点，不但能传递商品信息，还能起到促进消费的目的。Photoshop中提供了文字工具，方便为图片添加文字，添加文字后，还可以根据需要设置文字的字体、字号、颜色、加粗与倾斜等效果。下面通过制作促销广告文字介绍文字的编辑方法，其具体操作如下。

STEP 01 打开“促销广告.jpg”图像文件（配套资源:\素材文件\第4章\促销广告.jpg），选择“横排文字工具”T，单击鼠标左键定位文字插入点，输入“10月2日聚划算”，按【Enter】键完成输入，使用相同的方法继续输入其他文字，如图4-89所示。

STEP 02 按【Ctrl+T】组合键调整文字的大小，拖动四角的控制点设置文字的大小，也可在工具属性栏的“字号”下拉列表框中精确设置文字的字号，效果如图4-90所示。

图4-89　输入文字

图4-90　调整文字大小

STEP 03 选择“10月2日聚划算”图层，在工具属性栏中设置字体为“方正粗倩简体”，再设置其他文字字体为“迷你简汉真广标”。

STEP 04 选择“10月2日聚划算”图层，在工具属性栏中单击文字颜色色块，设

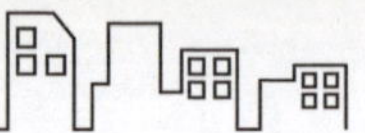

置字体颜色为“白色”，使用相同的方法设置其他文字的颜色，其中“就这么任性”字体颜色为“#03eedf”，“免单”字体颜色为“#fb2f3a”，效果如图4-91所示。

STEP 05 选择“免单”图层，按【Ctrl+J】组合键创建副本，选择副本所在图层，单击鼠标右键，在弹出的快捷菜单中选择“转换为形状”命令，如图4-92所示。

图4-91 设置文字字体和颜色

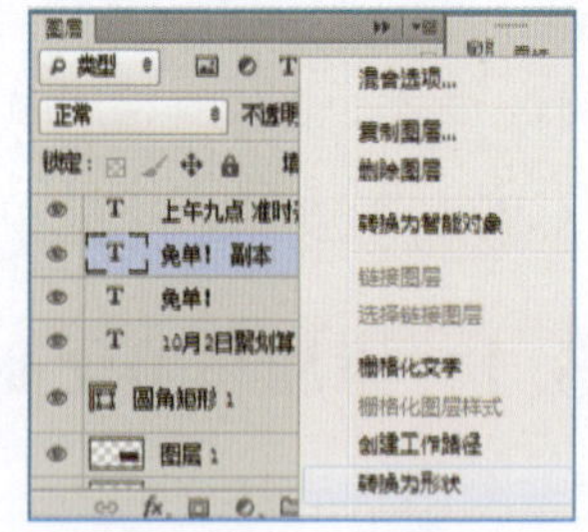

图4-92 将文字转换为形状

STEP 06 隐藏“免单”图层，选择“钢笔工具”，按住【Ctrl】键不放并单击文字，即可选择文字上的路径并显示路径上的锚点，通过编辑路径上的锚点更改“！”的外观，使用相同的方法为“任性”图层创建副本，编辑其外观，效果如图4-93所示。

STEP 07 选择“10月2日聚划算”图层下方的背景图层，将前景色设置为“#ff8120”，选择“圆角矩形工具”，在工具属性栏中设置半径为“10”，在“10月2日聚划算”文字下方绘制圆角矩形。使用相同的方法在“上午九点 准时开抢”文字下方绘制颜色为“#fb2f3a”的圆角矩形，如图4-94所示。

图4-93 更改文字外观

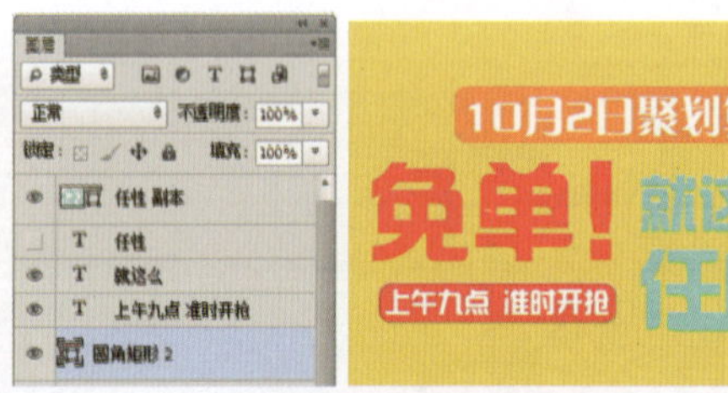

图4-94 绘制圆角矩形

STEP 08 在背景图层上方新建图层，将前景色设置为“#310e0a”，选择“钢笔工具”，在工具属性栏中设置绘图模式为“形状”，单击并拖动鼠标指针绘制中间文字的大致轮廓，如图4-95所示。

STEP 09 打开“金币元素.png”图像文件（配套资源:\素材文件\第4章\金币元素

png），拖动金币素材到促销广告窗口中，移动图层到背景图层上方，调整大小与位置，完成本例的制作，效果如图4-96所示（配套资源:\素材文件\第4章\促销广告.psd）。

图4-95 中间文字轮廓

图4-96 查看完成后的效果

4.5.2 为商品图片添加形状

为商品图片添加形状

除了文字外，形状也是图片处理过程中必不可少的元素，它不仅可以丰富图片的内容，还能对图片中的重点部分进行装饰。本例将在已经输入好文字的休闲鞋海报中添加不同的形状，使其展现的效果更加完美，其具体操作如下。

STEP 01 打开“男包促销.psd”图像文件（配套资源:\素材文件\第4章\男包促销.psd），如图4-97所示。

STEP 02 选择“矩形工具” ，在工具属性栏中设置颜色为“#000000”，在“牛皮大钱夹”文字下方绘制大小为“480×115px”的矩形，如图4-98所示。

图4-97 打开素材

图4-98 绘制矩形

STEP 03 再次选择“矩形工具” ，在工具属性栏中设置颜色为“#721302”，

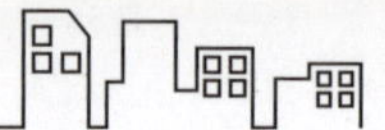

在“58.00”文字下方绘制大小为“320×115px”的矩形，如图4-99所示。

STEP 04 选择“自定形状工具”，在工具属性栏中设置填充颜色为“#721302”，单击“形状”栏右侧的按钮，在打开的下拉列表中选择“横幅3”选项，再在“聚划算”文字下方绘制选择的形状，如图4-100所示。

图4-99 绘制矩形

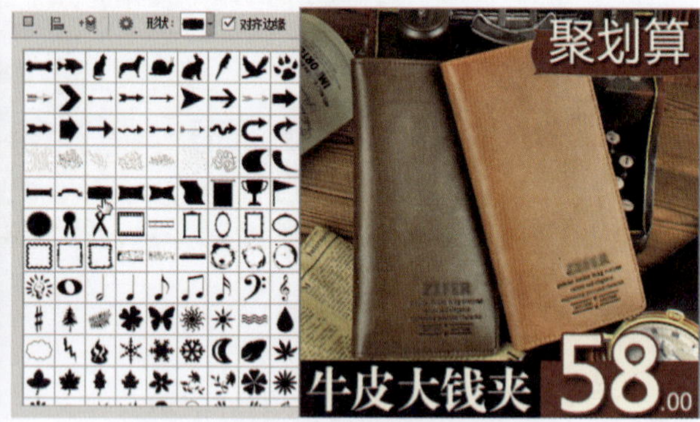

图4-100 绘制自定义形状

STEP 05 在“图层”面板中单击 fx 按钮，在打开的下拉列表中选择“投影”选项，打开“图层样式”对话框，设置距离、扩展和大小分别为“8”像素、“10”%、“15”像素，完成后单击 确定 按钮，如图4-101所示。

STEP 06 保存文件，查看完成后的效果，如图4-102所示（配套资源:\效果文件\第4章\男包.psd）。

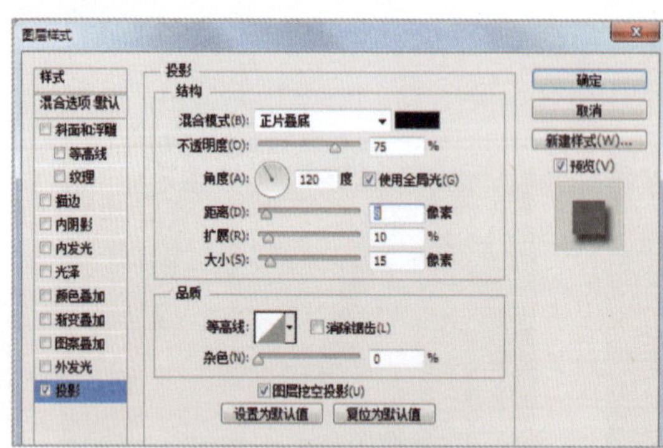

图4-101 设置投影参数

图4-102 查看完成后的效果

4.5.3 任务实训及考核

根据介绍的相关知识，完成表4-10所示的实训任务。

表4-10 实训任务

序号	任务描述	任务要求
1	对前面处理好的装生菜的盘子添加说明性文字，要在文字中体现特色	掌握文字的输入与编辑方法
2	在装生菜的盘子中添加文字的下方绘制形状	掌握形状的绘制方法

填写表4-11的内容并上交，考查对本节知识的掌握程度。

表4-11 任务考核

序号	考核内容	分值（100分）	说明
1	简述文字的输入与编辑方法		
2	简述如何绘制不同样式的形状		

拓展延伸

视觉效果好的商品图片能让客户看一眼就有想买的冲动，因此视觉美观性的好坏直接影响了营销能否成功。下面将对图片处理过程中的常见问题进行解答，帮助用户更好地处理商品图片。

一、哪一类商品图片需要调色?

一般来说，由于光线、拍摄器材等客观原因造成商品照片与实际商品存在色差时，需要对图片颜色进行调整，还原图片本身颜色，使图片更具真实性。如果使用正规拍摄方式和方法，在布光合理的环境中拍摄出来的商品图片基本都是不需要调色的，但有时候可根据主图背景、详情页风格等进行色调处理，使其与店铺风格相融合。

二、怎样增加图片的营销效果?

可以在图片中添加一些营销文案，如商品宣传语、商品促销价格、商品卖点、优惠信息等文字，这样能更吸引客户目光。

实战与提升

通过本章知识的学习，对下列问题展开讨论与练习，在巩固所学知识的同时，拓展视野，进一步提高自己的能力。

（1）处理一张曝光不足、色彩暗淡的咖啡杯图片（配套资料:\素材文件\第4章\咖啡杯.jpg），处理后色泽鲜艳、美观，参考效果如图4-103所示（配套资料:\效果文件\第4章\咖啡杯.jpg）。

（2）本练习将对实拍童装图片（配套资料:\素材文件\第4章\童装.jpg）进行颜色调整，并抠图、更换背景（配套资料:\素材文件\第4章\重装背景.psd），处理后的童装更加粉嫩可爱，充满童趣，参考效果如图4-104所示（配套资料:\效果文件\第4章\童装.psd）。

图4-103　咖啡杯参考效果

图4-104　童装参考效果

第5章 促销图的视觉营销设计

学习目标

当图片的视觉效果符合需求后，即可进行营销和推广，将产品信息传递给客户。视觉营销促销图是映入客户眼帘的第一道关口，精美且具有卖点的促销图能使客户感受到商家的专业。客户只有对商家产生了兴趣，才会点击促销图，从而增加店铺的流量和销量。那么怎么制作符合营销推广需要和客户审美的促销图呢？下面进行具体介绍。

学习导图

- 促销图的视觉营销设计
  - 主图营销设计
    - 主图的尺寸规范
    - 主图的素材选择
    - 主图的设计要点
    - 主图的营销体现
    - 主图的设计与制作
  - 直通车推广图营销设计
    - 直通车投放的策略
    - 直通车推广图的展现位置
    - 直通车推广图的设计要点
    - 直通车推广图的制作
  - 智钻推广图营销设计
    - 智钻的投放目的和策略
    - 智钻推广图的设计标准
    - 智钻推广图的制作

案例导入

小王是淘宝网一家女鞋店铺的老板，为了处理需要上新的单鞋图片，小王已经忙碌了好几个星期，今天终于将拍摄的商品图片处理完成了，于是匆匆忙忙进行了商品的上新，以为接下来只等发货收钱就行了，根本不用担心其他的事情。

但是结果却不尽如人意，店铺浏览量不足，点击率低，销售成果不理想。小王思考是不是店铺的详情页做得不够美观，导致吸引不到客户呢？于是，小王依次点进每种商品的详情页进行查看，发现详情页都还不错，很符合商品的需求。发现自家商品没有问题，于是小王准备看看其他店铺的成交量如何。

通过搜索，小王发现，其他店铺搜索页中的商品图片都很有特点，能够充分展示商品的优势，让人一目了然。于是，小王眼前一亮，终于发现了自己店铺存在的问题：首张主图没做好。于是，他对主图进行了优化，不但重新调整了图片结构，还重点体现商品的卖点。没过几天，小王发现店铺开始有了起色。

小王觉得这还不够，还应该乘胜追击将营销做好，提高店铺的成交量。于是，他报了直通车和智钻，并根据营销的方式和策略制作营销图片，将商品卖点和促销信息最大化地展现了出来，并根据客户的浏览时间进行分时段的投放。虽然前期投入了一定的资金，但是经过几天后，店铺的总体成交量有了大幅度提升。

通过本例我们需要明白一个道理：具有视觉吸引力的图片是吸引客户点击，引进流量和促进销售的重要因素，因此，各种促销图的设计与制作是营销过程中必不可少的环节，如直通车推广图、钻展推广图是淘宝网中最常用的促销工具的推广图。不同的促销方式具有不同的营销策略，在进行视觉营销促销图的设计与制作时，需要根据促销目的和客户需求来进行考虑，这样才能使展现的图片效果快速吸引客户，提高店铺点击率与转化率。

【思考】

（1）怎么制作符合需要的主图？

（2）直通车、智钻是什么？

（3）如何制作直通车推广图、智钻推广图？并在其中体现卖点？

5.1 主图营销设计

客户首先接触的店铺商品信息是从商品主图中获得的，作为传递信息的核心，主图需要具有视觉吸引力，使客户产生点击的欲望，从而进入商品详情页浏览更多信息。所以，主图效果的好坏在很大程度上影响着流量的高低，也是营销能否成功的关键。

课堂讨论

针对下列问题展开讨论：

（1）主图的规范是什么？

（2）主图的素材选择有什么要求？

（3）主图的设计要点有哪些？

（4）主图的营销体现主要表现在哪些方面？

（5）怎么制作符合要求的主图？

客户无论是通过关键词搜索还是通过类目进行搜索，商品主图都是展现在客户眼前的第一张图片。因此，主图视觉效果，是影响客户关注和点击的主要因素。也可以说，一张诱人的主图可以为店铺节省大笔营销费用，也可以在没有其他促销推广的情况下为店铺吸引流量。本节将先对主图的尺寸规范、主图的素材选择、主图的设计要点和主图的营销体现进行介绍，再对主图的设计与制作进行介绍。

5.1.1 主图的尺寸规范

主图的标准尺寸为310×310像素的正方形图片。800×800像素以上的图片，可在商品详情页中使用放大镜功能，该功能可以直接放大主图的细节，使客户可以在主图中查看商品的细节。在计算机上编辑发布商品时，主图位置一般可以上传4~6个不同角度的图片。也可以在主图位置上发布视频，方便客户查看实物效果。

5.1.2 主图的素材选择

主图作为表现商品的第一要素，其素材的选择也要遵循一定的规律和方法，下面对主图素材的选择方法进行介绍。

- **清晰整洁：**在主图素材的选择中，清晰整洁是首要条件，模糊、脏乱的主图不仅影响客户的视觉感受，还影响商品的价值。
- **曝光正确：**光线的色温和明暗度是造成商品色差的关键，若选择一张曝光有问题的图片作为主图，将很容易引起售后纠纷。因此在选择主图图片时，要选择正确曝光的图片。
- **展现角度合理：**合理的商品展现角度不但能增强商品的立体感，使商品更加灵动，还能让客户更加清晰地看到商品的全貌，从而促使客户购买商品。

- **商品完整**：在保证商品角度合理的情况下，还要注重商品的完整度。主图需要展现商品最美观的角度，而作为主图的第二张图片则要展现商品的侧面，让客户在图片中能了解更多的信息。

5.1.3 主图的设计要点

在主图中，图片场景可以展示商品的使用范围，提升客户的认知度；主图颜色会影响客户的购买欲望；促销信息则可以提高商品点击率，下面对这些设计要点分别进行介绍。

- **图片场景**：在设计图片场景时，选择不同背景、不同虚化程度的素材，都可能对图片场景的效果产生不同的影响，从而影响点击率。在使用不同场景的图片时，要注意主图位置与前后竞争对手的情况，因为前后商品的图片场景会影响主图的刺激力度。从大量数据调研中可看出，有50%的主图都使用生活背景，如图5-1所示。
- **主图颜色**：主图颜色常常是可以烘托商品的纯色背景，切记不要使用过于繁杂的颜色，因为，人的眼睛一次只能存储两三种颜色，以纯色做背景时在颜色搭配上比较容易，也能令人印象深刻。反之，过多、过杂的背景颜色，会使客户感到眼部疲倦，只会分散注意力，影响客户的购买欲望，让效果大打折扣，如图5-2所示。

图5-1 图片场景

图5-2 主图颜色

- **促销信息**：客户都比较喜欢促销的商品，所以，制作主图时，可将促销信息设置到商品主图中，以提高点击率。如限时抢购、最后一天等促销文案让人有再不买就错过的紧迫感。需要注意的是，促销信息要尽量简单、字体统一，保持在10个字内，做到简短、清晰有力，避免促销信息混乱、喧宾夺主等。

5.1.4 主图的营销体现

好的主图能够提高点击率，从而达到引流的目的，而如何让主图更具有营销效果，从而吸引客户的眼球，则成为设计的关键。客户浏览主图的速度一般较快，如何让你的主图在淘宝网搜索页的众多主图中成功吸引客户眼球，是制作营销型主图的关键，一般可以从以下4个方面着手。

- **卖点清晰有创意：** 所谓“卖点”，就是指商品具备的别出心裁或与众不同的特色，既可以是商品的款式、形状、材质，也可以是商品的价格等。卖点清晰是指客户即使眼睛一扫而过，也能快速明白你的商品的优势是什么，和别家的商品有什么不同。一个主图的卖点不需要多，但要能够直击要害，以直接的方式打动客户。许多商品的卖点都是大同小异的，这时，优化卖点就会成为体现营销价值的关键。如图5-3所示，左图可以看出商家想要体现的商品卖点是小巧便携，该图场景设立是正确的，但背景过于单调，商品除了小巧也没有太多亮点，因此卖点不够清晰，不符合营销的需求；而右侧则通过笔记本电脑的一点点区域展现商品的小巧，并通过简单的文字将卖点展现到客户的眼前，传达了更多信息并体现了营销特点。

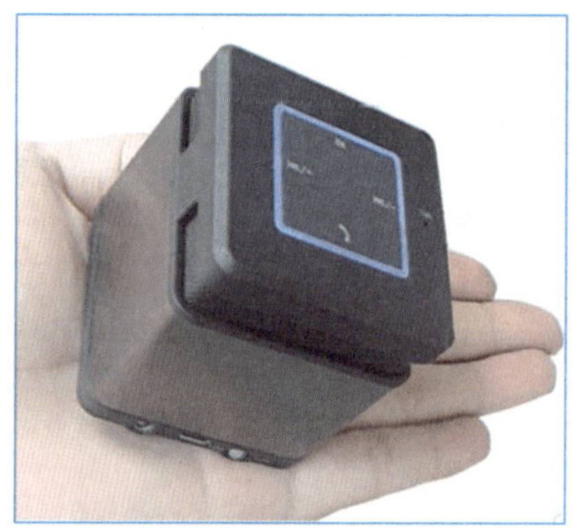

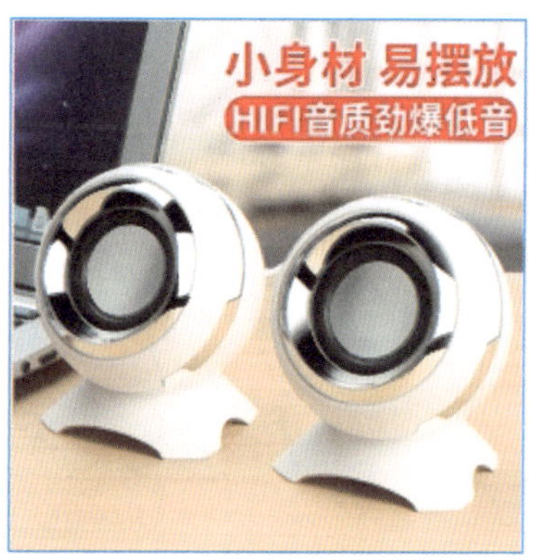

图5-3 卖点对比

- **商品的大小适中：** 商品过大则显得臃肿，过小不利于表达细节，不利于突出商品的主体地位，从而使营销效果达不到要求。而大小合适的商品能增加客户浏览时的视觉舒适感，提高点击率。如图5-4所示，左侧图的“数据线”与手机形成对比，客户可以感受数据线的实际大小，并且能观察到数据线的细节特征，极大地提高了浏览的直观度，从而将画面中“数据线”的柔韧、耐用等特性完美地体现了出来，这样展示的效果其营销性将比右侧直接展示效果更好。

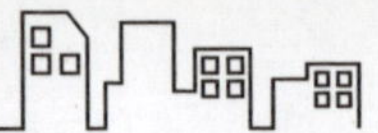

图5-4　大小对比

- **宜简不宜繁：**由于客户浏览主图的速度较快，因此，主图传达的信息越简单、明确就越容易被接受。商品放置杂乱、商品数量多、文案信息多、背景太杂、水印夸张等都会阻碍信息的传达，从而影响营销的展开和传播。如图5-5所示，左图和右图都是手机的钢化膜，左图设计简洁大气、唯美清新，少量的文字很好地阐述了其卖点。而右图用了大量文字来说明手机壳的优点，但文字太小，效果展现不够完整，促使客户快速跳过该主图。

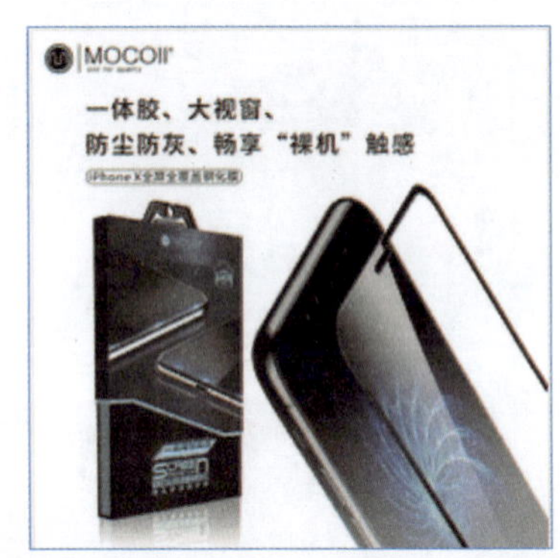

图5-5　简繁对比

- **丰富细节：**即通过放大细节提高主图的点击率，也可以在主图上添加除标题文字外的补充文字，如商品名称、特点与特色、包邮、特价等商家想要表达的内容。丰富主图的细节，可以使卖点更加突出，从而促进商品的营销和商品的卖出。

5.1.5　主图的设计与制作

主图要有一定的亮点。本例将制作一款手机主图，主要通过红色和绿色的搭

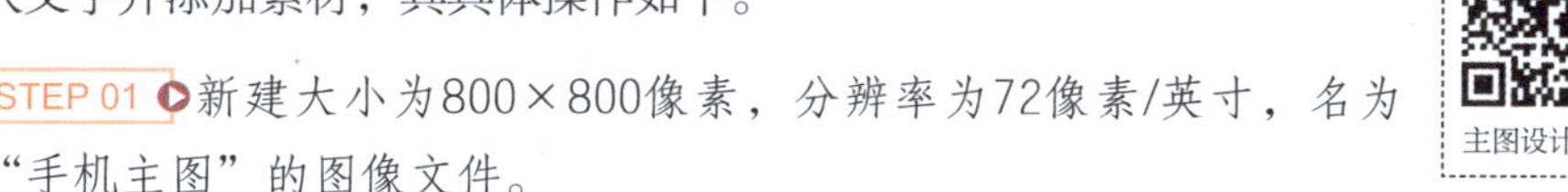

配，让客户耳目一新。在制作时，先制作主图背景，突出创意，再输入文字并添加素材，其具体操作如下。

STEP 01 新建大小为800×800像素，分辨率为72像素/英寸，名为“手机主图”的图像文件。

STEP 02 打开“主图背景.jpg”图像文件（配套资源:\素材文件\第5章\主图背景.jpg），将其中的背景拖动到新建的手机主图中，调整大小和位置，如图5-6所示。

STEP 03 在工具箱中选择“矩形工具”，在工具属性栏中单击“填充”右侧的色块，在打开的下拉列表中选择“渐变”选项，设置渐变颜色为“#fe1e71~#ffa404”，并设置渐变方式为“线性”，角度为“0”，如图5-7所示。

STEP 04 在图像编辑区的左侧绘制400×70像素的渐变矩形，完成后复制矩形，调整两个矩形的位置，如图5-8所示。

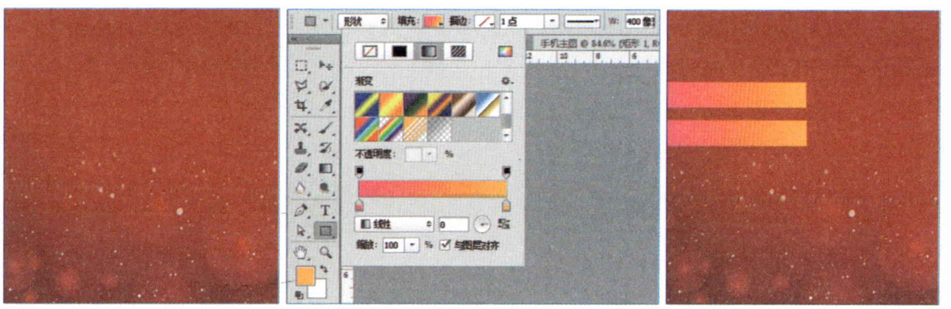

图5-6 添加背景　　图5-7 设置渐变颜色参数　　图5-8 绘制矩形

STEP 05 打开“主图素材.psd”图像文件（配套资源:\素材文件\第5章\主图素材.psd），将除“融雪”外的其他图形拖动到手机主图中，调整大小和位置，如图5-9所示。

STEP 06 选择“横排文字工具”，在工具属性栏中，设置字体为“微软雅黑”字号为“48号”，颜色为“#ffffff”，在矩形框上分别输入“现货抢购”和“全场包邮”文字，完成的效果如图5-10所示。

STEP 07 选择“横排文字工具”，在工具属性栏中，设置字体为“方正兰亭粗黑简体”字号为“32号”，颜色为“#e2006f”，在钱袋图形上输入“iPhone 8 Plus，全国联保 正品国行”文字，完成后按【Ctrl+T】组合键，变换文字方向，使其展现的效果更加美观，完成的效果如图5-11所示。

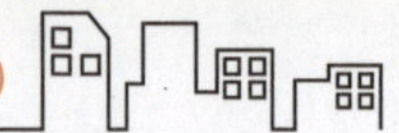

图5-9　添加素材　　图5-10　在矩形上输入文字　　图5-11　在钱袋上输入文字

STEP 08 双击“iPhone 8 Plus，全国联保　正品国行”图层右侧的空白区域，打开“图层样式”对话框，在左侧单击选中“渐变叠加”复选框，设置渐变颜色为“#3b5ae3~#a02ae6~#4251c2~#9247be”，完成后单击 确定 按钮，如图5-12所示。

STEP 09 查看添加渐变叠加后的效果。再在工具箱中选择“矩形工具”，在工具属性栏中设置填充颜色为“#095d4f”，在手机下方绘制“700×200像素”的矩形，完成后按【Ctrl+T】组合键变换，将图形倾斜显示。

STEP 10 复制矩形，并修改填充色为“#0e6f5c”，完成的效果如图5-13所示。

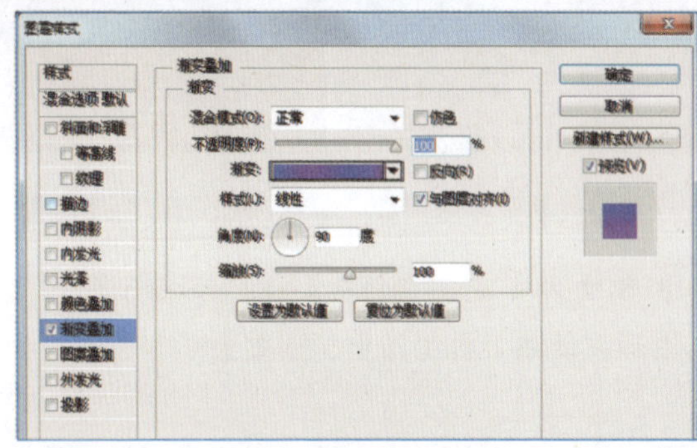

图5-12　设置渐变叠加　　图5-13　绘制矩形并将矩形倾斜显示

STEP 11 新建图层，选择“钢笔工具”，在矩形的左侧绘制图5-14所示的路径，按【Ctrl+Enter】组合键将其转换为选区，并填充为“#228c62”颜色。

STEP 12 选择“横排文字工具”，依次输入图5-15所示的文字，并设置字体为“方正粗倩简体”，字体颜色分别为“#ffffff”和“#ffff00”，调整字体大小和位置，完成后将“6388”的字体修改为“Script MT Bold”。

STEP 13 打开“主图素材.psd”图像文件，将其中的“融雪”图形拖动到手机主图中，调整大小和位置，完成的效果图5-16所示。

图5-14 绘制形状

图5-15 输入文字

图5-16 将融雪拖动到手机主图中

STEP 14 双击“6388”图层，打开“图层样式”对话框，单击选中“投影”复选框，在右侧设置距离和大小分别为“2”和“3”，单击 确定 按钮，如图5-17所示。

STEP 15 保存图像，查看完成后的效果，如图5-18所示（配套资源:\效果文件\第5章\手机主图.psd）。

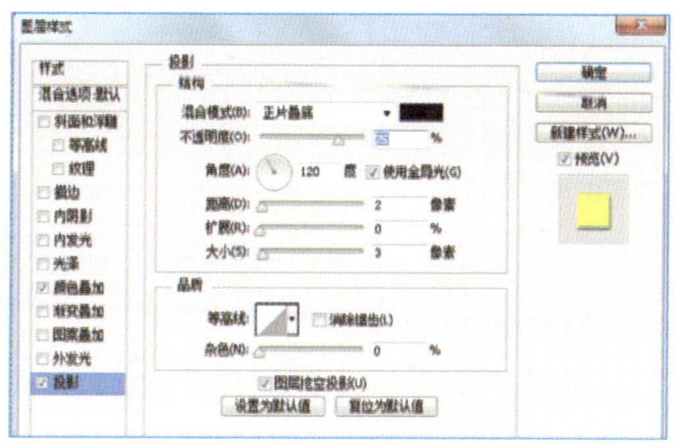

图5-17 设置投影参数

图5-18 查看完成后的效果

5.1.6 任务实训及考核

根据介绍的相关知识，完成表5-1所示的实训任务。

表5-1 实训任务

序号	任务描述	任务要求
1	制作“茶杯”主图，要求体现“茶水分离”的特点	掌握主图的设计要点的和制作方法

续表

序号	任务描述	任务要求
2	制作“休闲女鞋”主图，要求体现女鞋的透气性和“买一送一”	掌握女鞋主图的制作方法

填写表5-2的内容并上交，考查对本节知识的掌握程度。

表5-2　任务考核

序号	考核内容	分值（100分）	说明
1	简述主图的尺寸规范		
2	简述主图的素材选择方法		
3	简述主图的设计要点		
4	简述主图的营销体现方式		

5.2　直通车推广图营销设计

直通车是为淘宝网卖家量身定制的一种推广方式，按点击付费，可以精准推广商品，是卖家进行宣传与推广的主要手段，不仅可以提高商品的曝光率，还能有效增加店铺的流量，吸引更多客户。

针对下列问题展开讨论：

（1）直通车投放的策略是什么？

（2）直通车的展现位置有哪些？

（3）单品直通车推广图的设计需要注意哪些问题？

（4）直通车推广图设计与制作的方法是怎样的？

直通车是阿里巴巴旗下的一个营销产品，是淘宝网的一种付费推广方式。卖家通过设置关键词来推广商品，淘宝网根据用户搜索的关键词在直通车展示位展示相关商品，客户点击商品产生流量。客户单击展示位的商品进入详情页或店铺后，将产生一次流量，当客户通过该次点击继续查看店铺其他商品时，即可产生多次跳转流量，从而形成以点带面的关联效应。卖家可以根据实际需要，按时间和地域来控制推广费用，精准定位目标消费群体，降低推广成本，提高店铺的整体曝光度和流量，最终达到营销的目的。本节将先介绍直通车投放的策略、直通车推广图的展现位置、再介绍直通车推广图设计与制作的方法。

5.2.1　直通车投放的策略

不同时期，直通车投放的策略有所不同。在直通车开通的前期，最主要的目的是提高点击率，提高质量得分，使店铺排名靠前从而降低推广费用。因此，要求直通车推广图要创意十足、要有很强的视觉冲击力，能够吸引人点击。而直通车开通的后期，最主要的目的是精准引流，即直通车推广图不仅仅是让人点击，引进流量，还要能促进订单的达成，提高流量的转化率。此时，直通车推广图要求对目标消费者定位要明确，且图片与详情页的描述要与真实的商品有较高的匹配度。

专家指导

一天中每个时刻的流量并非都是均等的，一般来说，上午10:00前后，下午15:00、16:00前后，晚上20:00、21:00、22:00这几个时段是流量的高峰期，为了抓住高峰期，卖家可提前设置直通车的投放时间，在流量低谷与流量高峰时段设置不同的出价，以控制成本，保证资源得到最大限度的利用。

5.2.2　直通车推广图的展现位置

参加直通车推广的宝贝，主要展示在如下几个位置。

- 淘宝网搜索结果页面下方，提示有“掌柜热卖”的1~4位展示位，如图5-19所示，该展示位将根据搜索的内容发生变化。

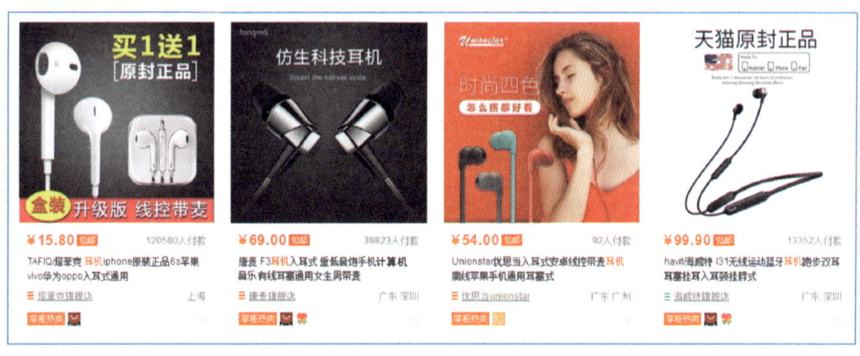

图5-19　搜索结果页下方推广位置

• 淘宝网搜索结果页面右侧，有16个竖着的展示位，页面底端横着有5个展示位。每页展示21个宝贝，右侧展示1~16位，下面展示17~21位，搜索页面可一页一页往后翻，展示位以此类推，如图5-20所示。

图5-20　搜索结果页右侧和底部位置

• “已买到的宝贝”页面中的热卖单品，“我的收藏”页面中的热卖单品；“每日焦点”中的热卖排行；淘宝网首页靠下方的“热卖单品”也是直通车的展示位置，如图5-21所示。

图5-21　已买到的宝贝中的直通车位置

专家指导

移动端也有直通车展示位，除了购物车页面、收藏店铺页面、首页的“猜你喜欢”等与计算机端类似外，移动端自然搜索结果页的展示方式与计算机端略有不同。移动端自然搜索结果页的直通车展示位置为移动端自然搜索结果页中的第一个商品，同时每隔5个或10个商品加入一个直通车展位。根据移动端移动设备的不同，展示位置也会有一些差异。

- 在天猫中通过输入关键词或者点击类目搜索时，在搜索结果页面最下方有5个“掌柜热卖”的展示位置（展位个数与计算机分辨率有关），展示位以此类推，如图5-22所示。

图5-22 天猫中的直通车位置

5.2.3 直通车推广图的设计要点

直通车推广图即掌柜热卖或热卖单品中的图片，其设计规格为商品主图的规格，一般直接从商品主图中选择，侧重于单个商品的信息传递或是销售诉求。在制作直通车单品推广图前，需要先对商品的核心关键词进行竞品分析。通过关键词搜索或是类目搜索，找到需要展示的直通车位置，然后对该区域附近的商品进行观察与分析，分析出优劣情况，再进行设计与制作。

对于很多商品来讲，因为商品本身属性的不同，因此，体现的特征也不相同。而客户对于不同商品特征也会有不同的关注点。根据这些因素的侧重点，在视觉设计时，就需要明确不同商品需要展现哪些商品的特征来打消客户对于该商品的顾虑，从而让商品更具有说服力。

制作直通车推广图时应遵循3个原则。

- **主题卖点简洁精确：** 主题卖点要紧扣客户诉求，并且要简洁明了、直接精确。为了让客户易于接受，文字尽量控制在6个字以内。
- **构图合理：** 直通车推广图的构图方式很多，包括中心构图、三角构图、斜角构图、黄金比例构图等，但总体上要求符合客户从左至右、从上至下、先中间后两边的视觉流程，同时，图文搭配比例要恰当，颜色的搭配需和谐。应用文字时，要求文字的排列方式、行距、字体颜色、样式等要整齐统一，并通过改变字体大小或者颜色来清晰地呈现信息的主次。
- **具有吸引力：** 使用独特的拍摄手法、夸张直接的文案，可以让你的直通车推广图从图海中脱颖而出，快速吸引客户。

5.2.4 直通车推广图的制作

直通车推广图的制作

直通车推广图的制作方法与主图的制作方法类似，下面将制作一个以“新品上鲜”为主题的直通车推广图。制作过程中注重对上新信息的描述，要在图片中尽量表现商品的鲜，以提升吸引力（即各种促销手段），其具体操作如下。

STEP 01 新建大小为800×800像素，分辨率为72像素/英寸，名为“青苹果直通车”的图像文件。

STEP 02 打开“直通车背景.jpg”图像文件（配套资源:\素材文件\第5章\直通车背景.jpg），将背景拖动到直通车图像文件中，调整大小和位置，如图5-23所示。

STEP 03 打开“直通车素材.psd”图像文件（配套资源:\素材文件\第5章\直通车素材.psd），将其中的各个素材拖动到直通车中，调整大小和位置，如图5-24所示。

STEP 04 在“苹果素材”图层的下方新建图层，在工具箱中选择“画笔工具”，在工具属性栏中设置画笔大小为“100像素”，在苹果的下方绘制阴影，使其看起来更加立体，完成后设置不透明度为“80%”，效果如图5-25所示。

图5-23 添加背景

图5-24 添加素材

图5-25 绘制投影

STEP 05 选择“横排文字工具”T，在工具属性栏中设置字体为“汉仪行楷简”，颜色为“#009339”，在苹果上方依次输入“鲜”“到先得”，完成后调整文字大小和位置，如图5-26所示。

STEP 06 双击“鲜”图层右侧的空白处，打开“图层样式”对话框，在左侧单击选中“光泽”复选框，在右侧设置颜色、不透明度、角度、距离、大小分别为“#03682a”“50”“-50”“15”“20”，如图5-27所示。

STEP 07 在左侧单击选中“描边”复选框，在右侧设置大小和颜色分别为“3”和“#ffffff”，完成后单击 确定 按钮，如图5-28所示。

图5-26　添加文字

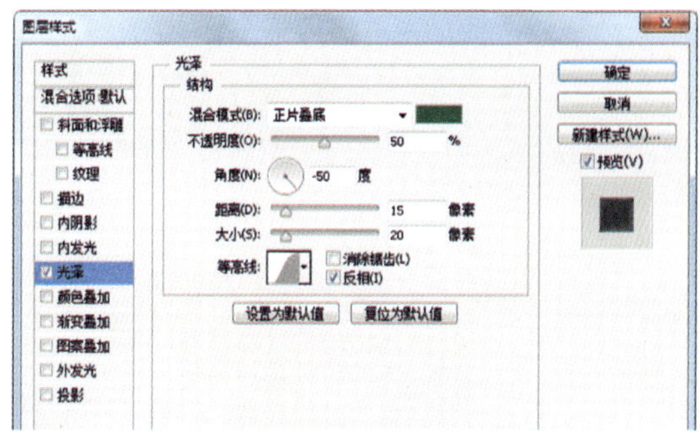

图5-27　设置光泽参数

STEP 08 选择“鲜”图层，在其上单击鼠标右键，在弹出的快捷菜单中选择“拷贝图层样式”命令。

STEP 09 按住【Ctrl】键不放，依次选择需要添加图层样式的文字图层，在其上单击鼠标右键，在弹出的快捷菜单中选择“粘贴图层样式”命令，将图层样式粘贴到其他图层上，如图5-29所示。

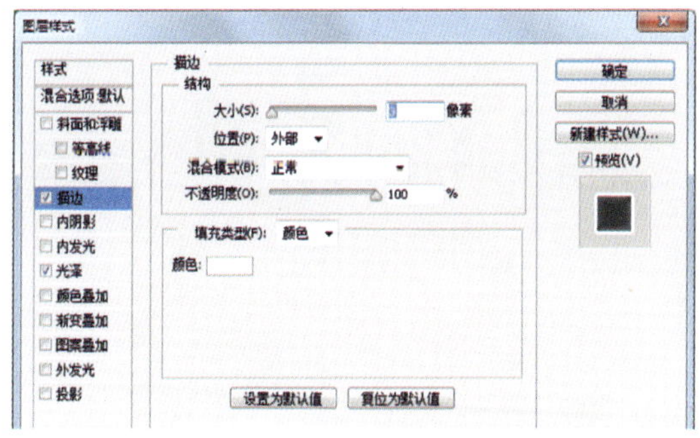

图5-28　设置描边参数

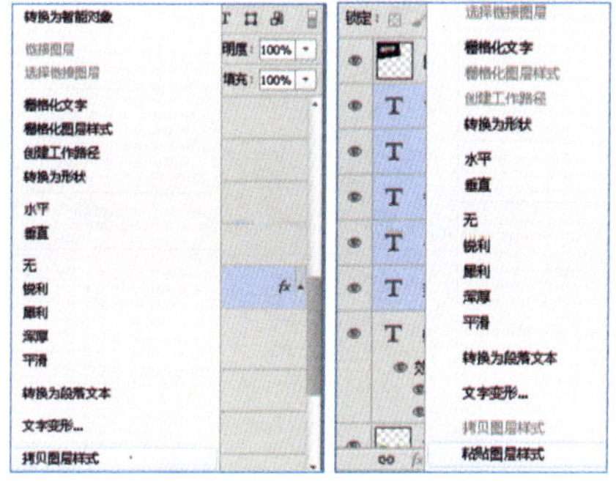

图5-29　拷贝图层样式

STEP 10 打开“星光.jpg”图像文件（配套资源:\素材文件\第5章\星光.jpg），将星光素材拖到到文字上方，调整大小和位置，设置图层混合模式为“滤色”，不透明度为“60%”，完成后复制星光效果，并应用到其他文字上方，效果如图5-30所示。

STEP 11 在工具箱中选择“直线工具”，在文字下方绘制两条415×3像素的直线，并设置颜色为“#009339”。

STEP 12 选择“横排文字工具”T，在工具属性栏中设置字体为“思源黑体CN”，颜色为“#005d24”，在两条直线的中间输入“农家自产现摘现卖青苹果”，完成后调整字体大小和位置，如图5-31所示。

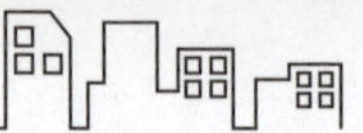

图5-30 添加素材并设置图层样式

图5-31 添加横排文字

STEP 13 选择“圆角矩形工具”，在工具属性栏中设置颜色为“#56ad2c”，在直线下方绘制3个140×32像素的圆角矩形，如图5-32所示。

STEP 14 选择“横排文字工具”，在工具属性栏中设置字体为“思源黑体CN”，颜色为“#ffffff”，在圆角矩形的上方依次输入图5-33所示的文字，完成后调整字体大小和位置。

图5-32 绘制圆角矩形

图5-33 在圆角矩形上方输入文字

STEP 15 选择“圆角矩形工具”，在工具属性栏设置中颜色为“#009339”，在花朵右侧绘制153×153像素的圆，如图5-34所示。

STEP 16 选择“横排文字工具”，在工具属性栏中设置字体为“微软雅黑”，颜色为“#ffffff”，在圆形上方依次输入图5-35所示的文字，完成后调整字体大小和位置，并将“10”的字体颜色修改为“#f0ff00”。

STEP 17 打开“星光.jpg”图像文件，将星光素材拖到到左侧苹果上方，调整大小和位置，完成后设置图层混合模式为“滤色”。保存图像，查看完成后的效果（配套资源:\效果文件\第5章\青苹果直通车.psd）。

图5-34　绘制圆形

图5-35　查看完成后的效果

5.2.5　任务实训及考核

根据介绍的相关知识，完成表5-3所示的实训任务。

表5-3　实训任务

序号	任务描述	任务要求
1	制作“香水”直通车推广图，要求体现香水的通透，并将“闻香识女人”的感官体现出来	掌握香水直通车推广图的制作方法
2	制作“键盘”直通车推广图，要求体现键盘的灵敏度	掌握键盘直通车图的制作方法

填写表5-4的内容并上交，考查对本节知识的掌握程度。

表5-4　任务考核

序号	考核内容	分值（100分）	说明
1	简述直通车投放的策略		
2	列举直通车推广图的展现位置		
3	简述直通车推广图的设计要点		

5.3 智钻推广图营销设计

智钻是淘宝网图片类广告位竞价投放平台，智钻推广图依靠图片创意吸引客户点击，获取巨大流量。与直通车类似，智钻也是店铺进行营销的重点。因此，一张视觉效果好的的智钻推广图是至关重要的。

课堂讨论

针对下列问题展开讨论：

（1）智钻投放的目的和策略有哪些？

（2）智钻推广图的设计标准有哪些？

（3）如何进行智钻推广图的制作？

智钻是淘宝网提供的一种营销工具，为卖家提供了数量众多的网内优质展位，包括淘宝网首页、内页频道、门户、画报等多个淘宝网站内广告位，及搜索引擎、视频网站、门户网等站外媒体展位。本节将先对智钻的投放目的和策略、智钻推广图的设计标准进行介绍，再对智钻推广图的制作进行介绍。

5.3.1 智钻的投放目的和策略

智钻投放的前期要进行数据分析及投入产出比值预算，之后才能进行广告位的预定。制作智钻推广图时，要明确推广目的和策略，下面分别进行介绍。

- **单品推广：**该推广适合热卖单品或季节性单品。因此，单品推广只是一种商品的推广，适合通过一种商品打造爆款，通过该爆款单品带动整个店铺的销量；或是适用于需要长期引流，并不断提高单品页面转化率的商品。
- **活动店铺推广**：活动店铺推广主要适合有一定活动运营能力的成熟店铺；或是需要短时间内大量引流的店铺，该店铺通过智钻促进店铺流量，从而提升店铺形象与人气。

5.3.2 智钻推广图的设计标准

智钻推广图的位置和尺寸虽然丰富，但设计的标准都是一致的，下面对其进行详细介绍。

- **主体突出：**智钻的主体不一定是商品图片，可以是创意方案，或客户诉求的呈现。突出主体才能够吸引更多客户点击。

- **目标明确：** 智钻投放的目标很多，例如上新、引流、大型活动预热以及通过智钻进行品牌形象宣传等。因此，智钻推广图的设计制作，需要明确自己的营销目标，针对目标进行素材的选择和设计，这样才能保证点击率与转化率。
- **形式美观：** 美的东西总是令人无法抗拒，美观的智钻推广图更能获取客户好感，进而提高点击率。当选择好素材，规划好创意后，适当美化智钻推广图尤为重要。

5.3.3 智钻推广图的制作

不同位置对应的智钻推广图尺寸、消费人群、消费特征和兴趣也各不同。因此，在制作智钻推广图时，要根据位置、尺寸等信息调整广告诉求，并采取合适的表达方式进行展示。下面以护肤品为例，制作520×280像素的智钻推广图，520×280像素智钻推广图即淘宝网首页焦点智钻图，该图位置醒目，一般以突出的文字和商品吸引客户，其具体操作如下。

智钻推广图的制作

STEP 01 新建大小为520×280像素，分辨率为72像素/英寸，名为“520×280像素智钻推广图”的像素文件。

STEP 02 将前景色设置为“#b90410”，按【Alt+Delete】组合键对背景填充前景色。新建图层，选择“钢笔工具”，在图像的中间部分绘制图5-36所示的路径，按【Ctrl+Enter】组合键将其转换为选区，再将前景色设置为“#c20515”，对选区填充前景色。

STEP 03 新建图层，选择“钢笔工具”，在图像的右下角绘制四边形路径，按【Ctrl+Enter】组合键将其转换为选区；选择“渐变工具”，设置渐变颜色为“#b00510~#fc4c58”，对选区填充渐变色。

STEP 04 使用相同的方法，新建图层，绘制图5-37所示的选区，并对选区填充渐变颜色。

图5-36 绘制形状并填充颜色

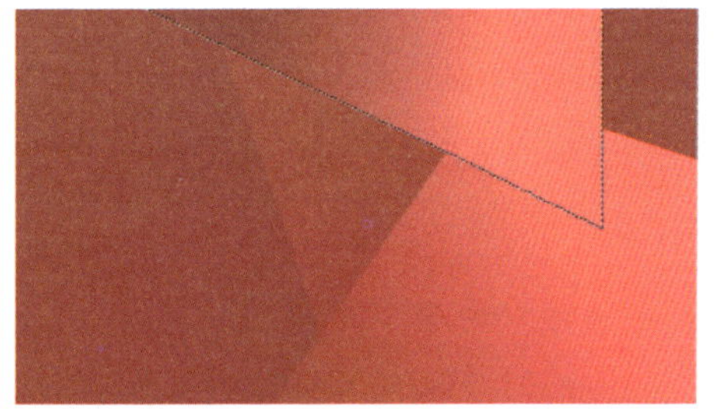
图5-37 绘制形状并填充渐变色

STEP 05 双击“图层1”图层右侧的空白处，打开“图层样式”对话框，在左侧单击选中“投影”复选框，在右侧设置颜色、不透明度、距离、扩展、大小分别为“#5d0107”“100”“6”“33”“10”，完成后单击 确定 按钮，如图5-38所示。

STEP 06 使用相同的方法，为其他图层设置投影，并查看设置后的效果，如图5-39所示。

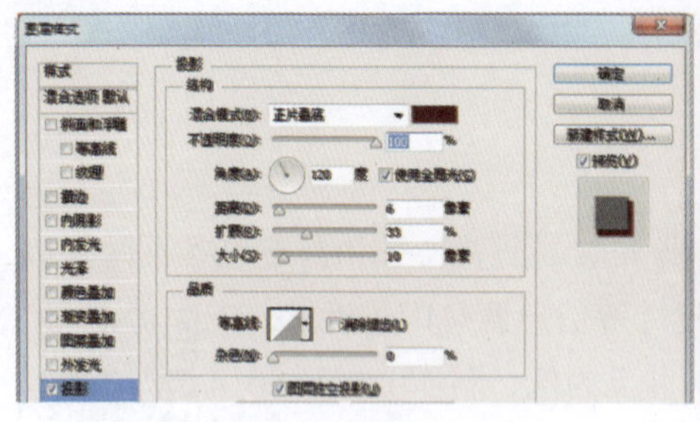

图5-38 设置投影参数

图5-39 查看添加投影后的效果

STEP 07 打开“钻展素材.psd”图像文件（配套资源:\素材文件\第5章\钻展素材.psd），将其中的素材拖动到图像中，调整大小和位置，如图5-40所示。

STEP 08 选择“矩形工具”，在文字下方绘制大小为140×25像素，颜色为“#f9f9ff”的矩形。新建图层，使用“钢笔工具”在矩形中绘制四边形，并填充颜色“#c20515”，如图5-40所示。

STEP 09 选择“横排文字工具”，在工具属性栏中设置字体为“思源黑体CN”，颜色为“#b90410”，在矩形上方依次输入文字，完成后调整字体大小和位置，并将“5”的字体颜色修改为“#ffffff”，如图5-41所示。

图5-40 添加素材

图5-41 输入文字

STEP 10 双击“5”图层右侧的空白处，打开“图层样式”对话框，在左侧单击选中“投影”复选框，在右侧设置颜色、不透明度、距离、大小分别为“#4ed6ec”“50”“3”“7”，完成后单击 确定 按钮，如图5-42所示。

STEP 11 使用与前面相同的方法，在矩形下方输入图5-43所示的文字，并调整字体大小和位置，完成后保存图像，查看完成后的效果（配套资源:\效果文件\第5章\520×280像素智钻图.psd）。

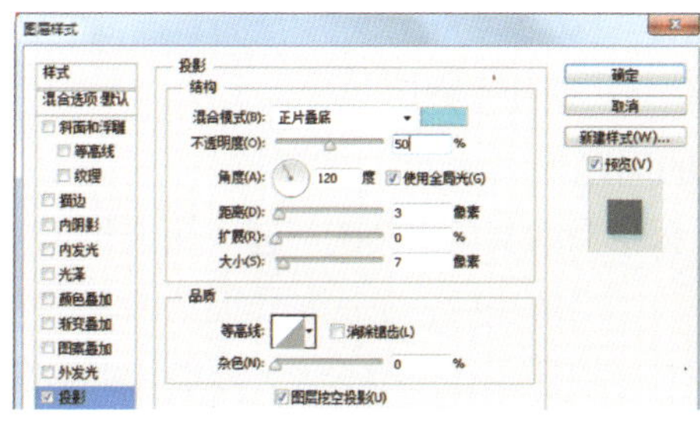

图5-42 设置“5”投影

图5-43 完成后的效果

5.3.4 任务实训及考核

根据介绍的相关知识，完成表5-5所示的实训任务。

表5-5 实训任务

序号	任务描述	任务要求
1	制作“160×200像素智钻图”，要求对店铺的促销信息进行介绍	掌握制作智钻图的方法
3	制作一套女装店铺的智钻推广图，要求选取热卖商品并进行智钻的制作	掌握素材的选择和智钻推广图制作方法

填写表5-6的内容并上交，考查对本节知识的掌握程度。

表5-6 任务考核

序号	考核内容	分值（100分）	说明
1	简述智钻设计的标准和投放目的		
2	简述智钻推广图的设计要点		

拓展延伸

视觉效果好的促销图能让客户看一眼就有想买的冲动，其美观性的好坏直接决定了营销能否成功。下面将对视觉促销图制作过程中遇到的常见问题进行解答。

一、怎样通过不同的主图来表达商品？

在计算机上编辑发布商品时，主图位置一般可以上传4~6个不同角度的图片。第一张图片默认为主图，即在搜索页展示的图片，该图要求制作精美、卖点突出，以吸引客户点击。而剩余的几张图片则以白色背景为主，主要从正面、侧面、颜色、摆放效果等不同角度来展示商品的细节信息，帮助客户了解商品内容。

二、怎样在促销图中体现客户最在意的问题？

可以浏览商品评价，在评价中了解客户需求和购买后遇到的问题。从这些问题中找出商品的不足，从而有针对性地进行解决。当解决后，下次制作促销图时，可将其以亮点的形式体现在其中，这样不但能更好地抓住客户的心理，还能让促销图更具有真实性。

实战与提升

通过本章知识的学习，对下列问题展开讨论与练习，在巩固所学知识的同时，拓展视野，进一步提高自己的能力。

（1）制作一个以“促销活动”为主的直通车推广图（配套资源:\素材文件\第5章\音箱直通车素材），注重对促销信息的描述，要在图片中尽量表现促销的吸引力、体现促销的主题、促销活动的时间等信息，参考效果如图5-44所示（配套资源:\效果文件\第5章\音箱直通车.psd）。

图5-44　直通车效果

（2）制作播放器主图（配套资料:\素材文件\第5章\播放器主图素材），制作时要体现商品的信息和促销内容，并合理地进行布局，参考效果如图5-45所示（配套资料:\素材文件\第5章\播放器主图.psd）。

图5-45　播放器主图

店铺首页的视觉营销设计

学习目标

淘宝网店铺首页是淘宝网店铺形象的展示窗口，展示了店铺的整体风格，是引导买家、提高转化率和成交量的重要页面，其视觉设计直接影响店铺品牌宣传的效果和买家的购物行为。那么，怎么制作符合营销推广需要和符合客户审美的首页呢？下面进行具体介绍。

学习导图

- 店铺首页的视觉营销设计
  - 认识店铺首页
    - 首页的设计要点
    - 首页的视觉传达
    - 首页的布局
  - 店招视觉营销设计
    - 确定店招的风格
    - 店招的营销设计
    - 店招的布局设计
    - 店招的设计与制作
  - 首页海报视觉营销设计
    - 海报的布局技巧
    - 海报的设计要点
    - 海报的表现手法
    - 海报的设计与制作
  - 促销活动区视觉营销设计
    - 优惠券的设计要点
    - 分类区的设计要点
    - 商品促销展示区的设计要点
    - 促销活动区的设计与制作

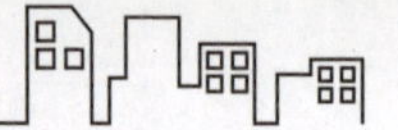

案例导入

小河是一家低端女鞋网店的店主，因为鞋子价格低，所以她对店铺的整体要求不高，只保证了商品图片的美观，并在详情页中对产品进行了展示。

新的一年开始了，小河觉得店铺应该升级，需搭配一些中高端女鞋进行出售，于是小河购入了一批价格相对较高的女鞋，在店铺中搭配销售。但是一个星期过去了，小河发现新鞋子居然一双都没卖出去，这是什么原因呢？难道是女鞋不够美观？

于是，小河在淘宝网中搜索了一下同类商品在其他店铺的销售情况，发现其他店铺的中高端鞋子卖得很好。小河查看了销量较好的鞋子的详情页，发现详情页做得很美观，但是与自己店铺的详情页进行对比，其美观度也相差不大。小河很疑惑，究竟是什么原因让商品卖不出去呢？

小河对这些店铺进行了详细的观察，当小河点进店铺的首页后，一下明白了原因。这家销量很好的店铺首页商品分类明确，店招和下方的海报、促销活动区等板块都很有设计感，不但十分美观，而且将商品的档次一下子提升上来，使客户觉得购买该商品物有所值。小河看了看自己的店铺，首页仍旧使用原始的模块，只进行了简单装修，完全没有视觉展示效果，客户进来后确实难以对店铺的专业品质产生信任。于是，小河汲取了这个教训，对店铺首页重新进行了装修，几天后第一双新鞋子成功卖出。

通过本例我们可以明白一个道理：商品销量不单单取决于商品本身，还受店铺整体形象的影响。首页作为店铺的门面，应该重点进行装修，对商品分门别类地进行展现，从而增强客户对店铺的好感度。

【思考】

（1）首页可以以什么形式进行展现？

（2）首页中包括了哪些板块？

（3）怎么设计首页中的各个板块？各个板块在设计过程中有什么注意事项？

6.1 认识店铺首页

一张美丽的脸，可以让人过目不忘，甚至心生好感，首页作为店铺的脸面，也具有相同的效果。店铺首页是商品详情页的流量入口，是吸引访客，并使其产生点击的关键。

针对下列问题展开讨论：

（1）首页的设计要点有哪些？

（2）首页的视觉传达主要表现在哪些方面？

（3）首页是怎么布局的，其方式有哪些？

首页展示如同实体店铺中的陈列展示，都是通过视觉效果、氛围和服务，使客户对店铺有直观的了解，以达到营销目的。本节将先介绍首页的设计要点、首页的视觉传达，再对首页的布局方法进行介绍。

6.1.1 首页的设计要点

在首页的设计过程中，需要先了解首页的设计要点，下面分别进行介绍。

- **店招的设计凸显重要信息：**大多数客户在浏览信息时都十分粗略，所以，卖家不要妄想客户能在繁杂的网页中找到店铺的优惠信息。这时，店招就变得尤为重要。在店招中体现促销信息，可以让客户无论跳转到店铺哪个页面，都能看到促销信息。
- **导航条设计彰显店铺个性：**导航条主要对商品的信息起导航作用，默认的内容包括“所有商品”“首页”“店铺动态”等，卖家可根据自己店铺的情况添加适合的导航按钮，如店铺刚上新冬装，即可以添加“冬装上新”链接，如店铺最近有新活动，还可添加“近期活动”链接等，这样不但体现了商品信息，还能增加客户在店铺中的跳转次数，提高客户的购买概率。
- **店铺轮播海报设计展示最新信息：**轮播海报多用于传递最新的商品信息，如店铺最新优惠活动及店铺理念等。相比于其他首页配件，轮播海报更容易引起客户关注，可以将客户引导至店铺的主要促销页面。
- **商品陈列展示区多角度凸显商品信息：**商品陈列展示区的设计是多种多样的，可以选择最畅销、最有人气、最新款的商品进行展示。需要注意的是，商品展示的时候应该尽量避免出现重复的商品，同时还应根据实际销售情况和销售目标对商品展示进行调整。
- **尾页与店招承上启下：**尾页属于首页的结尾部分，尾页不但需要对首页进行总结，还可添加分类信息，使其与店招和导航条对应，方便客户跳转浏览。

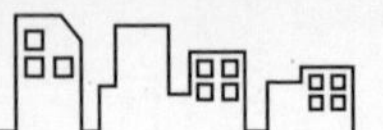

6.1.2 首页的视觉传达

首页的视觉效果直接影响店铺的流量和成交量。店铺首页主要通过商品图片的堆积传达视觉效果。该堆积可以是多个商品整齐的陈列展示，也可以是单个商品的海报展示。或是在首页中使用模特展现商品，将模特、商品和文字相结合，展现商品的实际使用效果，并通过合理的视觉设计提升店铺整体的美观度。良好的首页设计可将视觉效果很好地传递给客户，从而促成购买。

6.1.3 首页的布局

一个装修成功的首页不仅能够提高店铺的整体形象，还能够提高店铺的转化率。合理的装修风格和布局能够带给客户很好的购物体验，给客户留下良好的印象。首页的布局并非是将所有装修效果直接堆叠在一起，而需要根据自己店铺的风格、促销活动，以及客户的浏览模式、需求及行为来合理组合与布局，下面分别进行介绍。

- **首页的第一屏：**店铺首页的第一屏是点击率最高的区域之一，该区域是客户来到店铺后的视觉要点，如果该区域设计得不够出色，那么客户就会失去继续浏览下去的动力。在展现该区域时，应该着重展现店铺的重要信息，如热销的商品、商品的分类、促销活动等。
- **首页下半部分整洁统一，要有层次感：**无论是淘宝网还是其他网店的系统模块，在布局方式上都是按照相同的展现方式进行统一布局的。这样浏览方便，更利于客户查看。为了让店铺更具有视觉感，可以对每个板块进行调色，用不同的颜色刺激客户的视觉，让其能够区分并定位不同板块的作用，从而快速找到需要的商品。
- **学会做活动页：**首页第一屏作为视觉要点，是整个首页的重要区域。若只是用作对单个商品的推广，可能会浪费店铺最好的资源位置。此时，可设计活动页，用作多个商品和活动的宣传，让客户有更多选择，从而提高成交率。

在认识首页的布局方式之后，还需要了解布局店铺首页需要注意的要点，下面分别进行介绍。

- 店铺风格一定程度上影响着店铺的布局方式，因此，选择合适的店铺风格是店铺布局的前提。店铺风格通常受品牌化、商品信息、目标客户、市场环境和季节等因素的影响，因此，在选择店铺风格时必须考虑这些因素，保证店铺风格与商品的统一。
- 店铺的活动和优惠信息要放在重要位置，如轮播海报图或活动导航。这些图片中的内容设计要清晰、一目了然，并且可读性要强。

- 商品推荐板块推荐的爆款或新款不宜过多，其他商品可通过商品分类或商品搜索将客户流量引至相应的分类页面中。
- 收藏、关注和客服等互动性板块是卖家与客户互动的销售利器，这些板块可以提升客户忠诚度，提高二次购买率，因此是必不可少的。
- 使用搜索或商品分类时，需要将商品分门别类，详细地列举出商品类目，这样，有助于客户搜索，方便他们快速找到喜欢的类目及商品。
- 结构和商品系列要清晰明了，布局要错落有致，可以使用列表式和图文搭配式，降低客户的视觉疲劳。

6.1.4 任务实训及考核

根据介绍的相关知识，完成表6-1所示的实训任务。

表6-1 实训任务

序号	任务描述	任务要求
1	对女装店铺首页进行店进行布局，并对布局方案进行总结	掌握女装店铺首页布局的方法
2	对棉袜店铺首页进行布局，让店铺中的商品一目了然	掌握棉袜店铺首页布局的方法

填写表6-2的内容并上交，考查对本节知识的掌握程度。

表6-2 任务考核

序号	考核内容	分值（100分）	说明
1	简述首页设计的要点		
2	简述如何进行首页的视觉传达		
3	掌握首页布局的方法		

6.2 店招视觉营销设计

店招是首页的第一个板块，是店铺的招牌，是店铺品牌展示的窗口。鲜明、有特色的店招对于店铺形成品牌和展现商品定位具有不可替代的作用。

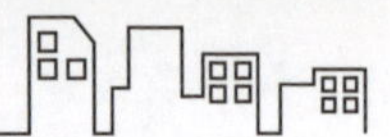

针对下列问题展开讨论：

（1）店招的风格是怎么选择的？

（2）店招营销设计的要点有哪些？

（3）店招的设计要求有哪些？

（4）如何制作店招？

淘宝网按尺寸大小将店招分为常规店招和通栏店招两类。常规店招尺寸为950×120像素，而通栏店招的尺寸多为1920×150像素。一般来说，常规店招的使用率相对较低，通栏店招的使用率相对较高。下面先介绍确定店招的风格、店招的营销设计、店招的布局设计等知识，再对店招的设计与制作进行介绍。

6.2.1 确定店招的风格

店招的风格引导着店铺的风格，而店铺的风格很大程度上取决于店铺所经营的商品。一般而言，店铺应保证店招、商品、店铺风格的统一。图6-1所示为“裂帛”的店招效果，裂帛是一个具有明显自然风、民族风的女装品牌，因此，店招采用了极具民族风情的花纹图案，在字形和形状等元素上也统一采用偏方正的风格，既大气又独特。

图6-1　裂帛店招

图6-2所示的“领跑虎服饰”店招则主要以深蓝色为背景，展示了男性深沉、严肃的性格特征。

图6-2　男装店招

同一行业的店招在用色上需要考究，图6-3所示的护肤品行业为了彰显商品的天然，突出商品洁净、清透与水嫩的特点，会较多使用绿色、蓝色等色调，同时也会选择女性钟爱的粉色、紫色等。

图6-3　扶肤品店招

6.2.2　店招的营销设计

店招中的营销设计主要体现在Logo设计、促销商品、优惠信息、收藏和关注、优惠券等能够直接吸引客户的因素上，这些因素的结合使用，可以将营销信息凸显出来，下面分别进行介绍。

- **Logo设计：** Logo的效果直接影响着客户对店铺的印象。Logo是店铺的形象标志，在店招或是商品上出现Logo可以加深客户对店铺的印象。Logo的外观要求简洁鲜明、富有感染力，既要形体简洁、引人注目，还要易于识别、理解和记忆，让人一眼望去即可形成简单的记忆。
- **促销商品：** 在店招中添加促销商品，不但能让客户进店第一眼就看到促销信息，引导其点击查看，还能起到宣传的作用。该方法是店铺营销中常用的方法。
- **收藏和关注：** 在店招中添加收藏和关注模块，可以方便客户快速收藏和关注店铺，为后期查找店铺和商品做准备。
- **优惠券：** 在店招中添加优惠券，可以方便客户快速查看优惠信息，并进一步点击优惠商品，从而促使客户购买。

6.2.3　店招的布局设计

店招是店铺中曝光量最大的板块之一，如何将店铺的优惠信息、活动内容、促销款式、收藏、关注等内容通过不同的方式展现到店招中，是店招布局设计中的难点，下面将介绍常见的几种布局方法。

- **简洁布局：** 简洁布局比较强调品牌Logo和广告语，部分店铺还在其中添加了收藏链接等一些小控件，使店招功能更丰富，如图6-4所示。

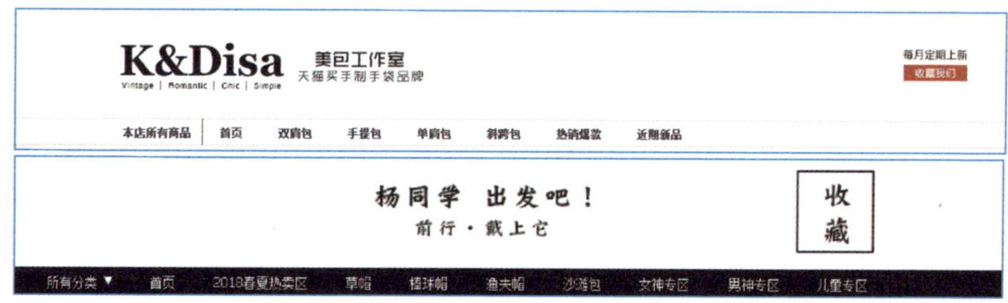

图6-4　简洁布局

- **促销活动布局**：在简洁布局的基础上添加促销信息或是活动商品，让店铺的优惠信息在店招中进行体现。但是需要注意，不要让店招中的信息过于杂乱，影响店铺的整体美观，如图6-5所示。

图6-5　促销活动布局

- **互动布局**：店招以互动信息为主，如关注、分享、会员、品牌故事等，有利于提高店铺与客户的互动性，加强客户与店铺的联系，如图6-6所示。

图6-6　互动布局

- **左中右布局**：左中右布局指将店招分为3个部分，分门别类地对商品和店铺信息进行展示，如图6-7所示。

图6-7　左中右布局

6.2.4　店招的设计与制作

通栏店招是淘宝网中运用最广泛的一种店招，该店招不但可以包含常规店招的基本信息，还能将导航条设计到店招中。下面将制作通栏店招，采用左中右布局的样式，在左边先制作店铺Logo，在中间输入店铺的名称，在右侧输入互动内容，使店招效果更加美观，其具体操作如下。

店招的设计与制作

STEP 01 新建大小为1920×150像素，分辨率为72像素/英寸，名为“女包店铺店招”的文件。

STEP 02 选择“矩形选框工具”，在工具属性栏中设置“样式”和“宽度”分别为“固定大小”“485像素”，在文件灰色区域的左上角单击创建选区，从左侧的标尺上拖动参考线直到与选区右侧对齐，使用相同的方法在文件右侧创建参考线，如图6-8所示。

图6-8 创建参考线

STEP 03 选择“钢笔工具”，在左侧参考线的右侧绘制带弧度的三角形，新建图层，按【Ctrl+Enter】组合键，将图像转为选区，再将前景色设置为“#d6bb26”，按【Alt+Delete】组合键，填充前景色，完成第一个形状的绘制。

STEP 04 使用相同的方法，新建图层，并在三角形的上方绘制三角形再填充为“#1a1a1c”颜色，如图6-9所示。

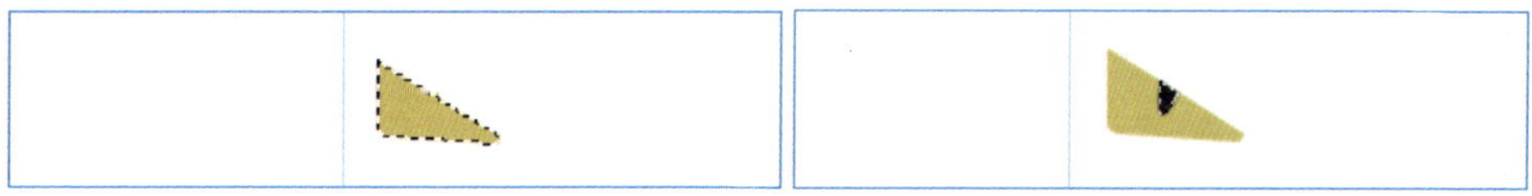

图6-9 使用钢笔工具绘制形状

STEP 05 双击“图层1”图层右侧的空白区域，打开“图层样式”对话框，在左侧单击选中“内阴影”复选框，在右侧设置颜色、角度、距离、阻塞、大小分别为“#605b5b”“38”“1”“15”“2”，如图6-10所示。

STEP 06 单击选中“内发光”复选框，保持默认设置不变。再单击选中“投影”复选框，设置不透明度、角度、距离、扩展和大小分别为“48”“36”“3”“2”“3”，完成后单击 确定 按钮，如图6-11所示。

STEP 07 选择绘制的形状，按住【Alt】键不放向右拖动，复制形状完成后选择复制的形状，按【Ctrl+T】组合键，使其呈变换状态，在其上单击鼠标右键，在弹出的快捷菜单中选择“水平翻转”命令，使两者相互对称。

STEP 08 选择所有图层，单击“图层”面板下方的按钮，对图形进行链接，并查看完成后的效果，如图6-12所示。

STEP 09 选择“横排文字工具”，在图像的下方输入“墨韵快时尚”文字，设置字体、字号和字体颜色分别为“方正中倩简体”“28”“#666262”，并加粗显示，如图6-13所示。

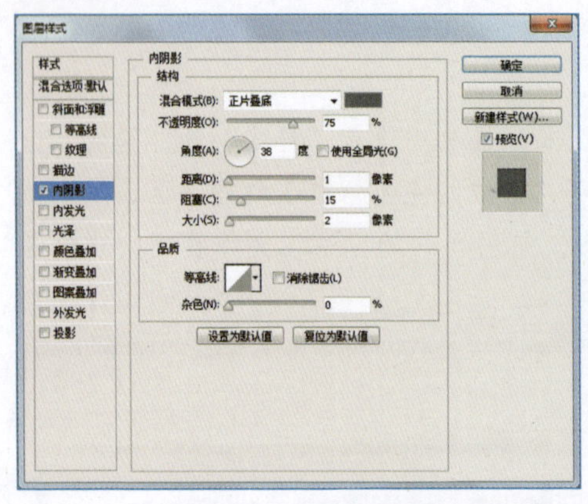

图6-10 设置内阴影

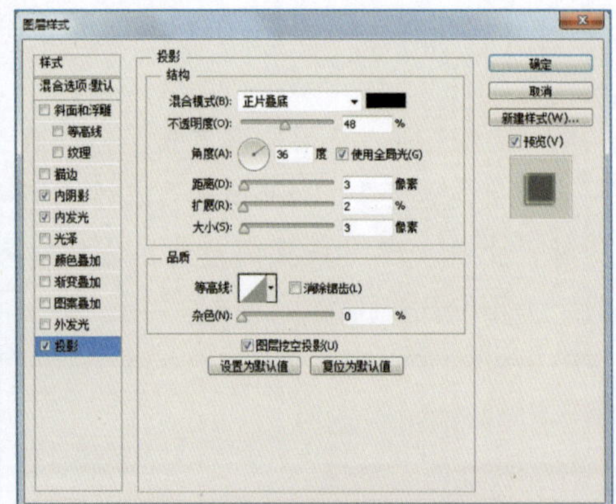

图6-11 设置投影参数

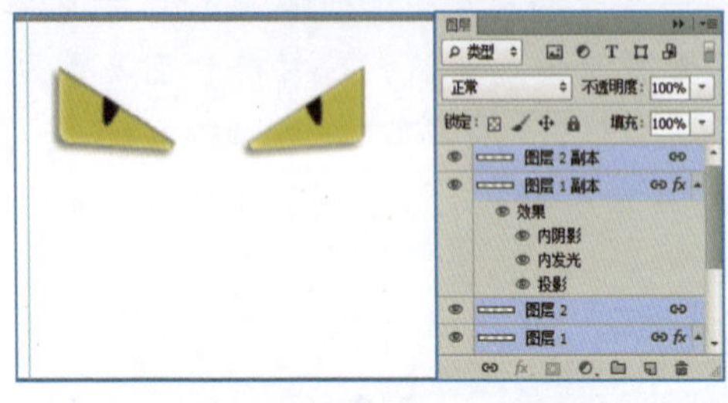

图6-12 复制形状并进行链接

图6-13 输入文字

STEP 10 选择“横排文字工具” T，在图像的右侧输入图6-14所示的文字，设置中文字体、英文字体分别为“方正硬笔楷书简体”“方正水黑简体”，调整字体大小和位置，并设置字体颜色为“#666262”。

STEP 11 选择“直线工具” ，在文字的中间绘制大小为275×2像素的直线，如图6-14所示。

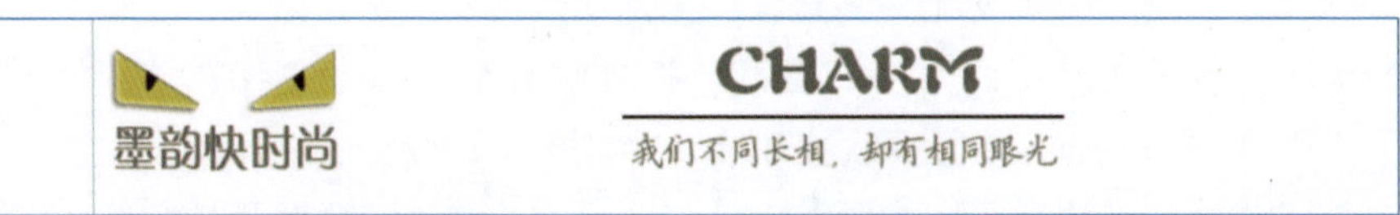

图6-14 输入文字并绘制直线

STEP 12 打开“店招素材.psd”图像文件（配套资源:\素材文件\第6章\店招素材.psd），将素材拖到到文字右侧，调整大小和位置。

STEP 13 选择“横排文字工具” T，在图像的下方输入图6-15所示的文字，并设置字体、字号和字体颜色分别为“方正黑体简体”“14”“#666262”，调整文字位置。

图6-15　添加素材并输入文字

STEP 14 选择“矩形工具”，在文字的下方绘制大小为1920×30像素，颜色为“#666262”的矩形，如图6-16所示。

图6-16　绘制矩形

STEP 15 选择“横排文字工具”，在绘制的矩形上输入图6-17所示的文字，并设置字体、字号和字体颜色分别为“方正中倩简体”“20”“#ffffff”，调整文字位置。

STEP 16 选择【视图】/【显示】/【参考线】命令，隐藏绘制的参考线，保存图像，查看完成后的效果（配套资源:\效果文件\第6章\女包店铺店招.psd）

图6-17　完成后的效果

6.2.5　任务实训及考核

根据介绍的相关知识，完成表6-3所示的实训任务。

表6-3　实训任务

序号	任务描述	任务要求
1	制作淑女装店招，要求店招中要包含店铺Logo，并且风格与“淑女”一致	掌握淑女装店招的制作方法
2	制作饮水机店铺店招，要求店招采用互动布局的方式进行制作，体现品牌感	掌握饮水机店招的制作方法和店招的布局方式

填写表6-4的内容并上交，考查对本节知识的掌握程度。

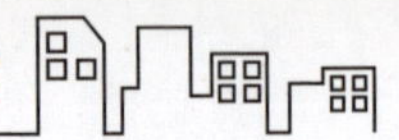

表6-4　任务考核

序号	考核内容	分值（100分）	说明
1	简述确定店招风格的方法		
2	简述店招营销设计		
3	简述店招的布局设计		
4	掌握店招的制作方法		

6.3　首页海报视觉营销设计

首页海报位于店招的下方，它可以是一张海报，也可以是多张海报组合成的轮播效果，具有高端、大气的特点，因此是网店视觉和营销设计的重点。首页海报视觉设计效果好，可以大大提高店铺整体的美观度，还可以对店铺中的主推商品起到积极的推广作用。

针对下列问题展开讨论：

（1）海报是怎么布局的？有什么技巧？

（2）海报的设计要点有哪些？有哪些表现手法？

（3）如何进行海报的设计与制作？

海报是客户进入店铺首页时看到的最醒目的区域，充分利用海报不仅能给客户带来视觉上的美好感受，还能使客户第一时间了解店铺的活动和促销信息。本节将先对海报的布局技巧、海报的设计要点、海报的表现手法进行介绍，再对海报的设计与制作进行介绍。

6.3.1　海报的布局技巧

海报作为首页中最重要的视觉点，不但是店铺的门面，而且还能对主推商品起到积极的宣传作用，是网店视觉营销设计中不可忽视的区域。好的海报布局可以有效提升店铺的整体视觉效果，加深客户对店铺的印象。下面首先讲解海报中常见的3种布局技巧。

- **不杂乱，细节作点缀：**首页海报中的主体商品不能太多，否则会造成画面杂乱的感觉，影响店铺整体的视觉美观度。在细节上，海报要做到前后呼应，而不能为了细节而添加细节。图6-18所示为杂乱海报和常规海报的展示对比效果。

图6-18　杂乱海报和常规海报的布局对比

- **元素排列有序，分主次：**海报的主题一般从背景、商品和文案中进行体现，而这些元素往往是杂乱无章的，需要对其进行有条理的分类整理、精简提炼，突出主要信息。同时，海报布局要分清主次，背景不能比主体突出，促销信息也应该醒目显示。图6-19所示为主次不清的海报和常规海报的排列对比效果。

图6-19　主次不清的海报和常规海报的排列对比

- **留白：**客户在浏览了多个店铺首页后，眼睛往往会在不同的颜色和结构切换中感到疲劳，因此店铺首页的海报设计可以适当留白，以减轻客户的视觉负担。例如，在海报周围留出一些空白的空间，给客户简单舒适的视觉体验，从而对店铺产生好的印象。图6-20所示为满屏海报和留白海报的对比效果。

图6-20　满屏海报和留白海报的对比

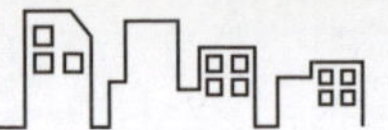

6.3.2 海报的设计要点

要使海报达到美观、吸引客户注意的效果，就要对海报的主题、构图和配色等设计要点进行综合考虑，下面分别进行介绍。

- **主题**：无论是新品上市还是活动促销，海报中的主题都应该围绕同一个重点。一般情况下，海报主题通过简洁精练的文字搭配主体商品来表现，并放在海报的第一视觉点，让客户直观地看到海报需要传达的重要信息。此外，应该根据商品和活动特点为海报选择合适的背景。在编辑文案时，建议文案的字体不要超过3种，同时用稍大或个性化的字体突出主题和商品的特征，如图6-21所示。

图6-21　展现主题和商品特征

- **构图**：构图的好坏直接影响着海报效果的好坏，海报构图主要分为左右构图、左中右三分式构图、上下构图、底面构图和斜切构图5种形式。图6-22所示为左右构图。

图6-22　左右构图

- **配色**：海报设计需要保持色调的统一。在配色时，重要的文字信息应该用突出醒目的颜色进行强调，可通过明暗对比和颜色搭配来确定海报的整体风格。在进行海报配色时，不要使用太多的颜色，以免页面杂乱。图6-23所示即为比较漂亮的配色效果。

图6-23　色调统一文字突出

6.3.3　海报的表现手法

灵活运用海报的设计和布局可以提升海报的美观度，快速吸引客户的注意力，而好的海报表现手法则能让客户第一时间了解海报中的重要信息，甚至对商品产生亲切感和信任感，下面分别对海报的3种表现手法进行介绍。

- **直接展示法：**这是一种运用十分广泛的表现手法，它将商品或主题直接展示在海报上，并充分运用摄影或绘画等写实表现技巧，细致刻画和着力渲染商品的质感、形态和功能用途，将商品精美的品质清晰直接地呈现出来，给人以逼真的现实感，使客户对商品快速产生亲切感和信任感。
- **对比衬托法：**对比是一种趋向于对立冲突的表现手法，它把海报中描绘的商品的性质和特点放在鲜明的对照和直接对比中进行表现，借彼显此，从对比呈现的差别中，实现集中、简洁的表现效果。该手法能更鲜明地强调或提示商品的性能和特点，给客户带来深刻的视觉感受。
- **突出特征法：**运用多种方式抓住和强调商品与众不同的特征，并把它表现出来，并置于广告画面的主要视觉部位或加以烘托处理，使观众在接触的瞬间即可感受到，从而引发视觉兴趣，达到刺激购买欲望的目的。

6.3.4　海报的设计与制作

首页海报需要结合店铺的整体风格进行制作，本实战将制作简约的女包海报，其具体操作如下。

海报的设计与制作

STEP 01 新建大小为1920×540像素，分辨率为72像素/英寸，名为“女包全屏海报图”的文件。

STEP 02 将前景色设置为“#f0f0f5”，按【Alt+Delete】组合键，填充前景色。

STEP 03 打开“海报素材.psd”图像文件（配套资源:\素材文件\第6章\海报素材.psd），将其拖动到图像中，调整大小和位置，如图6-24所示。

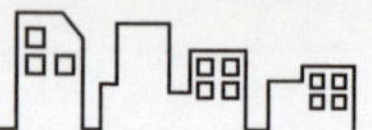

图6-24　添加海报素材

STEP 04 选择“横排文字工具”T，在图像的左侧输入“NEW ARRIVAL”和“5/1新品上新”文字，并设置字体为“思源黑体 CN”，字体颜色为“#2e2f35”，调整字体大小和位置。

STEP 05 继续选择“横排文字工具”T，输入图6-25所示的文字，设置中文字体为“方正品尚黑简体”，英文字体为“方正楷体_GBK”，调整字体大小和位置。

专家指导

在海报中输入字体时，可以先将要输入的内容全部输入到对应的位置，再对不同的文字进行排版，确定视觉点。排版完成后，选择第一视觉点的文字，调整文字的大小和字体，保证其美观和醒目。最后，依次调整其他字体，并调整排版，注意体现文字之间的对比效果。

图6-25　展现主题和商品特征

STEP 06 选择“矩形工具”□，在文字的下方绘制大小为285×40像素，颜色为“#2e2f35”的矩形。

STEP 07 选择“横排文字工具”T，在矩形上方输入文字“—会员新品九折—”，并设置字体、字号和字体颜色分别为“方正兰亭纤黑简体”“25”“#ffffff”，调整文字位置。

STEP 08 保存图像，查看完成后的效果（配套资源:\效果文件\第6章\女包全屏海报图.psd），如图6-26所示。

图6-26 完成后的效果

6.3.5 任务实训及考核

根据介绍的相关知识，完成表6-5所示的实训任务。

表6-5 实训任务

序号	任务描述	任务要求
1	制作女鞋海报，要求在海报中体现商品的促销活动信息	掌握女鞋活动海报的制作方法
2	制作女装海报，要求展现女装的时尚感，并突出“上新”的信息	掌握女装海报的制作方法

填写表6-6的内容并上交，考查对本节知识的掌握程度。

表6-6 任务考核

序号	考核内容	分值（100分）	说明
1	简述海报布局的技巧		
2	简述海报的设计要点		
3	简述海报的表现手法		
4	掌握海报的设计与制作方法		

6.4 促销活动区视觉营销设计

促销活动区位于海报的下方，是店铺的“橱窗”，也是店铺视觉营销设计的重点。促销活动区主要用于展示主推商品和促销活动中的相关信息，因此，在设计时要注意突出商品和促销。

针对下列问题展开讨论：

（1）优惠券有哪些设计要点？

（2）分类区有哪些设计要点？

（3）商品促销展示区的设计要点？

（4）如何设计与制作促销活动区？

促销活动区主要由优惠券、分类模块和商品促销展示区3部分组成，在实际设计过程中可根据店铺的具体需要进行删减。本节将先介绍优惠券的设计要点、分类区的设计要点、商品促销展示区的设计要点等知识，再对促销活动区的设计与制作进行介绍。

6.4.1 优惠券的设计要点

优惠券一般位于海报的下方，一般来说，一张优惠券上最醒目的信息通常是优惠面额，这也是客户最关注的信息。但除此之外，设置优惠券时还需要对其他的必要信息进行完善，如使用范围、使用条件、使用时间、张数、最终解释权等，下面分别进行介绍。

- **优惠券的使用范围：**明确优惠券的使用店铺和使用方式，例如是全店通用，还是仅限店内的单款、新品或者某系列商品使用。明确优惠券的使用范围可以限定消费的对象，起到引导店铺流量走向的作用。
- **优惠券的使用条件：**如全场购物满168元可以使用10元优惠券、满288元可以使用20元优惠券。限制优惠券的使用条件，可以在刺激客户消费的同时最大限度地保证利润空间。
- **优惠券的使用时间限制：**如果店铺是短期推广，一般应设置优惠券的到期时间以接近消费周期为佳，该周期一般为1个月。若是做促销活动，那么优惠券的使用周期也将是对应的促销天数。限制使用时间可以让客户产生过期浪费的心理，提高客户的使用率。

- **优惠券的使用张数限制：**如“每笔订单限用一张优惠券”，可以防止折上折的情况出现。
- **优惠券的最终解释权：**如“优惠券的最终解释权归本店所有”，一定程度上保留了店铺法律上的权力，以避免后期活动执行中出现不必要的纠纷。

6.4.2 分类区的设计要点

分类区一般位于优惠券的下方。在设计分类时，为了更好地发挥分类区的作用，需要从店铺的装修风格、分类图像的大小和分类方式等方面入手，下面分别进行介绍。

- 若店铺已经有装修风格，商品分类模块的设计必须以该店铺的风格为基础。
- 商品分类中，分类名称必不可少，可以是中文，也可以是英文。可以根据需要添加分类图标，便于客户查看。
- 横向商品分类的图片宽度应控制在950像素以内，纵向商品分类的图片宽度不宜超过160像素，若超过该宽度，当显示器分辨率小于或等于1024×768像素时，商品分类栏右边的商品列表将下沉，从而影响店铺的美观。
- 商品分类不宜太长，可根据商品分类添加子分类，便于客户浏览。

专家指导

分类区和优惠券的位置不是固定的，优惠券也可以设计在店招和海报中，这里没有硬性要求。

6.4.3 商品促销展示区的设计要点

在制作商品促销展示区时，为了吸引客户的眼球，通常需要制作海报图，再配合商品、名称、价格等信息。为了对商品促销展示区的功能进行优化，设计过程中需要注意以下3个方面。

- 商品促销展示区中每一个商品的名称定义要全面、准确，不能过于复杂或过于简单，以能体现商品名字和特点的名称为最佳。可在搜索栏中尝试搜索的难易程度，然后及时修正。
- 商品促销展示区中的每一个单品都是吸引客户点击的重要图片，除了选择店铺中最漂亮的商品外，还可选择临近下架时间的商品，因为紧临下架时间的商品会获得淘宝网的优先展示机会，有一定的概率让客户优先查看。但要注意，若商品下架应及时进行处理，避免出现空位。

- 商品数量要足够，因为要有足够多的商品数量来支持上架和推荐，同时也更便于模块设计。

6.4.4 促销活动区的设计与制作

促销活动区包括优惠券、分类区和商品促销展示区3个部分，下面将依次讲解3个部分的制作方法。

1. 制作优惠券

下面将制作一款女包的全店通用优惠券。在设计时先确定优惠券的内容，再对优惠券进行形状的绘制，体现此优惠券简约的特点，其具体操作如下。

制作优惠券

STEP 01 新建大小为950×150像素，分辨率为72像素/英寸，名为“优惠券”的图像文件。

STEP 02 将前景色设置为“#f0f0f5”，按【Alt+Delete】组合键，填充前景色。

STEP 03 打开“芭蕉叶素材.psd”图像文件（配套资源:\素材文件\第6章\芭蕉叶素材.psd），将其拖动到图像中，调整大小和位置。

STEP 04 打开“图层”面板，设置芭蕉叶素材的不透明度为“25”，查看设置后的效果，如图6-27所示。

图6-27 新建图像文件并添加素材

STEP 05 选择“横排文字工具” T，在图像的左侧输入图6-28所示的文字，并设置“10”的字体为“Raavi”，其他字体为“方正兰亭刊黑-GBK”，再设置字体颜色为“#2e2f35”，调整字体大小和位置，如图6-28所示。

图6-28 输入文字

STEP 06 继续选择“横排文字工具”T，在“10”的左侧输入“RMB”文字，打开“字符”面板，在其中设置字体为“Nyala”，字号为“28.4点”，字体颜色为“#2e2f35”，完成后单击T按钮和T按钮，即字体加粗显示并添加下画线，如图6-29所示。

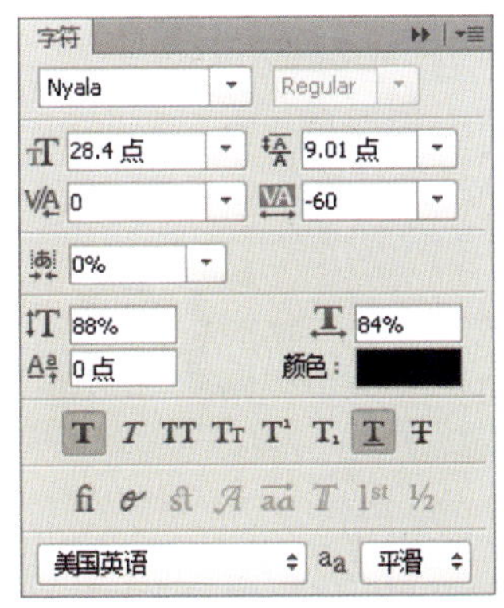

图6-29 输入“RMB”文字

STEP 07 选择“矩形工具”，在“10”文字的右下方绘制大小为68×21像素，颜色为“#c71e20”的矩形。

STEP 08 选择“横排文字工具”T，在矩形上方输入“元优惠券”文字，并设置字体为“方正兰亭刊黑-GBK”，字体颜色为“#ffffff”，如图6-30所示。

STEP 09 选择“直线工具”，在文字的右侧绘制一条斜线，如图6-31所示。

图6-30 绘制矩形并添加文字

图6-31 绘制斜线

STEP 10 在“图层”面板中单击按钮，新建组，并双击新建的组，使其呈可编辑状态，在其中输入“优惠券1”，依次将图层拖动到组中，避免在拖动过程中修改图形。

STEP 11 选择“移动工具”，选择绘制的所有图形，按住【Alt】键不放，向右进行拖动，复制优惠券内容，如图6-32所示。

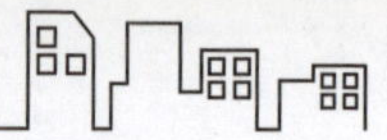

图6-32　复制优惠券信息

STEP 12 修改所复制内容中的金额，并删除最右侧的斜线，保存图像，查看完成后的效果（配套资源:\效果文件\第6章\优惠券.psd），如图6-33所示。

图6-33　查看完成后的效果

2. 制作分类区

分类模块是首页中十分常见的模块，本例将制作女包店铺的分类区，先制作新品上架，再在下方制作分类区，在制作时使用不同颜色的矩形进行布局，然后将图片、文本组合起来，设计出一个简单大气、分类清晰的分类区，其具体操作如下。

制作分类区

STEP 01 新建大小为950×1480像素，分辨率为72像素/英寸，名为“分类区”的文件。

STEP 02 选择“横排文字工具” T，在最上方输入图6-34所示的文字，并设置“/ 陆续上架”的字体为“方正兰亭中黑-GBK”，其他字体为“方正兰亭刊黑-GBK”，完成后调整字体大小和位置。

STEP 03 打开“图片1.jpg”图像文件（配套资源:\素材文件\第6章\图片1.jpg），将其拖动到文字下方，调整大小和位置。

STEP 04 选择“矩形工具” □，在图片的下方绘制大小为940×20像素，颜色为“#b1c248”的矩形。

STEP 05 打开“斜纹.jpg”图像文件（配套资源:\素材文件\第6章\斜纹.jpg），将其拖动到矩形的上方。

STEP 06 打开“图层”面板，在其上单击鼠标右键，在弹出的快捷菜单中选择“创建剪贴蒙版”命令。返回“图层”面板，设置“斜纹”图层的图层混合模式为“变亮”，查看完成后的效果，如图6-35所示。

图6-34　输入文字并添加图片文件

图6-35　绘制矩形并添加斜纹效果

STEP 07 选择“矩形工具”，在矩形条的下方绘制大小为460×390像素，颜色为“#dcdcdc”的矩形。

STEP 08 选择绘制的矩形，按住【Alt】键不放向右拖动，复制绘制的矩形，使用相同的方法，在下方也复制两个矩形，查看完成后的效果，如图6-36所示。

STEP 09 打开“图片2.jpg~图片5.jpg”图像文件（配套资源:\素材文件\第6章\图片2.jpg~图片5.jpg），将其分别拖动到矩形框的图层上方，每张图片分别对应一个矩形框。

STEP 10 选择矩形框上方的图片图层，单击鼠标右键，在弹出的快捷菜单中选择“创建剪贴蒙版”命令，将图片置入矩形框中。使用相同的方法，将其他图片置入矩形框中，查看完成后的效果，如图6-37所示。

图6-36　绘制矩形框

图6-37　置入图片

STEP 11 选择“矩形工具”，在矩形条的下方绘制4个大小为460×65像素，颜色为“#b1c248”的矩形，如图6-38所示。

STEP 12 选择“横排文字工具”，在矩形的上方输入图6-39所示的文字，并设置字体为“方正兰亭中黑-GBK”，完成后，调整字体大小和位置，保存图像，查看完成后的效果（配套资源:\效果文件\第6章\分类区.psd）。

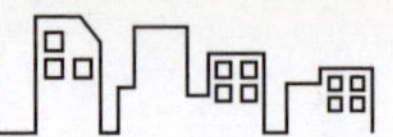

图6-38 绘制矩形

图6-39 查看完成后的效果

3. 制作商品促销展示区

制作商品促销展示区

商品促销展示区主要用于展示促销商品，本例主要展示6个热销爆款。制作该区域时，先要制作横幅海报，再在海报的下方分别制作单个商品的展示区，其具体操作如下。

STEP 01 新建大小为1920×2650像素，分辨率为72像素/英寸，名为“商品促销展示区”的文件。

STEP 02 选择“矩形工具”，绘制大小为1920×700像素，颜色为“#b1c248”的矩形。

STEP 03 打开“图片6.jpg”图像文件（配套资源:\素材文件\第6章\图片6.jpg），将其拖动到矩形的上方，调整大小和位置，并将其置入到矩形中，如图6-40所示。

STEP 04 选择“矩形工具”，在图片的中间位置绘制大小为1390×850像素，颜色为“#ffffff”的矩形。

STEP 05 再次选择“矩形工具”，在白色区域分别绘制大小为710×870像素和470×330像素，颜色为“#b1c248”的矩形，调整矩形的位置，完成后的效果如

图6-41所示。

图6-40 置入背景

图6-41 绘制矩形

STEP 06 打开“图片7.jpg~图片8.jpg”图像文件（配套资源:\素材文件\第6章\图片7.jpg~图片8.jpg），将其拖动到中间两个矩形框的上方，调整大小和位置，并将其分别置入到矩形中，如图6-42所示。

STEP 07 选择“横排文字工具” T，在矩形右上角的空白区域输入图6-43所示的文字，设置“/ 推荐”字体为“方正兰亭中黑-GBK”，其他字体为“方正兰亭刊黑-GBK”，完成后调整字体大小和位置，并为“HOT SALE IN 2018”和“#新品上架#”文字添加下画线。

STEP 08 选择“直线工具” ，在主要的描述文字上下各绘制一条直线。

图6-42 置入图片

图6-43 输入文字

STEP 09 选择“矩形工具” ，在两张图片的右下角绘制大小为115×90像素和90×115像素的两个矩形，并设置矩形颜色为“#ffffff”。

STEP10 选择“横排文字工具” T，在矩形上方输入文字“RMB188”，设置字体为“方正兰亭中黑-GBK”，调整字体大小和位置，并为文字添加下画线，如图6-44所示。

STEP 11 选择“矩形工具” ，在海报的下方分别绘制绘制大小为400×425像素、560×760像素、405×760像素和1030×60像素，颜色为“#b1c248”的矩形，调整矩形的位置。

STEP 12 打开“图片9.jpg~图片12.jpg”图像文件（配套资源:\素材文件\第6

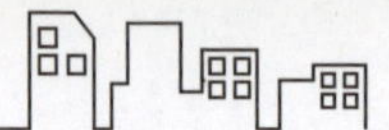

章\图片9.jpg~图片12.jpg），将其拖动到中间矩形框的上方，调整大小和位置，并将其分别置入到矩形中，完成后的效果如图6-45所示。

图6-44　输入文字并添加下画线

图6-45　绘制矩形并置入图片

STEP13 选择“横排文字工具”，在图片的左侧输入图6-46所示的文字，设置字体为“方正兰亭中黑-GBK”，调整字体大小和位置，并为“#新品女包#”文字添加下画线，如图6-46所示。

STEP 14 选择“矩形工具”，在上面三张图片上绘制大小为90×115像素的3个矩形，并设置矩形颜色为“#ffffff”。

STEP15 选择“横排文字工具”，在矩形上方输入文字，设置字体为“方正兰亭中黑-GBK”，调整字体大小和位置，并为文字添加下画线，如图6-47所示。

STEP 16 选择“矩形工具”，在文字的最下方绘制大小为180×50像素的矩形。

STEP17 选择“横排文字工具”，在矩形上方输入“点击购买>”文字，并设置字体为“方正兰亭中黑-GBK”，调整字体大小和位置。

STEP18 保存图像，查看完成后的效果（配套资源:\效果文件\第6章\宝贝促销展示区.psd），如图6-48所示。

图6-46　输入说明性文字　　　　图6-47　输入标签文字

图6-48　查看完成后的效果

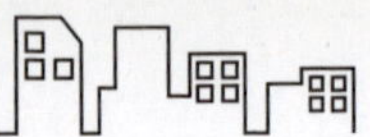

6.4.5 任务实训及考核

根据介绍的相关知识，完成表6-7所示的实训任务。

表6-7 实训任务

序号	任务描述	任务要求
1	制作女鞋店铺的优惠券，要求优惠信息符合鞋子的定价金额	掌握优惠券的制作方法
2	制作女鞋店铺的分类栏，要求根据鞋子的类型进行分类，并且采用的素材要包含试穿效果	掌握分类栏的制作方法
3	制作女鞋店铺的商品促销展示区，要求根据新品和爆款进行分类展示	掌握促销活动区的制作方法

填写表6-8的内容并上交，考查对本节知识的掌握程度。

表6-8 任务考核

序号	考核内容	分值（100分）	说明
1	简述优惠券的设计要点		
2	简述分类区的设计要点		
3	简述促销活动区的设计要点		
4	掌握促销活动区的设计与制作方法		

拓展延伸

店铺首页视觉效果的好坏是决定店铺人气高低的关键，也直接影响着实际的营销效果。下面将对首页制作过程中遇到的常见问题进行解答，帮助用户更好地掌握首页的制作与处理方法。

一、怎么选择Logo素材?

在选择Logo素材时可先对自己的店铺进行定位，确定店铺的主要类型，再确定店铺的名称。确定店铺的基本信息后，可根据这些要求进行Logo素材的收集，收集一定量的素材后，可对素材中的优点进行罗列，再根据需要进行Logo的设计与制作。

二、怎么应用淘宝网自带的模板？

进入卖家中心，单击“店铺装修”超链接，选择需要装修的店铺类型后，即可进入装修页面。在其中单击“模块”选项卡，在打开的面板中选择需要的模块，按住鼠标左键不放，将其拖动到需要添加模块的位置即可，单击模块中的 编辑 按钮，可进行模块的设置。

三、淘宝网首页的设计技巧有哪些？

在设计首页时，应转换角度，把自己当作客户，设身处地地进行思考。在浏览一个店铺时，精致的画面更容易引起客户的注意，从而对商品产生购买欲望。此外，页面中的掌柜热荐、商品热荐和左侧分类等栏目，都需要充分地利用起来，以创造最大的展示价值。

实战与提升

通过对本章知识的学习，对下列问题展开讨论与练习，在巩固所学知识的同时，拓展视野，进一步提高自己的能力。

（1）本练习将制作洗衣机店铺的海报，洗衣机店铺的商品海报应该展示不同洗衣机的性能，通过性价比吸引客户。在制作时，为了体现简约性和实用性，不用添加过多的装饰（配套资源:\素材文件\第6章\洗衣机海报素材），完成后的效果如图6-49所示（配套资源:\效果文件\第6章\洗衣机海报.psd）。

图6-49　洗衣机海报效果

提示：先制作海报的背景，添加洗衣机素材，再在左侧绘制矩形，在其上输入说明性文字，最后添加光晕即可。

（2）本练习将制作婚纱店铺的首页（配套资料:\素材文件\第6章\婚纱店铺首页素材），要求制作的婚纱首页能够体现新娘穿婚纱的幸福感和婚纱样式的美观度。在设计首页时，通过文字和图片的合理搭配让客户耳目一新，完成后的效果如图6-50所示（配套资料:\素材文件\第6章\婚纱首页.psd）。

提示：先制作店招、海报、促销模块、商品展示区等内容，最后制作尾页，使画面更加完整。

图6-50　婚纱首页效果

第7章 详情页的视觉营销设计

学习目标

如果说首页是店铺的脸面，那么商品详情页就是店铺的骨血。客户在淘宝网首页搜索并单击商品主图后，会直接进入商品详情页。据统计，约99%的客户是在查看详情页后生成订单的，因此，详情页视觉效果的好坏直接影响着该笔订单是否生成。商品详情页在店铺装修设计中至关重要，只有做好详情页，才能进一步提高成交量与转化率，从而达到营销的目的。本章将对详情页的制作方法进行介绍。

学习导图

案例导入

小河是一家水果网店的老板，因为圣女果即将成熟上架，小河需要对该商品的详情页进行制作，但是小河从来没有制作过该类型的详情页内容，不知道从何下手。

于是，小河来到了好友小雨家，咨询小雨应该如何对圣女果的详情页进行制作。小雨告诉她，详情页要想吸引人，首先需要确定设计理念，对卖点进行提炼，并将其罗列出来，再根据卖点进行详情页的设计。在设计时需要先设计焦点图，该图具有吸引力和代表性，才能让商品的展示效果和促销内容体现出来。其次，对卖点图、信息展示图和细节图进行制作，让客户对圣女果有更深层的了解。最后，加上物流等保障，打消客户的顾虑，促使其购买。于是，小河按照小雨说的方法对圣女果的详情页进行装修。没过几个月，小河发现圣女果成为本水果网店的销售冠军。

本例告诉我们：要想商品卖得好，需要制作具有代表性的详情页。该详情页不但要展示商品的卖点，还需要对内容进行编辑与提炼，完成后再根据板块的要求进行制作，将商品展现到详情页中。

【思考】

（1）如何制作详情页?

（2）详情页主要有哪些板块，每个板块是怎么进行制作的?

（3）如何在详情页中体现营销，是从哪些方面进行体现的?

7.1 详情页的设计与营销

详情页不仅能向客户展示商品的规格、颜色、细节、材质等具体信息，还能向客户展示商品的优势。客户是否喜欢该商品，常取决于店铺的详情页。

课堂讨论

针对下列问题展开讨论：

（1）详情页页面设计步骤是怎么样的？是怎么进行营销体现的？

（2）在制作详情页的过程中，怎么对客户进行分析？应该遵循哪些原则？

在制作详情页的过程中，商品图的设计与制作与设计相关，而卖出商品则与营销相关。本节将对详情页设计步骤、详情页设计应遵循的原则、详情页客户分析以及详情页视觉营销体现等知识进行讲解，让设计者在具体制作详情页前，对详情页有基本了解。

7.1.1 详情页设计准备

商品详情页是商品展示的重中之重，在设计时，我们要注意，详情页的内容不仅要告诉客户本商品该如何使用，而且要说明该商品在什么情况下使用会产生什么样的效果。详情页是提高转化率的关键性因素，好的商品描述不但能激发客户的消费欲望，树立客户对店铺的信任感，而且能打消客户的消费疑虑，促使客户下单。下面通过6个步骤帮助大家更好地理解商品详情页的设计准备。

- **设计商品详情页遵循的前提：**商品详情页主要是用于展示商品的细节和效果。需要与商品标题、主图契合，体现商品的真实信息。商品中起决定性作用的多为商品本身，因此，在设计时不能只在乎图片的效果而忽略商品本身的价值。
- **设计前的市场调查：**市场调查是掌握商品行情的基础。设计详情页前需分别进行市场调查、同行业调查、规避同款和客户调查等。从调查的结果中分析客户人群的消费能力、喜好，以及客户购买时所在意的问题等。
- **调查结果及商品分析：**市场调查完成后，要对市场调查结果进行系统的总结，并记录出客户所在意的问题、同行的优缺点，以及自身商品的定位，挖掘自身与众不同的卖点。
- **关于商品定位：**不同的商品有不同的定位，详情页可根据商品定位设计需要表现的内容。如卖皮草的店铺，需将皮草的质感、大气、优雅的气质表现出来，而不能只是对商品进行简单的实物拍摄，因为皮草属于高端商品。
- **商品卖点的挖掘：**所谓商品卖点，即商品拥有的独一无二的特点和特色。每一个商品因为其功能的不同，需要展现的卖点也有所不同。商品卖点越清晰诱人，成交率就越能够提升。如某个卖键盘膜的商家，发现键盘膜“薄”的特点为商品的最大卖点，因此，通过“最薄的键盘膜”文案，让其从众多同类型商品中脱颖而出，从而使销量和评分大增。
- **开始准备设计元素：**根据客户分析、商品自身卖点的提炼以及商品风格的定位，开始准备所用的设计素材和商品描述所用的文案，并确立商品描述的用色、字体、排版等。最后还要烘托出符合商品特性的氛围，例如，羽绒服，其详情页背景可以采用冬天的冰山等。

7.1.2 设计详情页应遵循的原则

确定详情页的设计思路是设计详情页的前提，而确定详情页内容的安排是否深入人心，则是影响成交的关键。下面对商品描述需要遵循的6大原则分别进行介绍。

- **逻辑：**在制作商品描述时应遵循一定的顺序：①店铺活动和场景效果图；②商品图和材质工艺细节图；③尺寸说明和质检合格证展示；④关联推荐、品牌展示和防损包装、品牌形象。每个店铺的情况不同，还可根据自己店铺的具体要求，添加一些其他内容，达到层层递进的效果。
- **亲切：**在现实生活中人与人相处的第一印象很重要，有人会给你亲切的感觉，有人会给你难以接近的感觉。毋庸置疑，我们更喜欢跟亲切的人做朋友。那么，制作商品详情页也一样。在制作前，首先要了解商品所针对人群的特性，根据目标客户特性制定文案风格。如儿童用品常采用活泼可爱的风格。
- **真实：**网上销售最重要的是得到客户的信任，这种信任需要建立在客户对店铺商品了解的基础上，所以，要在强调商品真实性的前提下，尽量多角度、全方位地展现商品原貌，减少客服人员的工作量，提高客户自主购物的概率。
- **氛围：**并不是所有客户浏览网站都目的明确，部分客户可能只是逛逛，没有真正需要购买的商品。这部分客户比较喜欢购物的氛围，当他们进入商品详情页后，如果商品描述设计中有具有吸引力的焦点图，完整的商品展示图，以及优惠的促销信息，那么会使他们有一种心动的感觉，促使其购买。
- **专业：**卖家在制作商品详情页时，必须体现出自己的专业性，可从侧面烘托商品的优势，并给予最专业、最有利的市场行情对比。因为客户更相信专业的信息，专业的详情页描述可以更好地引导客户购物，如卖羊毛衫的店铺，可以从羊毛的角度切入，从真羊毛和假羊毛在质感、形状、颜色上的区别来进行专业叙述，让客户在选购时从质量上进行对比以确定哪家才是真正的羊毛。
- **图片质量：**详情页中的图片质量是非常重要的，所以，在制作详情页时尽量将优质大图和少量文字进行搭配。在制作详情页时，手机端和PC端的图片不能共用，需要分别进行设计与制作。

7.1.3 详情页客户分析

课堂讨论

单个产品浏览的客户那么多，该如何判断浏览的客户是否是要购买的客户呢？

掌握详情页的设计原则，能让设计效果变得更加符合需要。而对客户进行分析，能让营销定位更加准确。进入详情页的客户主要分为3类：随便看看、潜在需求和感兴趣并有需求，下面分别进行介绍。

- **随便看看：**随便看看的客户往往没有明确的购买目的和购买欲望。有些店铺为了获得更多的流量，会使用一些另类的图片吸引客户点击，而吸引到的客户，往往属于随便看看的客户，他们点击查看只是一种满足好奇心的行为，一般不会产生购买欲望。
- **潜在需求：**有些客户在浏览时并没有购买目的，看到一款比较喜欢的商品就进入详情页看看，这类客户的随意性很大，但是，能点击进入详情页进行查看，说明客户对该商品还是有一些潜在需求的。因此，只要详情页能引起客户的兴趣，就有可能将潜在需求变为购买需求。
- **感兴趣并有需求：**通过搜索对比进入详情页的客户是对商品很感兴趣，或是很有需求的。此时，详情页的设计要从客户的需求和兴趣出发，要能够迎合客户的需求，从而促使其购买。

7.1.4 详情页视觉营销体现

详情页客户分析将客户分为3种类型，视觉营销体现则主要针对其中感兴趣的那类客户，通过视觉营销的方式吸引客户，从而促成销售。常见的视觉营销形式包括引起客户关注和兴趣、树立店铺形象，下面分别进行介绍。

- **引起客户关注和兴趣：**从某种程度上来讲，店铺吸引的眼球越多，就会有越多的潜在客户，也就等于增加了越多的流量，因此，流量转换的第一步即为吸引客户的关注和兴趣，并在此基础上提升商品和店铺的展现量。提升展现量的方法有很多，如直通车、智钻、淘口令和淘宝网客等。流量转换除了吸引客户的关注之外，还需要引起他们对商品的兴趣和购买欲望，只有客户对商品有了兴趣，店铺才能有销量。
- **树立店铺形象：**随着人们生活水平的不断提高，客户对品质的要求也变得越来越高，对品牌的认知程度也越来越高。成功树立网店形象，可以增加客户的复购率。展现店铺资格证书、展现实体店面装修效果、简述品牌或是做出有效的售后承诺等方式是树立店铺形象最常用的方法。

7.1.5 了解商品详情页组成

商品详情页主要由左侧和右侧两个板块组成，左侧包括搜索、商品分类、商品排行、收藏和商品推荐等部分，右侧包括商品基础信息、商品描述信息，以及自定义信息效果等部分，其中，商品基础信息效果一般不需要设计。重点设计的部分通常为自定义展示区，包括焦点图、商品卖点图、商品信息展示图、商品细节图、商品快递与售后图等。这些图对打动客户起着十分关键的作用，下面分别进行介绍。

- **焦点图：**焦点图是详情页下方的第一张图，是最吸引客户眼球的部分。好的焦点图不但能展现商品，还能增强客户的好感度，吸引他们继续翻看。
- **商品卖点图：**将商品巧妙地摆拍或为商品添加吸引人的布景，让店铺的商品看起来更诱人，能更好地展示出店铺商品自身的优势，同时配合广告文案，可使客户充分了解商品。但需要注意，场景不能影响商品的展示。
- **商品信息展示图：**某些商品对规格尺寸的要求比较严格，如一些机器配件、鞋子等。客户通过商品图片并不能准确把握商品的大小，此时加入商品信息展示图就能很好地解决此问题。
- **商品细节图：**商品的细节图是客户深入了解商品的主要途径，在制作商品详情页时，最大限度地把商品的优势细节展示出来，可以有效促进订单的生成。
- **功能展示图：**若客户购买商品重视的是它的功能性，那么在进行店铺装修时需要添加功能展示图，将店铺商品的各个功能进行详细的解析。
- **搭配展示图：**很多客户在购买单品时不懂得搭配知识，此时，搭配展示可以为其提供专业的搭配意见。此外，搭配展示还可以让客户一次性购买更多的商品，提升店铺销售业绩，提高店铺购买转化率。
- **包装展示图：**精美的包装是体现商品服务质量的重要部分，是店铺营销实力的体现。对包装进行展示能够带给客户安心的购物体验。
- **促销活动图：**促销活动可以适当让利给客户，以获得更多流量和订单，最终获得更大的利益。详情页中的商品促销信息，能够在客户的购物决策中起到临门一脚的作用。
- **关联营销图：**关联营销图主要用于推荐搭配的商品或推荐类似的商品。推荐搭配的商品可以增加客单价，而推荐类似的商品可以在客户不满意当前商品时给出更多的选择，尽可能地留住客户，提高店铺的流量转化。
- **会员营销图：**会员营销图可以促进客户两次甚至更多次的消费，同时，会员制也可以带来间接的客源，提高店铺的订单。会员营销常见的手段是组建粉丝群、开启各种会员活动、会员折扣等，这些都可通过营销图进行体现。
- **证书保证图：**提到网购，质量是很多客户比较担心的问题，展示质检合格证书、晒好评，以及三包服务可以打消客户这一顾虑。
- **商品快递与售后图：**商品快递与售后图可以减少客户在购买时产生不必要的误会，减少很多售后问题。

7.1.6 任务实训及考核

根据介绍的相关知识，完成表7-1所示的实训任务。

表7-1 实训任务

序号	任务描述	任务要求
1	撰写海滩长裙的详情页设计思路，为后期的制作做准备	掌握商品详情页设计思路的撰写方法
2	对海滩长裙的客户进行分析，判断哪些属于感兴趣并有需求的客户	掌握详情页客户分析方法

填写表7-2的内容并上交，考查对本节知识的掌握程度。

表7-2 任务考核

序号	考核内容	分值（100分）	说明
1	简述商品详情页设计思路		
2	简述商品详情页应遵循的原则		
3	掌握商品详情页客户分析方法		
4	简述商品详情页视觉营销体现方式		
5	简述商品详情页的各个组成部分		

7.2 制作焦点图

商品详情页的焦点图一般位于商品基础信息的下方，是为营销该款商品而设计的视觉展现海报，由商品、主题与卖点3部分组成，目的在于吸引客户购买该商品，其设计与制作方法与首页海报的设计方法相似。

针对下列问题展开讨论：

（1）焦点图的设计要点是什么？

（2）怎么进行焦点图的设计与制作？

详情页焦点图是决定商品视觉效果好坏的重要因素。焦点图不但能体现商品的定位和展现视觉效果，还能展示促销信息。下面对焦点图的设计要点和制作方法进行介绍。

7.2.1 焦点图的设计要点

焦点图设计一般有两个目的：明确商品主体，突出商品优势；承上启下，做好商品信息的过渡。大多数不经过包装的卖点都是十分普通的，而要点出自己商品的优势，就要在文案与图片的设计上讲究创意：通过突出商品的特色以及放大商品的优势，或通过优劣商品进行对比，将商品的优势展现出来。浏览详情页的客户一般是通过主图引入的，因此，要做好商品卖点、特点等要素的衔接。图7-1所示为淘宝网上某个芦荟膏的主图与详情页焦点图，可以看出，详情页对主图信息进行了延伸。

图7-1 芦荟膏详情页展示

7.2.2 焦点图的设计与制作

焦点图是详情页的门面，好的焦点图不但能提升商品的品位，还能促使客户继续浏览。下面以女包为例，制作详情页中第一板块和第二板块的焦点图。在制作时，要求将两个板块展现的效果区别开来，并使用不同的色调体现女包的美观度，具体操作如下。

STEP 01 新建大小为750×900像素，分辨率为72像素/英寸，名为“焦点1”的文件。

STEP 02 选择“矩形工具”，绘制大小为750×500像素，颜色为“#34b7da”的矩形。使用相同的方法，再在矩形的下方绘制大小为750×110像素，颜色为“#c8dae3”的矩形，如图7-2所示。

STEP 03 打开“图1.psd”图像文件（配套资源:\素材文件\第7章\图1.psd），将素材拖动到矩形上方，调整大小和位置，如图7-3所示。

图7-2 绘制矩形

图7-3 添加素材

STEP 04 将前景色设置为“#000000”，复制女包图层，按住【Ctrl】键单击复制图层左侧的图像区，载入选区。再按【Alt+Delete】组合键填充选区。

STEP 05 按【Ctrl+T】组合键变换选区，在其上单击鼠标右键，在弹出的快捷菜单中选择“斜切”命令，如图7-4所示。

STEP 06 拖动女包上、下、左、右8个控制点，使其倾斜显示，用于制作女包投影，如图7-5所示。

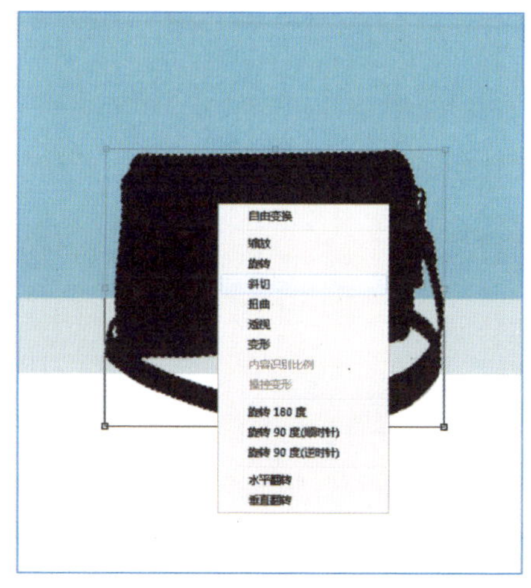

图7-4 斜切复制的女包

图7-5 对女包进行变形

STEP 07 选择【滤镜】/【模糊】/【高斯模糊】命令，打开“高斯模糊”对话框，设置“半径”为“3”，单击 确定 按钮，如图7-6所示。

STEP 08 将投影图层移动到女包图层的下方，并设置不透明度和填充分别为“25%”和“50%”，完成后的效果如图7-7所示。

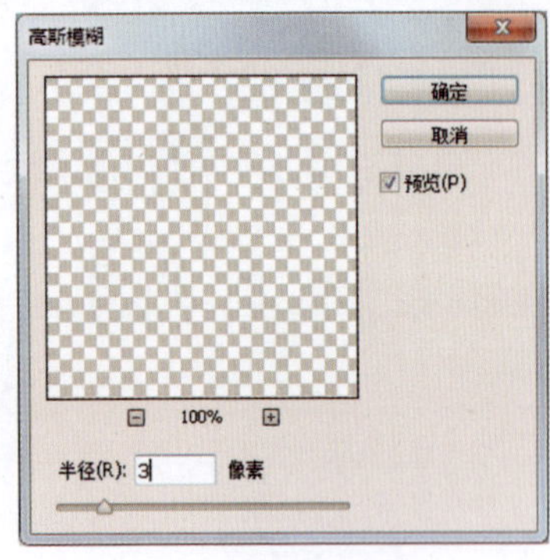

图7-6 设置高斯模糊

图7-7 设置不透明度和填充

STEP 09 选择投影图层，在工具箱中选择“矩形选框工具”，在中间的矩形上方绘制矩形选框，如图7-8所示。

STEP 10 完成后按【Ctrl+J】组合键，新建图层，将前景色设置为“#34b7da”，按住【Ctrl】键单击新建图层左侧的图像区，载入选区。再按【Alt+Delete】组合键填充选区，此时可发现选择的投影区域已经填充了浅蓝色，如图7-9所示。

图7-8 绘制矩形选框

图7-9 填充投影颜色

STEP 11 选择“横排文字工具”，在图像的右上方输入图7-10所示的文字，并设置三行的字体格式分别为“方正中倩简体”“Belwe Bd BT”“汉仪中等线筒”，完成后选择“墨韵—”文字，将字体设置为“文鼎ＰＯＰ-4”，调整字体大小和位置。

STEP 12 再次选择“横排文字工具”T，在文字的下方输入其他文字，设置字体为“方正兰亭纤黑简体”，调整字体大小和位置。

STEP 13 选择“直线工具”／，在“墨韵”文字下方和最下方的英文文字下方绘制一条直线，使其更具有美观度。

STEP 14 保存图像，查看完成后的效果（配套资源:\效果文件\第7章\焦点1.psd），如图7-11所示。

图7-10 输入文字

图7-11 查看完成后的效果

STEP 15 新建大小为750×900像素，分辨率为72像素/英寸，名为“焦点2”的文件。

STEP 16 在工具箱中选择“渐变工具”■，在工具属性栏中单击色块，打开“渐变编辑器”对话框，在下方设置渐变颜色为“#b2061c~#fd7675”的渐变，完成后在背景上确定一点向上拖动绘制渐变效果，如图7-12所示。

STEP 17 打开“红丝带.psd”图像文件（配套资源:\素材文件\第7章\红丝带.psd），将素材拖到图像中，调整大小和位置。

STEP 18 按【Ctrl+J】组合键复制红丝带，完成后设置图层混合模式为“正片叠底”，效果如图7-13所示。

STEP 19 打开“图2.psd”图像文件（配套资源:\素材文件\第7章\图2.psd），将素材拖动到红丝带的上层，调整大小和位置，效果如图7-14所示。

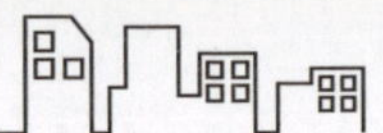

图7-12 绘制渐变色

图7-13 添加红丝带

图7-14 添加素材

STEP 20 选择“横排文字工具”T，在图像的左上方输入“TREND”文字，打开“字符”面板，设置字体为“Algerian”，字号为“80点”，如图7-15所示。

STEP 21 双击文字图层右侧的空白区域，打开“图层样式”对话框，单击选中“投影”复选框，在右侧设置颜色、不透明度、距离和大小分别为“#565454”“40”“8”“10”，单击 确定 按钮，如图7-16所示。

图7-15 输入文字

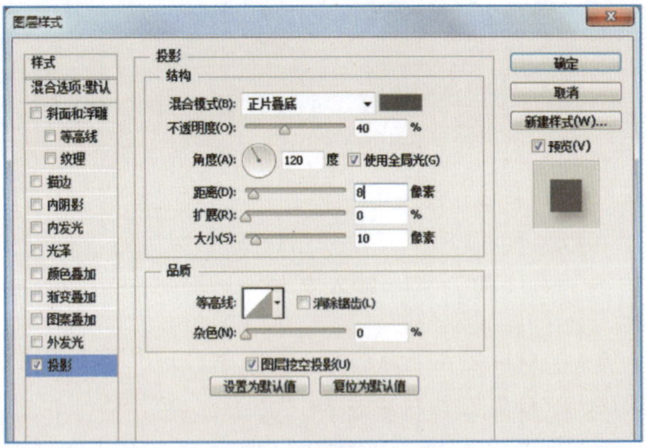

图7-16 设置投影效果

STEP 22 选择“横排文字工具”T，在文字的下方输入图7-17所示的文字，设置“[拼接中的艺术]”字体为“方正隶二简体”，设置其他字体为“方正兰亭中黑-GBK”，调整文字位置和大小。

STEP 23 打开“星光.jpg”图像文件（配套资源:\素材文件\第7章\星光.jpg），将素材拖动到“倾心新主义”文字上方，选择“星光”图层，在其上单击鼠标右键，在弹出的快捷菜单中选择“创建剪贴蒙版”命令，将图像置入到文字中。

STEP 24 选择“星光”图层，设置图层混合模式为“颜色减淡”，不透明度为

"80"。保存图像，查看完成后的效果（配套资源:\效果文件\第7章\焦点2.psd），如图7-18所示。

图7-17 输入其他文字

图7-18 查看完成后的效果

7.2.3 任务实训及考核

根据介绍的相关知识，完成表7-3所示的实训任务。

表7-3 实训任务

序号	任务描述	任务要求
1	制作"女鞋"焦点图，要求在其中体现出女鞋的透气性和轻便性	掌握女鞋焦点图的制作方法
2	制作"饮水机"焦点图，要求展现饮水机的制冷系统	掌握饮水机焦点图的制作方法

填写表7-4的内容并上交，考查对本节知识的掌握程度。

表7-4 任务考核

序号	考核内容	分值（100分）	说明
1	简述焦点图的设计要点		
2	掌握焦点图的设计方法		

商品的卖点可以理解为商品具备的前所未有、别出心裁或与众不同的特点。商品卖点图通常位于焦点图的下方，可让客户对商品的样式有个基本的了解，并通过展示效果，让客户产生继续看下去的兴趣。

针对下列问题展开讨论：

（1）商品的卖点应该如何提炼？

（2）如何进行商品卖点图的设计与制作？

商品卖点是吸引客户购买商品或者服务的理由，好的卖点不但能延长客户在商品页面的停留时间，还能提升客户对店铺的好感度。下面分别对卖点的特征、卖点提炼的方法以及卖点图设计与制作进行介绍。

7.3.1 卖点的特征

卖点的好坏直接影响商品销量的高低，卖点图的设计与制作是视觉设计与营销的重点部分，卖点一般具有以下3个特征。

- 卖点独特，哪怕是共性的商品特征。首先提出来的也更容易影响客户的购买行为，如农夫山泉的“有点甜”。
- 有足够的说服力，能打动客户购买。这就要求卖点与客户核心利益息息相关，如空调的“变频”与“回流”，面膜抗衰、美白、补水的功效。
- 长期传播的价值及品牌辨识度。

7.3.2 卖点提炼的方法

提炼卖点的方法很多，可以从商品概念、市场地位、商品线、服务、价格、时间、售后、品质和风格等方面入手，下面介绍卖点提炼的原则与方法。

- **FAB法则：**F指属性或功效（Feature），即自己商品的特点和属性；A是优点或优势（Advantage），即自己与竞争对手的不同之处；B是客户利益与价值（Benefit），指这一特点或优点带给客户的利益。例如，在购买减肥商品时，商品的卖点图中标明1个月无效退货，既可说明商品的卖点，又能体现客户的利益。

- **从商品概念提炼：** 一个完整的商品概念是立体的，包括核心商品、形式商品、延伸商品3个层次。核心商品是指商品使用价值；形式商品是指商品的外在表观，如原料、技术、外形、品质、重量、体积、视觉、手感、包装等；延伸商品是指商品的附加价值，如服务、承诺、身份、荣誉等。
- **从更高层次的需求提炼：** 从情感、时尚、热点、公益、梦想等更高级别的需求角度提炼卖点。若以情感为诉求，可以适当加深人们对商品的好感，如雕牌洗衣液的“妈妈，我可以帮你干活了”，以孩子对母亲的理解和支持来突出卖点。

7.3.3 卖点图设计与制作

卖点图设计与制作

卖点图设计需要结合店铺的整体风格进行制作，本实战将制作带有简约气息的女包卖点图，为了体现商品的简约性和实用性，图片中不会使用过多的装饰，主要通过简单的文字和图片组合，展现女包的卖点。其具体操作如下。

STEP 01 新建大小为750×2610像素，分辨率为72像素/英寸，名为“卖点图”的文件。

STEP 02 选择“矩形工具”，在上方绘制750×30像素，颜色为“#000000”的矩形。

STEP 03 选择“横排文字工具”，在矩形的上方输入“RECOMMEND”文字，设置字体为“Belwe Bd BT”，再在矩形中间输入“时尚热卖 达人推荐”文字，设置字体为“方正兰亭纤黑-GBK”，调整文字颜色、位置和大小，如图7-19所示。

图7-19 设置文字

STEP 04 选择“矩形工具”，在矩形下方绘制大小为230×270像素的矩形。

STEP 05 打开“图1.jpg~图6.jpg”图像文件（配套资源:\素材文件\第7章\图1.jpg~图6.jpg），将素材依次拖动到矩形上方，并依次置入到矩形中，查看完成后的效果，如图7-20所示。

STEP 06 选择“矩形工具”，在矩形下方绘制大小为695×540像素，颜色为“#303131”的矩形，设置不透明度为“40”，如图7-21所示。

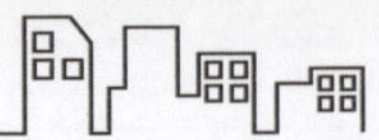

图7-20　绘制矩形并置入图片

图7-21　绘制矩形

STEP 07 选择“矩形工具”，在图片的中间区域绘制大小为695×245像素，颜色为“#6d383e”的矩形，设置不透明度为“80”。

STEP 08 选择“横排文字工具”，在矩形上方输入“PRACTICAL AND MATCH EVERYTHIHG”文字，设置字体格式为“BelweBT Bold、30点、#ffffff”。继续输入“实用百搭 各大场合”文字，设置字体格式为“方正品尚黑简体、30点、#ffffff”。选择“直线工具”，在“实用百搭 各大场合”文字的上下方分别绘制一条直线，使其更具美观度，如图7-22所示。

STEP 09 选择“直线工具”，在图片的下方分别绘制两条750×2像素的直线，并设置颜色为“#666162”。

STEP 10 选择“横排文字工具”，在两条直线的中间输入图7-23所示的文字，设置字体为“方正品尚黑简体”，字体颜色为“#666162”，调整文字位置和大小。

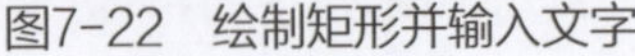

图7-22　绘制矩形并输入文字

图7-23　制作建议搭配栏

STEP 11 选择“矩形工具”，在“建议搭配”文字下方绘制大小为60×10像素，颜色为“#666162”的矩形。

STEP 12 打开“图7.jpg”图像文件（配套资源:\素材文件\第7章\图7.jpg），将素材拖动到矩形下方，查看完成后的效果。

STEP 13 选择“横排文字工具”，在图片右上角输入“LOVE AT FIRST SIGHT”文字，设置字体为“Belwe Lt BT”，字体颜色为“#3f3b3c”，调整位置和大小。完成后使用“直线工具”在文字的上下方分别绘制一条直线，如图7-24所示。

STEP 14 复制“建议搭配”部分的文字、形状与内容，将复制后的内容移动到图片下方，修改其中的文字，使其符合下方内容的需要。

STEP 15 打开“图8.jpg”图像文件（配套资源:\素材文件\第7章\图8.jpg），将素材拖动到文字下方，查看完成后的效果，如图7-25所示。

图7-24 输入建议搭配文字

图7-25 复制并修改内容

STEP 16 选择“横排文字工具”，在图片右上角输入图7-26所示的文字，并设置英文字体和中文字体分别为“Dauphin”“Adobe 黑体 std”，颜色为“#898586”，调整文字位置和大小，并在“倾心·拼贴艺术”下方绘制矩形，完成后将文字颜色修改为“#ffffff”。

STEP 17 打开“图9.jpg~图10.jpg”图像文件（配套资源:\素材文件\第7章\图9.jpg~图10.jpg），将素材拖动到图片下方，调整其位置和大小。

STEP 18 选择“自定形状工具”，在工具属性栏的“形状”下拉列表中选择“红心形卡”选项，在图片间的空隙区域绘制两个心形形状，并设置填充颜色为“#d2d5df”。

STEP 19 选择“横排文字工具”，在心形位置输入图7-27所示的文字，并设置字体为“Dauphin”，颜色为“#898586”，调整文字的位置和大小。

STEP 20 保存图像，查看完成后的效果（配套资源:\效果文件\第7章\卖点图.psd），如图7-28所示。

图7-26　输入搭配文字

图7-27　添加其他图片并输入文字

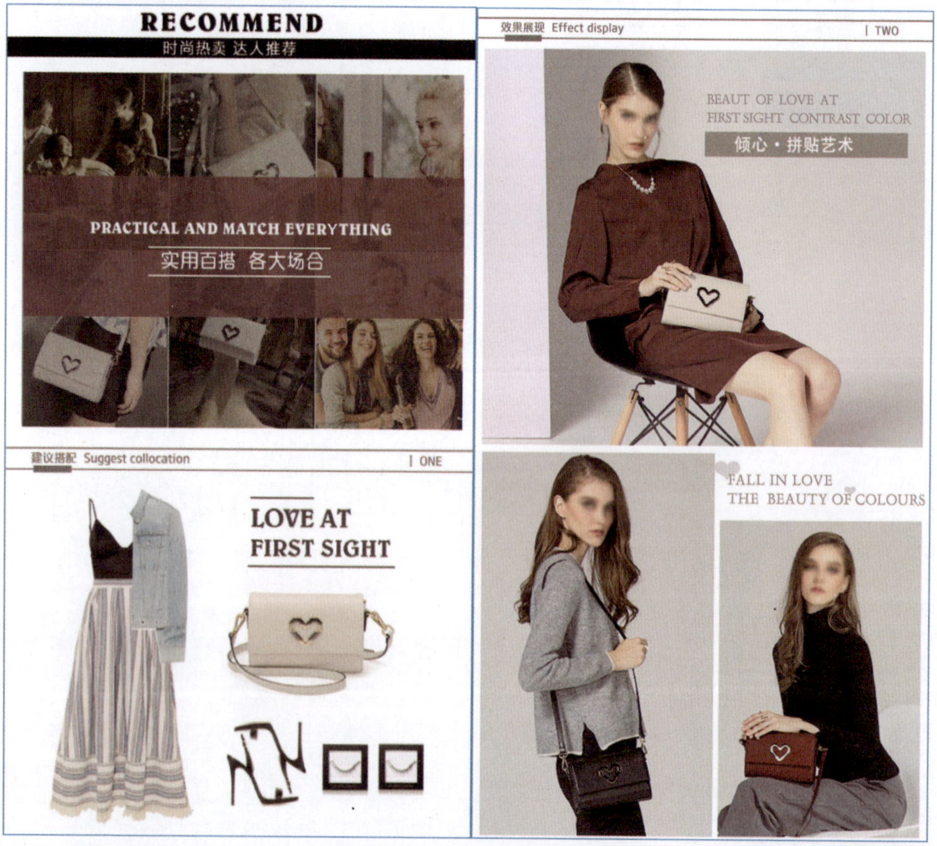

图7-28　查看完成后的效果

7.3.4 任务实训及考核

根据介绍的相关知识，完成表7-5所示的实训任务。

表7-5 实训任务

序号	任务描述	任务要求
1	制作“女鞋”卖点图，要求体现出女鞋的搭配性和美观度	掌握女鞋卖点图的制作方法
2	制作“饮水机”卖点图，要求展现饮水机的实用性	掌握饮水机卖点图的制作方法

填写表7-6的内容并上交，考查对本节知识的掌握程度。

表7-6 任务考核

序号	考核内容	分值（100分）	说明
1	简述卖点的特征		
2	简述卖点提炼的方法		
3	掌握卖点图的制作方法		

7.4 制作商品信息展示图

卖点图的展示虽然可以使客户更直观地查看商品，但商品的一些具体参数，如材质、硬度、品质和厚薄等仍然无法通过肉眼获取准确的信息。此时，就需要制作商品信息展示图，为商品添加参数说明，让客户对商品有更直观的了解，从而让卖点和营销更具有参考性。

针对下列问题展开讨论：

（1）商品参数的常用表达方式有哪些？

（2）商品信息的展示方式有哪些？

（3）如何制作商品信息展示图？

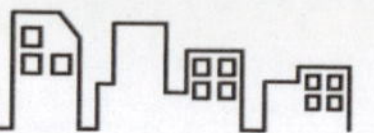

商品信息展示图不但能展现商品的材质和具体的信息，还能展现尺寸信息，让客户对商品大小一目了然。下面对商品参数的常用表达方式、商品信息的展示方式和信息展示图的制作方法进行介绍。

7.4.1　商品参数的常用表达方式

在淘宝网中，商品参数的表达方式是多种多样的，我们可以根据商品参数的多少与商品的特征进行灵活设计，常用的商品参数表达方式有以下4种。

- **商品参数的直接输入：**自由排列输入的商品参数，一般需要使用文本框来统一文本的行间距。
- **通栏排参数：**使用文本框直接输入参数，添加形状或线条来修饰参数模块；使用商品参数表输入参数，商品参数表可以比较全面地反映出商品的特性、功能和规格等，在尺码方面应用得尤为广泛。在使用商品参数表时，可以通过设置表格行高、列宽、边框、底纹、文本格式来美化表格，以匹配店铺的风格。
- **商品参数与商品图片的自由组合：**可以直接将商品的参数输入到商品图片上，也可以将商品参数细化到不同的商品图片中进行显示。
- **参数与商品两栏排：**当商品参数比较少时，可通过左表右图或左图右表的方式排列商品参数模块。对于有尺寸规格的商品，还可在商品图上添加尺寸标注，如图7-29所示。

7.4.2　商品信息的展示

由于网上看到的商品是虚拟的，因此要尽可能全面地展示商品信息，才能让客户充分了解该商品。除了基本参数外，卖家通常还需要对商品的颜色和角度进行展示。图7-30所示为手机的不同颜色。

图7-29　参数与商品两栏排展示

图7-30　不同颜色手机的展示

7.4.3 商品信息展示图的设计与制作

下面将制作女包信息展示图。先制作商品参数和其对应的商品信息展示效果，再对女包内部和容量进行展示，将女包的整个信息展现出来，其具体操作如下。

STEP 01 新建大小为750×2680像素，分辨率为72像素/英寸，名为“商品信息展示图”的图像文件。

STEP 02 打开“卖点图.psd”图像文件（配套资源:\素材文件\第7章\卖点图.psd），将其中的“效果展现”文字及其周围的形状内容拖动到图像上方，调整其位置并对内容进行修改。

STEP 03 选择“矩形工具”，在“商品参数”文字下方绘制大小为720×30像素，颜色为“#eeeeee”和“#fafafa”的4个矩形。

STEP 04 选择“横排文字工具”，在矩形中和矩形下方输入图7-31所示的文字，并设置字体为“Adobe 黑体 std”，字体颜色为“3f3e42”，调整字体大小和位置。

STEP 05 使用“直线工具”和“矩形工具”，在“| 皮质软硬程度”和“| 皮质表面手感度”文字下方绘制直线，并在中间位置绘制大小为27×7像素的矩形，完成后调整下方文字与直线的距离。

STEP 06 打开“图片11.jpg”图像文件（配套资源:\素材文件\第7章\图片11.jpg），将其拖动到文字下方，调整大小和位置。

STEP 07 选择“横排文字工具”，在图片下方输入图7-32所示的文字，并设置字体为“Adobe 黑体 std”，调整字体大小和位置，完成后使用“直线工具”在文字下方绘制一条直线。

产品参数 Product parameters | THREE

名 称：拼贴小方包　货 号：8952d2l
产 地：上海　内 里：织物
材 质：二层牛皮
尺 寸：宽20.3cm×高13.5cm×厚8cm　重 量：0.78kg

|皮质软硬程度　|皮质表面手感度

硬　适中　软　褶皱　纹路　光滑

图7-31 输入搭配文字

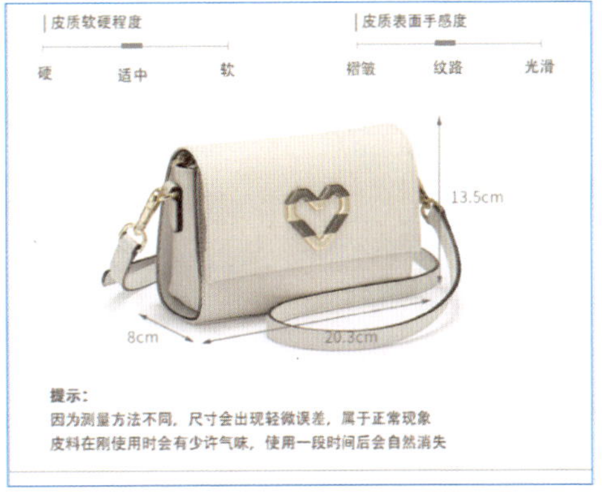

图7-32 添加其他图片并输入文字

STEP 08 打开“图片12.jpg”图像文件（配套资源:\素材文件\第7章\图片12.jpg），

将其拖动到直线下方，调整大小和位置。

STEP 09 选择“产品参数”部分的文字和形状，按住【Alt】键向下拖动，调整其位置并对内容进行修改。

STEP 10 打开“图片13.jpg”图像文件（配套资源:\素材文件\第7章\图片13.jpg），将其拖动到直线下方，调整大小和位置。

STEP 11 选择“横排文字工具” T，在图片左侧输入图7-33所示的文字，并设置字体为“方正品尚黑简体”，调整字体大小和位置，完成后使用“直线工具” ／在文字右侧绘制一条直线。

STEP 12 选择“产品参数”部分的文字和形状，按住【Alt】键向下拖动，复制内容，调整其位置并对内容进行修改。

STEP 13 打开“图片14.jpg~图片15.jpg”图像文件（配套资源:\素材文件\第7章\图片14.jpg~图片15.jpg），将其拖动到直线下方，调整大小和位置。

STEP 14 选择“横排文字工具” T，在最下方图片左侧输入图7-34所示的文字，并设置字体为“方正品尚黑简体”，调整字体大小和位置，完成后使用“直线工具” ／在“实用容量”文字下方绘制直线。

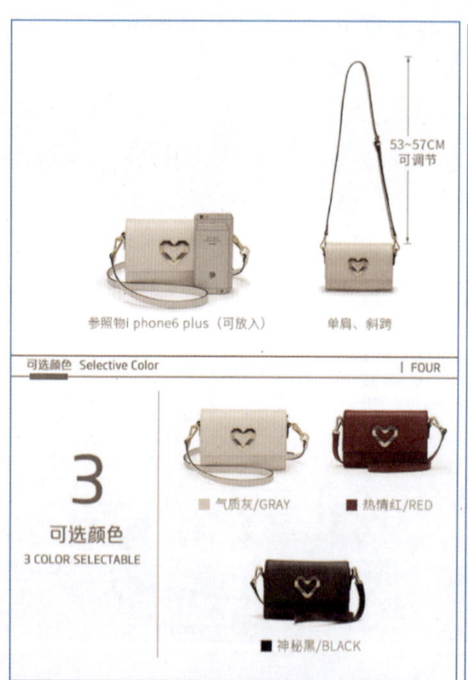

图7-33 输入“可选颜色”部分的文字

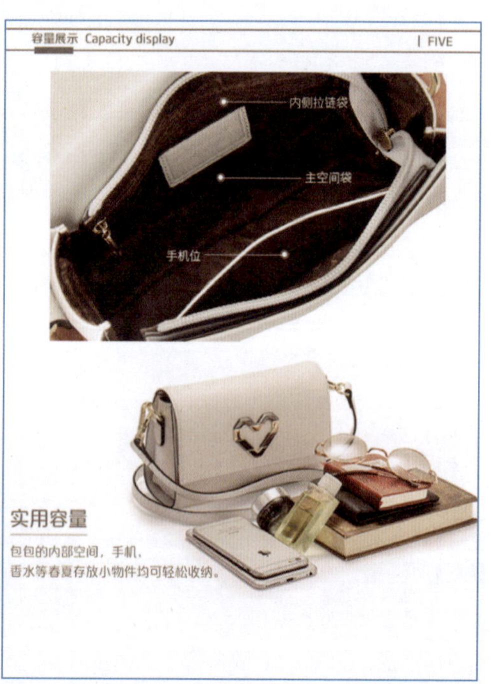

图7-34 插入图片并输入容量文字

STEP 15 保存图像，查看完成后的效果（配套资源:\效果文件\第7章\商品信息展示图.psd），如图7-35所示。

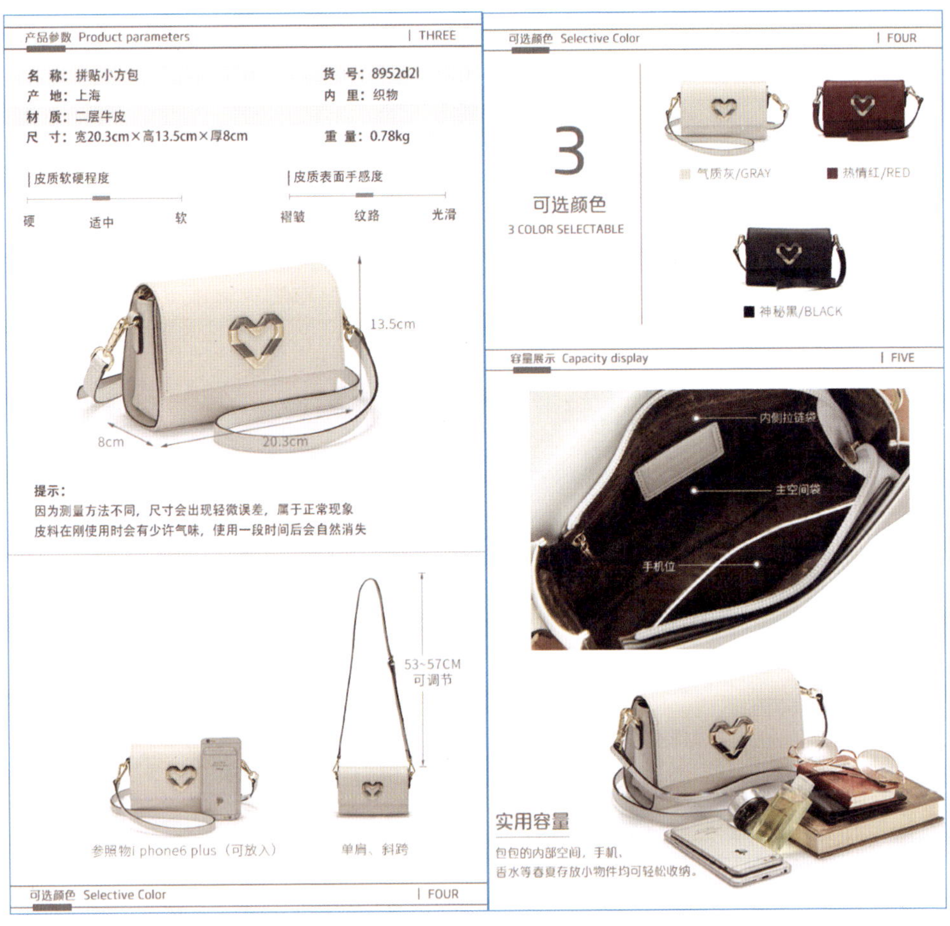

图7-35 查看完成后的效果

7.4.4 任务实训及考核

根据介绍的相关知识，完成表7-7所示的实训任务。

表7-7 实训任务

序号	任务描述	任务要求
1	制作“女鞋”商品信息展示图，要求在其中体现女鞋的基础信息和颜色	掌握女鞋信息展示图的制作方法
2	制作“饮水机”商品信息展示图，要求在其中体现饮水机的详细尺寸	掌握饮水机商品信息展示图的制作方法

填写表7-8的内容并上交，考查对本节知识的掌握程度。

表7-8　任务考核

序号	考核内容	分值（100分）	说明
1	简述商品参数的常用表达方式		
2	简述商品信息的展示内容		
3	简述商品信息展示图的设计与制作方法		

7.5 制作商品细节图

一张视觉效果美观的主图能够起到抛砖引玉的作用，将客户吸引到店铺中。而是否能留住客户并成功交易，细节图就成了制胜的关键。细节图能够让客户更详细地了解商品细腻真实的效果，让客户对商品本身的品质有直观感受。

课堂讨论

针对下列问题展开讨论：

（1）细节图的展示方法有哪些？是怎么进行展现的？

（2）如何对细节图进行制作？

商品细节图可将商品的细节部分完整地展现出来，使客户对商品有个基本的认识，并能从商品细节中打消购物顾虑。下面先讲解细节图的展现方法，再对细节图的制作方法进行介绍。

7.5.1 细节图的展现方法

商品细节照片的选择对于细节的展示十分重要，因此细节照片一定要清晰，尽量避免偏色。在制作细节图时，要注重展示的逻辑性，要有条不紊地引导客户完整浏览商品信息。细节图的样式一般分为两种，一种是同时放置商品或细节图，将细节图指向商品的具体位置；另一种是单独进行细节的展示。在排列布局上，可根据个人喜好与店铺的整体风格进行设计。

不同类目的商品细节图内容也有所不同，卖家可根据商品本身的特点、卖点和优势进行细节的展示。下面以服装、箱包、鞋子、灯具、家具、家电类目为例，对细节展示的内容进行介绍。

- **服装类目细节图：** 服装类目细节图一般包括款式细节（领口、门襟、袖口、裙摆、褶皱、腰带、帽子等）、做工细节（走线、针距、线粗、内衬锁边、褶皱、裁剪方式、熨烫平整等）、面料细节（面料材质、颜色、面料纹路、面料花纹等）、辅料细节（里料、拉链、纽扣、订珠、蕾丝等）。
- **箱包类目细节图：** 箱包的细节展示一般包括款式细节（袋口、包扣、拉链、肩带、褶皱等）、做工细节（滚边、走线、铆钉等）、材质细节（面料、颜色、花纹、厚薄，以及里料的展示）、配件细节（拉链、包扣、肩带、质感五金等）。
- **鞋类细节图：** 鞋类的细节展示一般包括款式细节（全貌、帮面、后帮、鞋跟、鞋底等）、材质细节（材质、纹路、花色等）、辅料细节（拉链、配件、流行元素等）。
- **灯具类细节图：** 灯具类细节图展示一般包括工艺细节（材质、工艺、透光度、着色度）、光源细节（灯泡材质、开关方便度、替换灯泡的方便性、灯泡寿命等）。
- **家具类细节图：** 家具类细节图展示一般包括建材细节（木料、纹理、防腐性、耐热性、防潮性等）、油漆细节（打磨、底色、擦色、磨砂、面油等）、工艺细节（手工打磨、纹理清晰、弧度、拼贴等）。
- **家电类细节图：** 家电类细节图展示一般包括外观细节（材质、纹理、功能等）、内部细节（电机、容量等）、工艺细节（纹理、弧度、拼贴等）。

7.5.2 细节图的设计与制作

细节图的设计与制作

在为女包制作细节图时，可以主要体现女包的材质，如纹理、五金等，让各种人性化设计在细节中体现。本例中先对女包的各个细节进行展示，再对不同颜色依次进行展示，让客户对女包有个详细了解，其具体操作如下。

STEP 01 新建大小为750×3370像素，分辨率为72像素/英寸，名为“细节图”的图像文件。

STEP 02 打开“卖点图.psd”图像文件（配套资源:\素材文件\第7章\卖点图.psd），将“效果展现”部分的文字、形状等内容拖动到图像上方，调整其位置并对内容进行修改。

STEP 03 打开“细节图片.psd”图像文件（配套资源:\素材文件\第7章\细节图片.psd），将其中的皮革拖动到文字下方，调整大小和位置。

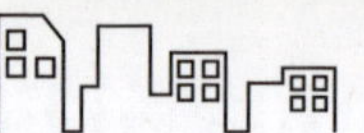

STEP 04 选择“横排文字工具” T，在皮革图片上方输入图7-36所示的文字，并设置字体为“方正品尚黑简体”，字体颜色为“#666162”，调整字体大小和位置，完成后使用“直线工具” 在“精细掌纹牛皮”文字下方绘制直线。

STEP 05 使用相同的方法，继续在“细节图片.psd”图像文件中将其他3个细节图片拖动到下方对应的位置，完成后在上方输入说明性文字，效果如图7-37所示。

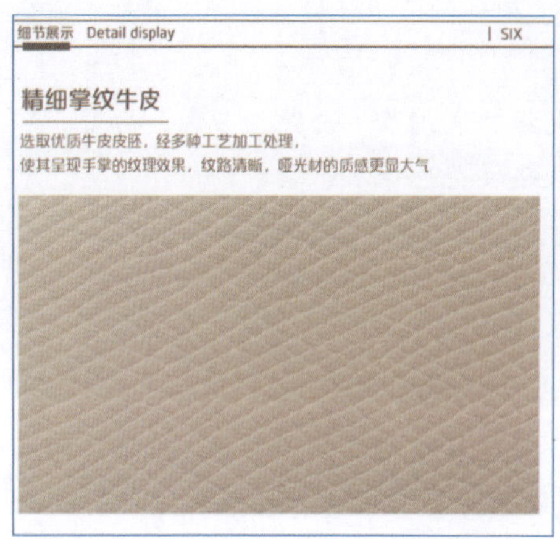

图7-36 添加图片并输入说明性文字

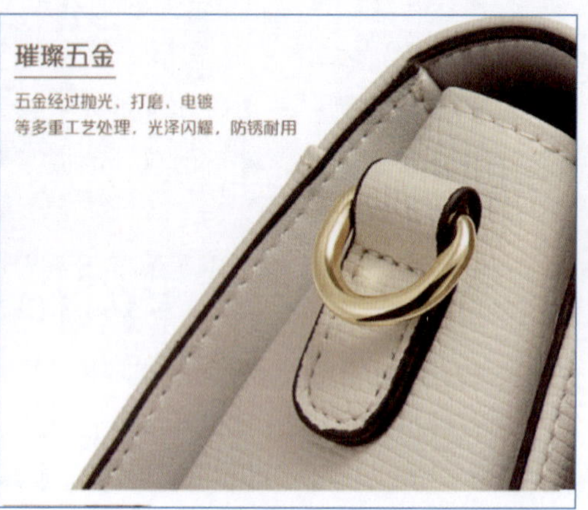

图7-37 添加其他图片并输入文字

STEP 06 使用相同的方法，复制“细节展示”部分的文字、形状等内容，调整其位置并对内容进行修改。

STEP 07 选择“矩形工具” ，在下方绘制大小为50×30像素，颜色为“#dbd3d0”的矩形。

STEP 08 选择“横排文字工具” T，在矩形的右侧输入“气质灰”文字，并设置字体为“方正品尚黑简体”，完成后调整字体大小和位置。

STEP 09 打开“实拍图片.psd”图像文件（配套资源:\素材文件\第7章\实拍图片.psd），将其中的灰色女包拖动到矩形下方，调整大小和位置。完成后使用“直线工具” 在图片的下方绘制直线，如图7-38所示。

STEP 10 使用相同的方法，继续在“实拍图片.psd”素材文件中将各个颜色的图片拖动到对应的位置，完成后修改矩形中的颜色和右侧的说明性文字，其颜色分别是“#6d343d”和“#010101”，如图7-39所示。

STEP 11 保存图像，查看完成后的效果（配套资源:\效果文件\第7章\细节图.psd），如图7-40所示。

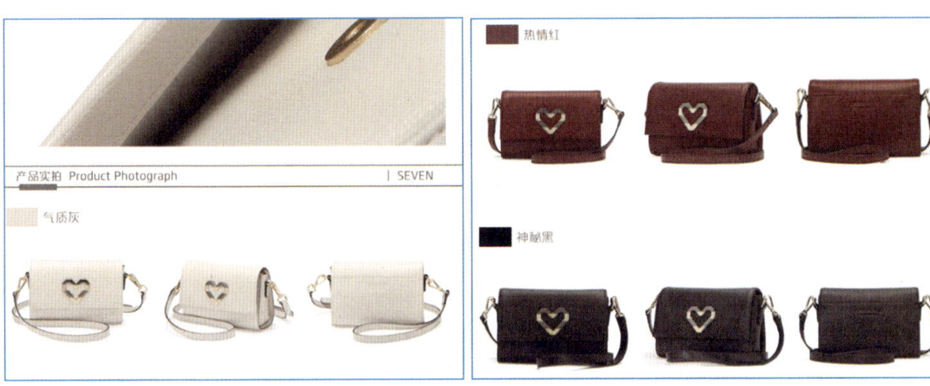

产品实拍 Product Photograph
| SEVEN
气质灰

图7-38 制作实拍效果图

热情红
神秘黑

图7-39 添加实拍展示效果

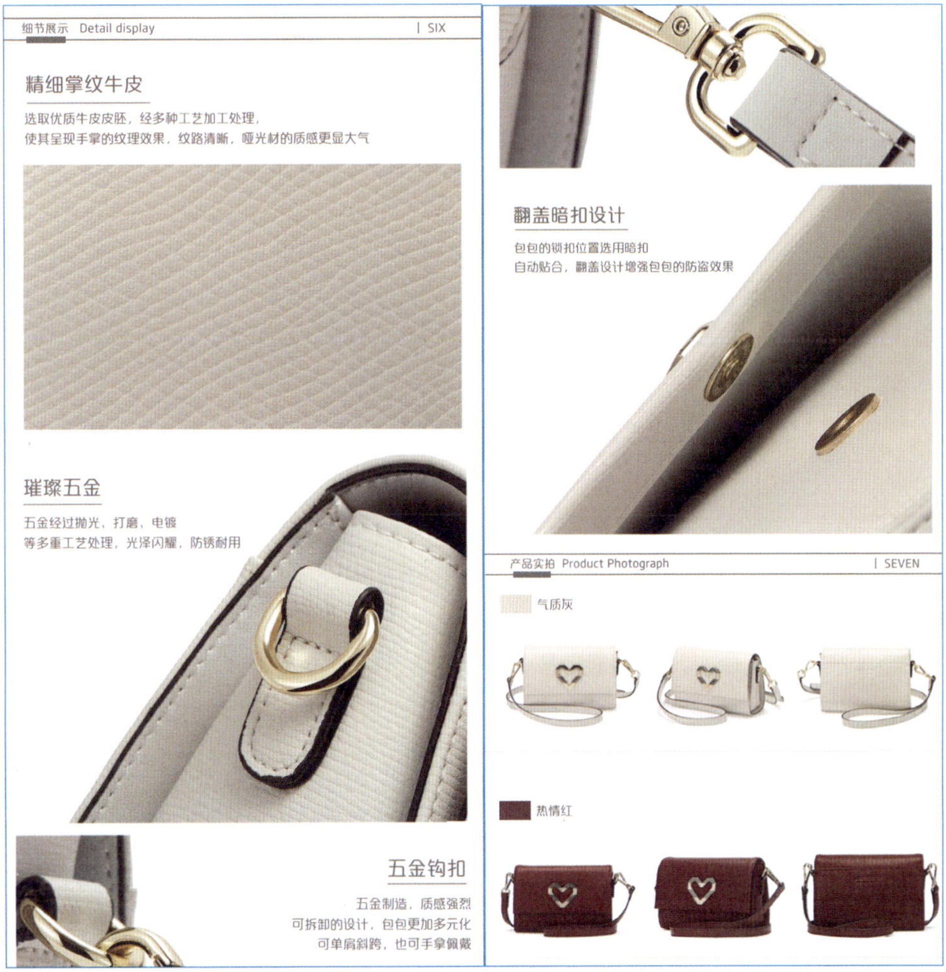
细节展示 Detail display
| SIX
精细掌纹牛皮
选取优质牛皮皮胚，经多种工艺加工处理，
使其呈现手掌的纹理效果，纹路清晰，哑光材的质感更显大气
璀璨五金
五金经过抛光、打磨、电镀
等多重工艺处理，光泽闪耀，防锈耐用
五金钩扣
五金制造，质感强烈
可拆卸的设计，包包更加多元化
可单肩斜跨，也可手拿佩戴
翻盖暗扣设计
包包的锁扣位置选用暗扣
自动贴合，翻盖设计增强包包的防盗效果
产品实拍 Product Photograph
| SEVEN
气质灰
热情红

图7-40 查看完成后的效果

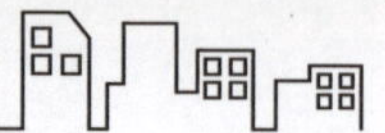

7.5.3 任务实训及考核

根据介绍的相关知识，完成表7-9所示的实训任务。

表7-9 实训任务

序号	任务描述	任务要求
1	制作“女鞋”细节图，要求在其中体现女鞋材质、款式等细节	掌握女鞋细节图的制作方法
2	制作“饮水机”细节图，要求体现饮水机的材质与接口部分细节	掌握饮水机细节图的制作方法

填写表7-10的内容并上交，考查对本节知识的掌握程度。

表7-10 任务考核

序号	考核内容	分值（100分）	说明
1	简述细节图的展现方法		
2	简述细节图的制作方法		

7.6 制作快递与售后图

快递与售后图位于详情页的最下方，主要是对快递信息和售后信息进行展示。该板块不但能减轻客服的工作压力，还能减少客户对售后的顾虑，从根本上减少售后问题。

针对下列问题展开讨论：

（1）快递和售后图的设计要点是什么？

（2）如何对快递与售后图进行制作？

不同卖家同时销售相同的商品时，客户获取的商品信息大致是相同的，此时作为附加价值的售后服务质量变得尤为重要。在详情页中添加快递与售后图信息可提升商品的竞争力，提升购买量。下面先讲解快递与售后图的设计要点，再对制作方法进行介绍。

7.6.1 快递与售后图的设计要点

根据不同店铺的不同需求，快递与售后图的设计可分为4种不同类型，包括快递服务展示图、退换货流程图、售后承诺图、5星好评图等，下面分别进行介绍。

- **快递服务展示图：**快递服务展示图可以让客户了解店铺发货的默认快递公司，以便客户自行调整，也可以提醒偏远地区的客户购买包邮商品时要咨询店内客服。
- **退换货流程图：**根据店铺的退换货流程，制作出对应的图片，让客户了解退换货的流程，同时卖家也应该遵守流程图的顺序，给客户提供正规的退换货服务。
- **售后承诺图：**退换货流程图让客户体验到退换货服务的正规，而售后承诺图则让客户明确地知道购物后能够得到的实际保障，如7天无理由退货、全国联保等。
- **5星好评图：**5星好评图可以向客户展示店铺优质的商品与服务，同时也提醒客户在购物满意后给出5星好评。但是，仅凭“满意请给5星好评”这样的提示语通常不足以引起客户足够的重视与兴趣，所以，在制作5星好评图时需要加入一定的引导因素，鼓励客户不要因为个别因素而给出低分评价。

7.6.2 快递与售后图的设计与制作

在罗列了商品的细节后，若还不能让客户下单，则说明客户对商品还有一定的顾虑，此时，可通过快递与售后图来保障客户的利益，提升客户对店铺的信任。本例制作的快递与售后图主要展示包装、服务承诺、快递知识等信息，使客户从快递和售后图中感受到店铺的品质，其具体操作如下。

快递与售后图的设计与制作

STEP 01 新建大小为750×1000像素，分辨率为72像素/英寸，名为“快递与售后图”的图像文件。

STEP 02 选择“矩形工具”，在上方绘制大小为750×35像素，颜色为“#010101”的矩形。

STEP 03 选择“横排文字工具”，在矩形的中间部分输入“售后说明”文字，并设置字体为“方正品尚黑简体”，设置字体颜色为“#efefef”，完成后调整字

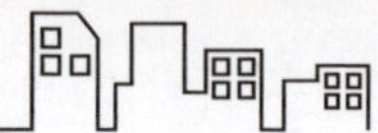

体大小和位置。

STEP 04 选择“矩形工具”，在“售后说明”下方绘制大小为“750×660像素，颜色为“#efefef”的矩形。

STEP 05 使用“横排文字工具”输入图7-41所示的文字，并设置正文字体为“宋体”，标题字体为“微软雅黑”，字号为“20”，调整文字颜色和位置。

STEP 06 打开“包装图片.jpg”图像文件（配套资源:\素材文件\第7章\包装图片.jpg），将其拖动到文字的下方。

STEP 07 打开“快递图片.jpg”图像文件（配套资源:\素材文件\第7章\快递图片.jpg），将图片拖动到文字的下方，使其效果更加突出，完成后保存图像，并查看制作后的效果（配套资源:\效果文件\第7章\快递与售后图.psd）如图7-42所示。

售后说明

【关于色差】
我们的平面设计师已经比对实物包包进行细心调色，但是由于光线、显示器设备等无法避免的因素，可能会导致图片与实物有轻微色差，所以最终颜色请以商品实物颜色为主。

【关于发货】
您的订单在付款后，我们将在48小时内尽快为您发货（预定商品除外）。目前我们默认的快递公司为申通，若有特殊需求，可与我们客服联系，对于偏远地区，费用不同有时可能需要补差价，希望您理解。

【关于退货】
我们支持七天无理由退货。但需要注意七天无理由退货的运费需要您自己承担。

【关于包装】
包包经过贴膜保护后，套上无纺布，并放于定制的纸盒里进行包装，纸盒外再套用快递塑料袋，多重保护，避免在运输过程中受潮或是遭到挤压。

图7-41 输入说明性文字

售后说明

【关于色差】
我们的平面设计师已经比对实物包包进行细心调色，但是由于光线、显示器设备等无法避免的因素，可能会导致图片与实物有轻微色差，所以最终颜色请以商品实物颜色为主。

【关于发货】
在您的订单付款后，我们将在48小时内尽快为您发货（预定商品除外）。目前我们默认的快递公司为申通，若有特殊需求，可与我们客服联系，对于偏远地区，费用不同有时可能需要补差价，希望您理解。

【关于退货】
我们支持七天无理由退货。但需要注意七天无理由退货的运费需要自己承担。

【关于包装】
包包经过贴膜保护后，套上无纺布，并放于定制的纸盒里进行包装，纸盒外再套用快递塑料袋，多重保护，避免在运输过程中受潮或是遭到挤压。

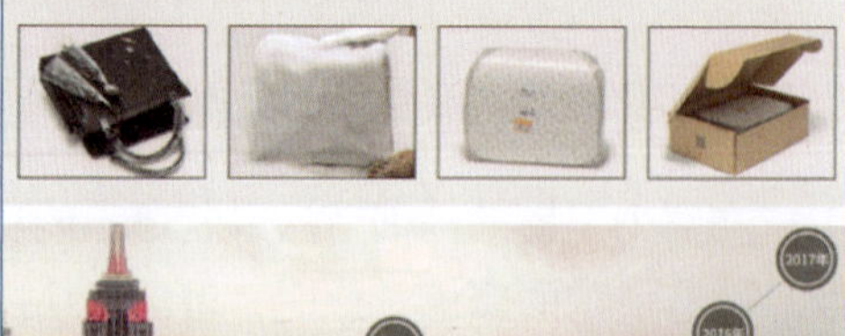

图7-42 添加图片并查看完成后的效果

7.6.3 任务实训及考核

根据介绍的相关知识，完成表7-11所示的实训任务。

表7-11 实训任务

序号	任务描述	任务要求
1	制作“女鞋”快递与售后图，要求在其中体现售后和包装内容	掌握女鞋快递与售后图的制作方法
2	制作“饮水机”快递与售后图，要求在其中体现退换货流程和售后服务等内容	掌握饮水机快递与售后图的制作方法

填写表7-12的内容并上交，考查对本节知识的掌握程度。

表7-12 任务考核

序号	考核内容	分值（100分）	说明
1	简述快递与售后图的设计要点		
2	掌握快递与售后图的制作方法		

拓展延伸

商品详情页作为客户购买商品时必须浏览的页面有着不可忽视的重要性。下面将对制作详情页过程中遇到的常见问题进行解答，帮助用户更好地制作具有代表性的详情页。

一、如何抓住详情页设计的重点?

在设计详情页时，店家往往会通过各种方式来刺激客户的购买欲望，如宣传品牌、品质、优化服务、提高性价比、展示差异化优势和热销盛况、展示好评等。然而，不同的商品，在详情页中需要呈现的重点也是有所不同的，下面根据运营情况，将店铺中的商品划分为新品、热卖单品、促销商品、常规商品，并对这4种不同商品的详情页设计重点进行阐述。

- **新品详情页设计重点：** 首先在传达设计理念的同时强调品牌、款式与品质，将新品介绍给客户。其次，将商品的某一特点做到极致，以突出商品的差异化优势。最后，对销量低的新品可以通过打折、满减等营销方式积累一定的基础销量。
- **热卖单品详情页设计重点：** 这类商品具有良好的销量，在详情页突出展示热销盛况、好评，暗示客户该商品已被大众认同，从而打消客户的疑虑。然后通过展示商品优势来佐证其热销的原因，让客户相信选择该款商品是正确

的，进一步赢得客户的信任。

- **促销商品详情页设计重点：** 在设计这类商品的详情页时，首先需要突出活动力度，让客户关注并对其产生兴趣，再通过性价比的优势与功能的介绍吸引客户下单。
- **常规商品详情页设计重点：** 在设计这类商品的详情页时，首先需要给出足够的购买理由，通常是展示其优势、功能、性价比，或通过营销活动让客户产生购买兴趣。

二、详情页导致客户流失主要有哪些原因？

客户流失说明详情页的内容或是商品本身价格存在问题，不能让客户停留与购买，常见的原因包括3点，下面分别进行介绍。

- **不是客户需要的商品：** 若是因为该商品不是客户需要的商品，那么就需要关联营销，在这个商品的页面里推荐其他的商品。而关联到其他商品，有可能促使客户产生二次购买的可能性，提高每笔订单的成交单价。
- **对店铺的整体服务没有概念：** 当客户觉得商品还不错时，下一步就需要考虑商品的品质，对店铺总体实力有一个比较明确的把握。此时商品详情页就要对商品的品质进行全面的介绍，并展示店铺的服务特色。
- **价格不合适：** 这个时候也代表了客户对于商品本身的认同，有购买意图但对价格比较犹豫。此时，若店铺有相关的活动，可以通过优惠活动来转移客户的注意力，变相达到降价的效果。

实战与提升

通过本章知识的学习，对下列问题展开讨论与练习，在巩固所学知识的同时，拓展视野，进一步提高自己的能力。

（1）本练习将利用搜集的素材（配套资源:\素材文件\第7章\女包详情页.psd）制作女包的详情页，在制作时应该将女包的百搭性体现出来。具体体现方法可以是通过不同的人物穿戴进行搭配，并通过细节展现商品的品质。制作完成后，查看完成后的效果（配套资源:\效果文件\第7章\女包详情页.psd）。

（2）本练习将利用搜集的素材（配套资源:\素材文件\第7章\旅行包详情页.psd）制作旅行包的详情页，根据旅行包的风格，选择橄榄色和深绿色作为主要搭配的颜色，给人户外旅行的清新感。在模块选择上，主要选择商品设计理念、商品信息、商品细节卖点、快递与售后等内容。制作完成后，查看完成后的效果（配套资源:\效果文件\第7章\旅行包详情页.psd）。

移动端店铺的视觉营销设计

学习目标

随着移动网络的不断发展，越来越多的人喜欢通过手机进行网络活动，手机购物已经成为当前主流的购物趋势，而移动端的视觉设计也成为网上店铺视觉营销的重点。由于移动端的店铺显示尺寸和PC端存在巨大差异，所以，在进行移动端的店铺运营时需要重新进行视觉设计。下面分别对移动端店铺的视觉营销设计方法进行介绍。

学习导图

- 移动端店铺的视觉营销设计
  - 认识移动端店铺营销
    - 移动端店铺营销的必要性
    - 移动端店铺营销设计原则
    - 移动端店铺与 PC 端店铺的区别与联系
  - 移动端首页设计与制作
    - 移动端首页布局
    - 移动端首页装修的注意事项
    - 移动端首页 的制作
  - 移动端详情页设计与制作
    - 移动端详情页的特征
    - 移动端详情页设计的要点
    - 移动端详情页的制作

案例导入

小汪经营了一家计算机端的女鞋店铺，前几年，小汪家店铺生意非常不错，没过多久就成了金冠卖家。但是不知道从什么时候开始，小汪家店铺的流量开始持续下滑，甚至达不到全盛时期的四分之一。

小汪为了这件事非常苦恼，开始他以为是因为许久没做促销活动，从而导致没有流量的注入。于是，他加大了直通车的推广力度，但是效果却不那么理想。就在小汪一筹莫展之际，他忽然发现了一个现象——身边的很多朋友在使用手机逛淘宝网。

小汪茅塞顿开，发现自己的店铺居然还停留在PC端那一亩三分地中，而没有和移动端结合起来。于是，小汪连忙装修了自己的移动端店铺，并对首页和详情页的各个板块重新进行了设计与制作，完成后还向老客户进行了店铺推广和营销。没过多久，小汪家店铺的生意慢慢有了起色，一年之后，小汪发现移动端店铺的成交量已经远远超过了PC端，其推广的商品纷纷成为了店铺的热销商品。

本例告诉我们：电子商务是与时俱进不断发展的，卖家要紧跟潮流才不会被电商市场所抛弃。移动端作为网店购物的一种新型方式，必须被好好利用起来，并根据营销目标制定对应的营销方式，设计对应的视觉展现效果。这样，卖家才能在激烈的竞争中突出重围。

【思考】

（1）怎么对移动端进行营销？

（2）怎么设计与制作移动端的详情页和首页？

（3）如何进入移动端进行店铺的装修？

8.1 认识移动端店铺营销

移动设备的普及和移动信息技术的发展，让无线购物成了网购的主流，为了使网购变得更加便利，移动端店铺应运而生。如何让移动端店铺变得更符合客户的购物需求，更能满足各类营销需求，是移动端店铺装修的主要内容，也是卖家需要重点思考的问题。

针对下列问题展开讨论：

（1）移动端店铺营销为什么具有必要性？

（2）移动端店铺的营销设计原则有哪些？

（3）移动端店铺和 PC 端店铺有哪些区别和联系？

移动端店铺装修与营销的原则与计算机端基本相同，都需要通过富有视觉冲击力的设计来吸引客户的注意，延长客户在店铺中停留的时间，再通过不同的营销手段引导其购买。本节将分别对移动端店铺营销的必要性、移动端店铺营销设计原则等知识进行介绍，再对移动端店铺和PC端店铺的区别与联系进行讲解，让客户对移动端有一个基本了解。

8.1.1 移动端店铺营销的必要性

移动端技术的发展极大地刺激了移动端购物平台的发展，如手机淘宝网、微信、蘑菇街等。各大电商纷纷开发APP，进一步丰富了人们的移动购物生活。移动设备具有灵活、方便的特点，客户可随时随地进行购物。

互联网数据中心的数据显示，人们通过移动设备访问网页的数量不断上升，特别是在节假日期间，远远超过了PC端。网络店铺中很大一部分的流量都来自于移动端，因此，无线店铺的装修对于任何一个电商卖家都十分重要。

视觉效果好的移动端店铺更容易吸引客户的关注，加深客户对于店铺的印象。对于移动端店铺的卖家而言，不但要从商品上吸引客户，还要从店铺的整体设计上吸引客户。在视觉设计效果良好的基础上，使用营销手段将店铺推广出去，如通过微淘、加关注等吸引粉丝，图8-1所示为移动端粉丝数量较多的店铺装修效果。

专家指导

移动端店铺主要有3个明显的特点：①买家可以随时随地浏览店铺，不受时间和地点的限制；②可以短时间预览、快速阅读和消费，更具有便捷性；③可以增加买家与卖家的黏性，互动更加方便。

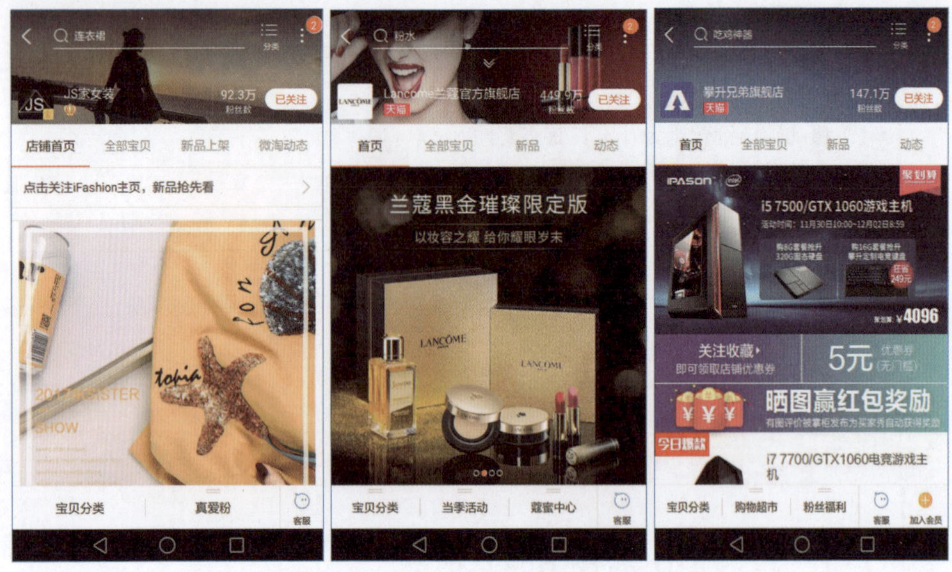

图8-1 移动端粉丝数量较多的店铺

8.1.2 移动端店铺营销设计原则

移动端店铺是基于移动设备的显示特点进行构建和设计的，与PC端店铺的显示形式差异巨大。那么，如何才能设计一个具有视觉吸引力的移动端店铺呢？在实际的设计和营销过程中，需要把握好以下5点原则。

- **目标明确，内容简洁：**移动端店铺的显示空间有限，若页面中放置的内容太多，将显得烦琐、杂乱，进而影响客户的浏览体验，因此，要求移动端店铺的设计必须内容精简，并且突出重点。
- **图片不要太大：**为了给客户带来顺利、快速浏览页面的体验，图片应在尽量确保清晰的前提下用一些压缩工具进行压缩，减小页面的加载时间。
- **风格统一：**移动设备的APP界面设计中，色彩是很重要的一个UI设计元素，合理、舒适的色彩搭配可以为店铺加分。由于移动设备，特别是手机的屏幕规格有限，简洁整齐、条理清晰的页面更容易让客户一目了然，避免视觉疲劳，因此，在颜色选择上也要做到色调简洁而统一，尽量使用纯色或者浅色的图片来做背景，尽量少使用类别不同的颜色，否则，让整个页面显得混乱。此外，杜绝使用对比强烈，容易让人产生不好观感的颜色。
- **色彩鲜亮：**尽量调高图片的亮度和纯度，增加商品图片的通透性，确保客户在各种条件下（省电模式、光线过强等）都能清晰地查看页面和商品。
- **部分模块重点展示：**店铺的商品分类、促销活动和优惠信息等客户重点关注的信息要重点展示。

8.1.3 移动端店铺与PC端店铺的区别与联系

在店铺装修过程中，很多卖家会把PC端的图片直接用到移动端上，导致出现尺寸不合、展现效果不佳的问题。移动店铺的图片效果对最终成交起着关键作用，因此，店铺图片不能盲目混用，应注意区分移动端和PC端店铺的不同。下面分别对移动端和PC端的区别进行介绍。

- **尺寸不同：**移动端店铺首页的显示宽度为640像素，而PC的显示宽度一般为950像素，若直接将PC端店铺的图片应用到移动端，容易导致尺寸不匹配，从而造成显示不全、界面混乱、浏览不佳的问题。
- **布局不同：**移动端更注重浏览体验，省略了边角的活动模块，以及详细的广告文案，同时，文案、价格等信息通常也会通过字号加大的方式使其更适合移动端浏览。而PC端则更注重画面的整体性和内容的完整性。
- **详情不同：**PC端详情页会通过较多的文字来说明商品的卖点、店铺促销和优惠等信息，但移动端详情页却要用简单的文字和大量的图片信息来进行详情阐述。
- **分类不同：**移动端分类要结构明确，模块划分清晰，体现少而精的特点，这些特点常使用图片或是较大的文字进行体现，识别性更强。而PC端的分类信息更详细。
- **颜色不同：**PC端会使用深色系体现店铺的风格和品质；而移动端由于预览面积小，店铺颜色一般比较鲜亮，以提升客户的视觉感受。

8.1.4 任务实训及考核

根据介绍的相关知识，完成表8-1所示的实训任务。

表8-1 实训任务

序号	任务描述	任务要求
1	打开“裂帛”移动端店铺和PC端店铺，对首页内容进行对比，简述两者区别	了解移动端店铺与PC端店铺的区别和联系
2	打开“佰草集”移动端店铺，分析店铺首页中的主要颜色搭配，查看其符合哪些设计原则	了解移动端设计原则

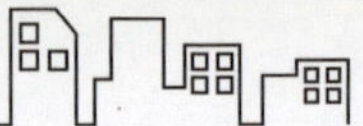

填写表8-2的内容并上交，考查对本节知识的掌握程度。

表8-2 任务考核

序号	考核内容	分值（100分）	说明
1	简述移动端店铺营销的必要性		
2	简述移动端店铺营销设计原则		
3	简述移动端店铺与PC端店铺的区别与联系		

8.2 移动端首页设计与制作

PC端的首页一般展示的是品牌形象、店铺活动等信息，访问首页的方式也多为从商品详情页跳转到店铺首页，直接访问店铺首页的情况并不多。移动端访问店铺的方式则比较灵活，如扫描店铺的二维码，店铺微淘、搜索店铺、详情页跳转等。因此，在设计移动端店铺首页时，要更加注意首页风格的定位、商品的选择与模块的构成。

针对下列问题展开讨论：

（1）怎么布局移动端首页？

（2）移动端首页装修有哪些注意事项？

（3）怎么制作移动端首页？

与PC端首页设计相比，移动端首页的内容更加集中，需要通过添加具有视觉吸引力的各种模块来吸引客户点击，提高店铺商品的流量。店招、焦点图、分类、商品信息展示等常规模块是首页的基本组成元素，本节将从移动端首页布局入手，讲解移动端首页的设计与制作方法。

8.2.1 移动端首页布局

从整体内容上看，移动端店铺首页必须承载店招、焦点图、商品、分类、活动、形象、优惠券等内容，每个模块都有其固定的作用。图8-2所示为一个典型的淘宝网移动端店铺的首页布局图，从图中可以看出，移动端模块与PC端模块的分布大不相同，其内容也有所区别。

店招	
标题模块	
焦点图模块	
优惠券模块	
双列图片-店铺子分类	爆款推荐
微淘专享	新品上市
左图右文模块	
套餐搭配模块	
商品模块	商品模块
商品模块	商品模块
底部自定义导航分类模块	

图8-2 淘宝网移动端常见的首页布局图

下面分别对淘宝网移动端首页中常见的各个模块的装修要点进行介绍。

- **店招：**移动端店招的尺寸为750×580像素，文件大小不超过400KB。一般包含店铺名称、Logo、收藏与分享按钮、店铺活动、背景图片等内容。由于店招位于页面的顶端、显示的比例比PC端大，因此更为抢眼，一般要求主题鲜明、颜色亮丽，以便能在吸引客户眼球的同时宣传店铺。在设计店招时，可从行业地位、店铺特性、活动主题等角度出发。
- **标题模块：**主要用于区分商品类别，展示店铺的优势，品牌的理念等，最多支持12个中文字符。
- **焦点图模块：**一般用于店铺活动宣传、店铺商品宣传、店铺形象宣传等。在制作轮播焦点图时，轮播图最多可以添加4张。
- **优惠券模块：**要求重点醒目、清晰、互动性强，具有分隔空间、活跃页面的效果。可以使用多图、左文右图等模块进行制作，在制作时可以表现微淘专享、新品上市等内容。
- **左图右文模块：**一般用于店铺活动宣传、店铺王牌商品展示、店铺文化介绍等。要求清晰准确，有一些引导按钮引导客户点击。
- **套餐搭配模块：**告知客户店铺搭配套餐，以提高成交量。
- **商品模块：**用于对店铺的商品进行展示，在注意布局的同时应尽量将主营的商品全部覆盖。展示时，应将王牌商品、热销商品进行重点突出展示，可通过色相对比吸引客户眼球，或添加相应元素。

- **自定义导航分类模块：** 引导分类商品，有效促进客户分流。
- **微淘：** 微淘是阿里集团的重要商品之一，是移动消费的重要入口。卖家在微淘上可以更好地经营，与客户保持积极的沟通。

8.2.2 移动端首页装修的注意事项

由于网店店铺大多数的流量及订单都来于移动端，因此，卖家要重视移动端的运营和营销，学会对店铺首页进行优化。在设计店铺首页时，通常要注意以下4方面。

- **注重感官的习惯性与舒适性：** 从客户的购物习惯出发，图片的清晰度和大小都要适应手机的显示要求，以大图为主、分类清晰明确；搭配舒适的店铺颜色；商品的细节清晰、美观，给人舒适的浏览体验。
- **合理控制页面的长度：** 客户在使用移动设备浏览时一般自上而下，因此，要求信息不必太多，一般以6屏幕以内为最佳。
- **页面整体内容的把握：** 店铺的主营商品与定位理念突出，要充分考虑互动性、趣味性、专业性与基调定位，能够精准定位客户，并快速吸引眼球。
- **与PC端的视觉统一：** 移动端的内容与PC端的内容相互呼应，具有相通的视觉符号，提高店铺品牌的关联性。

8.2.3 移动端首页的制作

移动端首页与PC端首页的板块类似，主要由店招、焦点图、优惠券、商品分类、促销展示区、商品展示区组成。下面以家居店铺为例，分别对这些板块的制作方法进行介绍。

1. 店招

店招位于移动端店铺首页的顶端。下面将制作家居店铺的移动端店招。在制作时，由于左侧需要添加店标和店名，因此，不放置文案，为了突出家居主题，将以家居图片作为店招背景，其具体操作如下。

店招

STEP 01 新建大小为750×580像素，分辨率为72像素/英寸，名为“店招”的文件。

STEP 02 打开“店招图片.jpg”图像文件（配套资源:\素材文件\第8章\店招图片.jpg），将素材拖动到新建的图像文件夹中，调整大小和位置。

STEP 03 选择“矩形工具”，在图像中间位置绘制大小为750×90像素，颜色为“#ffffff”的矩形，并设置不透明度为“70”，如图8-3所示。

STEP 04 选择“横排文字工具”，在矩形上方输入图8-4所示的文字，并设置字体为“汉仪尚巍手书”，调整字体大小和位置。

图8-3 添加背景并绘制矩形

图8-4 输入文字

STEP 05 双击“简约新时尚”图层右侧的空白区域，打开“图层样式”对话框，单击选中“投影”复选框，在右侧设置颜色、距离和大小分别设置为“#827c7c”“5”“5”，单击 确定 按钮，如图8-5所示。

STEP 06 保存图像，查看完成后的效果（配套资源:\效果文件\第8章\店招.psd），如图8-6所示。

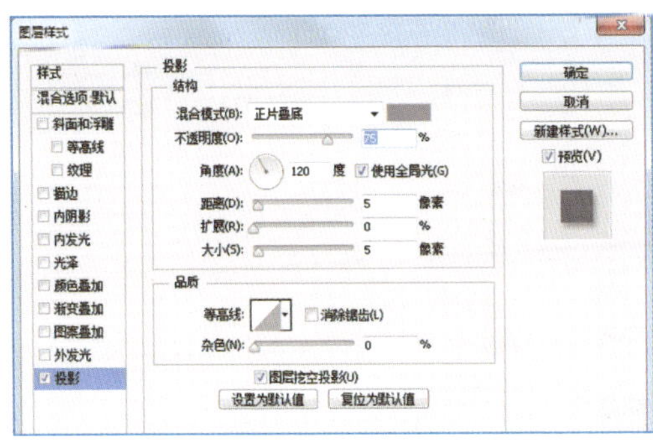

图8-5 设置投影参数

图8-6 查看完成后的效果

专家指导

移动端正常显示店招的宽度为250像素，但是店铺中要求宽度要为580像素，为了更好地将文字展现到正常显示的区域，可在中间位置显示主要内容，而上下区域展示图片。当店招发布成功后，若要查看店招效果，可通过拖动手机右侧的滑块进行查看。

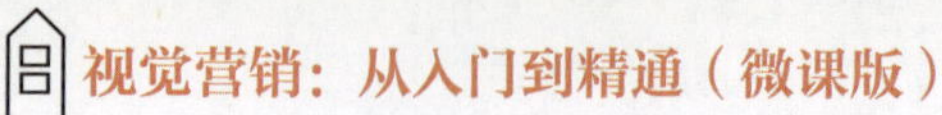

2. 焦点图

焦点图也称海报图，它可以是一张海报，也可以是多张海报组成的轮播图。在设计移动端焦点图时，构图方式和文字设计方面都要求简洁，下面采用文字居中的结构为家居店铺制作焦点图，要求达到简洁美观的效果，其具体操作如下。

STEP 01 新建大小为640×480像素，分辨率为72像素/英寸，名为"焦点图"的文件。打开"焦点图背景.jpg"图像文件（配套资源:\素材文件\第8章\焦点图背景.jpg），将素材拖到图像中，调整大小和位置。

STEP 02 选择"横排文字工具" T，在图像的左上方输入"悠""然""时""光"文字。打开"字符"面板，设置字体为"方正兰亭刊黑_GBK"，字体颜色分别为"#7b8ea0"和"#be9c6a"，调整字体大小和位置，如图8-7所示。

STEP 03 选择"悠"图层，按【Ctrl+J】组合键复制图层，选择复制后的图层，在其上单击鼠标右键，在弹出的快捷菜单中选择"栅格化图层"命令，对图层进行栅格化操作。

STEP 04 完成后按住【Alt】键不放，单击栅格化图层前的缩略图，载入选区，并将其颜色填充为"#ffffff"。

STEP 05 选择【编辑】\【描边】命令，打开"描边"对话框，设置描边颜色为"#98b64f"，宽度为"1像素"，单击 确定 按钮，如图8-8所示。

图8-7　添加背景并输入文字

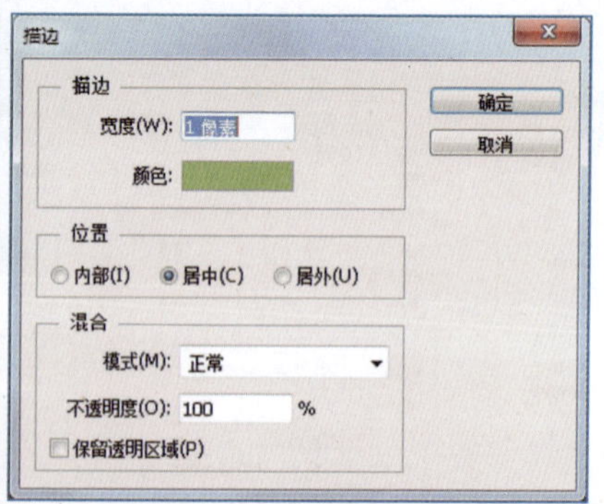

图8-8　设置描边参数

STEP 06 按【Ctrl+D】组合键取消选区的编辑状态，选择描边后的图层，将其放于"悠"图层的下方，并错开显示，如图8-9所示。

STEP 07 使用相同的方法，为"然""时"添加对应颜色的描边效果，查看完成后的文字效果，如图8-10所示。

STEP 08 打开"焦点素材.psd"图像文件（配套资源:\素材文件\第8章\焦点素材.psd），将素材拖动到图像中，调整大小和位置，如图8-11所示。

STEP 09 选择“自定形状工具”，在工具属性栏中设置颜色为“#98b64f”，再设置形状为“波浪”，完成后在“然”文字的下方进行绘制，效果如图8-12所示。

图8-9 为文字添加描边效果

图8-10 对其他文字添加描边效果

图8-11 添加素材

图8-12 绘制波浪形状

STEP 10 选择“横排文字工具”，在图像的左上方输入其他文字，设置字体为“方正兰亭刊黑_GBK”，颜色为“#3e4750”，调整字体大小和位置，如图8-13所示。

STEP 11 完成后保存图像，查看完成后的效果（配套资源:\效果文件\第8章\焦点图.psd），如图8-14所示。

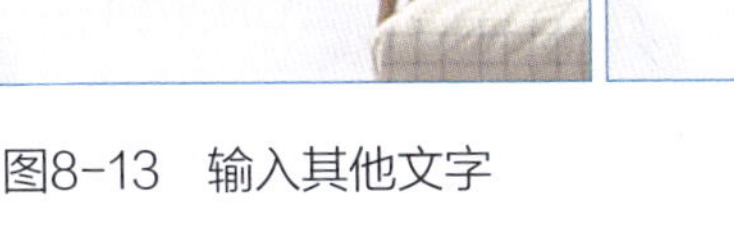

图8-13 输入其他文字

图8-14 查看完成后的效果

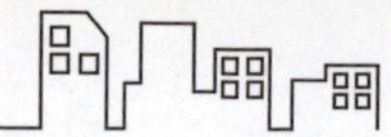

3. 优惠券

移动端优惠券与PC端优惠券大致相同，PC端优惠券可以根据页面的大小新建多个优惠券，移动端优惠券则注重排版和分布，一栏中多为两张或是3张优惠券，下面继续为家居店铺创建4张优惠券，其具体操作如下。

STEP 01 新建大小为640×480像素，分辨率为72像素/英寸，名为“优惠券”的文件。将前景色设置为“#819a4f”，按【Alt+Delete】组合键填充前景色。

STEP 02 选择【视图】\【标尺】命令，将标尺显示到图像中，拖动标尺上的参考线，将图像分割为6个板块，并设置左侧板块间的间距为160像素，右侧板块间的间距为240像素。

STEP 03 选择“圆角矩形工具”，在最左侧板块上方绘制大小为130×450像素的圆角矩形，并设置填充色为“#98b64f”。

STEP 04 选择“横排文字工具”，在圆角矩形中输入“6.18 优惠大放送”文字，并设置字体为“思源黑体CN”。调整字体大小和位置，如图8-15所示。

STEP 05 选择“6.18”图层，双击图层右侧的空白区域，打开“图层样式”对话框，单击选中“投影”复选框，在右侧设置投影颜色和不透明度分别为“#29472e”“60”，单击 确定 按钮。

STEP 06 选择“圆角矩形工具”，在最中间板块上方绘制大小为220×220像素的圆角矩形，并设置填充色为“#98b64f”。

STEP 07 选择“横排文字工具”，在圆角矩形上方输入图8-16所示的文字，并设置字体为“思源黑体 CN”，调整字体大小和位置，完成后使用“直线工具”在“5元券”下方绘制一条直线。

图8-15 输入文字

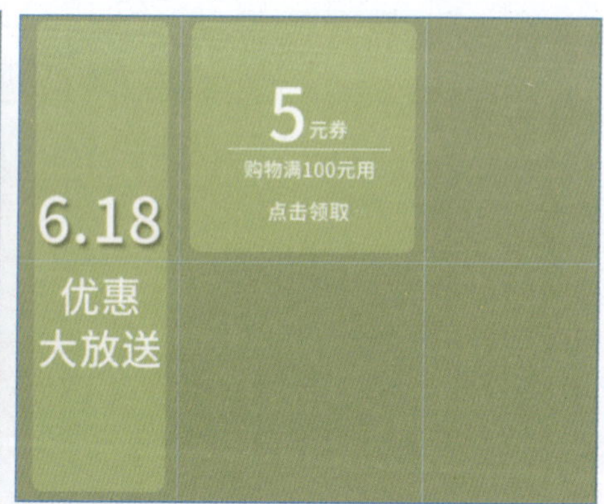

图8-16 输入优惠券信息

STEP 08 选择“圆角矩形工具”，在“点击领取”文字下方图层绘制圆角矩形，并设置填充色为“#7e9645”。

STEP 09 打开“图层样式”对话框，单击选中“投影”复选框，保持参数的默认设置不变，单击 确定 按钮，设置后的效果如图8-17所示。

STEP 10 在“图层”面板中单击按钮，新建组，并双击新建的组，使其呈可编辑状态，在其中输入“优惠券1”，依次将图层拖动到组中，避免在拖动过程中修改图形。

STEP 11 使用“移动工具”选择新建组中的所有图形，按住【Alt】键不放，向右进行拖动，复制其他优惠券，完成后修改图像中的金额，保存图像，并查看完成后的效果（配套资源:\效果文件\第8章\优惠券.psd），如图8-18所示。

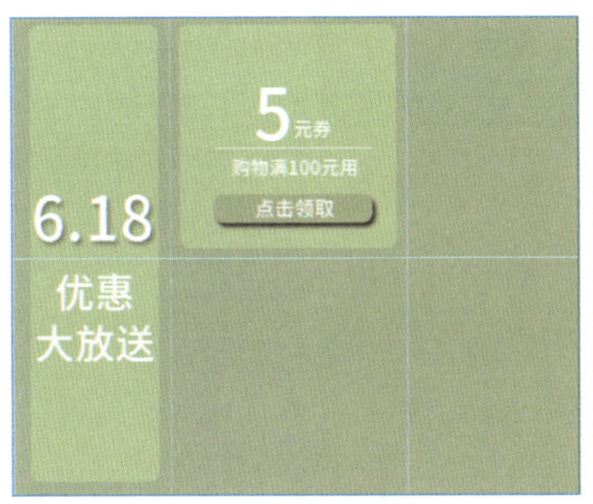

图8-17 绘制圆角矩形

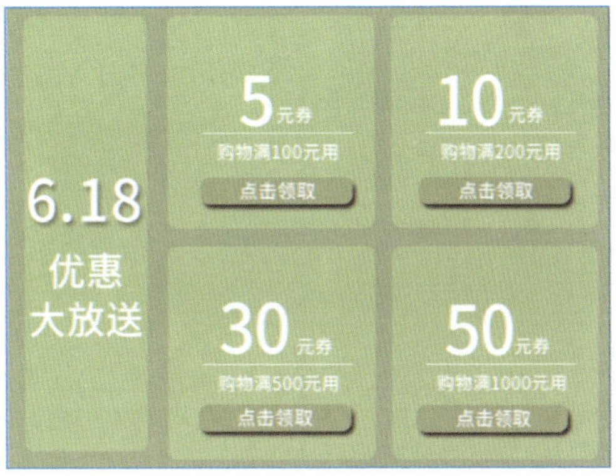

图8-18 查看完成后的效果

专家指导

优惠券通常由多个板块组成，装修前需要将其切片为几个部分。为了避免上传后不能在自定义板块中显示整个画面，需要根据自定义尺寸来确定优惠券尺寸。

4．商品分类

商品分类主要是通过不同板块将商品分门别类地展现到图像中。下面继续为家居店铺制作商品分类板块。在制作过程中，主要将商品分为4种类型进行展现，其具体操作如下。

商品分类

STEP 01 新建大小为640×1450像素，分辨率为72像素/英寸，名为“商品分类”的文件。打开“商品分类图片.psd”图像文件（配套资源:\素材文件\第8章\商品分类图片.psd），将素材依次拖到图像中，调整大小和位置。

STEP 02 新建图层，在上方第一张图片下方和第二张图片左侧的空白处绘制矩形选框，并填充颜色为“#ac907c”。

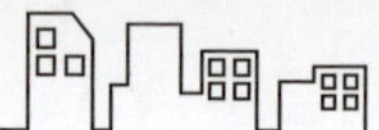

STEP 03 使用相同的方法，新建两个图层，在图像中部和左下部图片间的空白区域绘制矩形选框，并分别填充颜色为“#e2bc69”“#a1b668”，效果如图8-19所示。

STEP 04 选择“横排文字工具” T，在矩形中输入如图8-20所示的文字，并设置字体为“思源黑体 CN”，调整字体大小和位置。完成后选择最上方的文字，将字体颜色修改为“#9e9591”。

STEP 05 保存图像，查看完成后的效果（配套资源:\效果文件\第8章\商品分类.psd）。

图8-19 添加图片并绘制矩形

图8-20 输入文字并查看完成后的效果

5. 促销展示区

移动端促销展示区主要是为了展示店铺中的热销商品和主打商品。在设计该区域时，不但要将商品展现出来，还要将促销文字展现出来，内容不要过多，但要卖点鲜明。下面继续为家居店铺制作促销展示区，在其中清晰展现促销商品，其具体操作如下。

促销展示区

STEP 01 新建大小为640×2400像素，分辨率为72像素/英寸，名为“促销展示”的文件。选择“横排文字工具”，输入图8-21所示的文字，并设置中文字体为“造字工房悦圆演示版”，英文字体为“Algerian”，调整字体大小和位置，完成后设置“生”字体颜色为“#c4aa90”，“活之美”字体颜色为“#bfc98c”，英文字体颜色为“#6a6557”。

STEP 02 选择“椭圆工具”，在“活”字下层绘制颜色为“#dfba8b”的正圆，并将字体颜色修改为“#ffffff”。选择“直线工具”，在文字的下方绘制一条颜色为“#6a6557”的直线，如图8-22所示。

图8-21 输入文字

图8-22 绘制圆和直线

STEP 03 选择“椭圆工具”，在文字的下方绘制大小为480×480像素，颜色为“#f2e4c1”的正圆，使用相同的方法，在圆的上方绘制大小为460×460像素，颜色为“#a1b668”的正圆，如图8-23所示。

STEP 04 打开“展示区图片.psd”图像文件（配套资源:\素材文件\第8章\展示区图片.psd），将黄色座椅素材拖动到图像中，调整大小和位置，并创建剪贴蒙版。

STEP 05 选择“横排文字工具”，在圆的下方输入图8-24所示的文字，并设置中文字体为“思源黑体 CN”，调整字体大小和位置，完成后设置“1892.00”字体颜色为“#d4ac8c”。

STEP 06 选择“椭圆工具”，在“已售1800”文字的下方绘制颜色为“#a1b668”的圆，使用相同的方法，在图片左右两边分别绘制大小为40×40像素的正圆。

STEP 07 选择“自定形状工具”，在工具属性栏中设置图形形状为“箭头2”，在图片左右两侧的圆上方绘制箭头。

STEP 08 再次选择“椭圆工具”，在文字下方绘制3个颜色为“#ed7236”的圆，用作轮播展示，如图8-25所示。

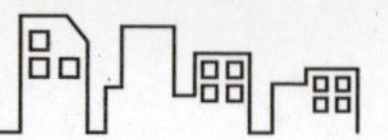

图8-23　绘制正圆

图8-24　输入文字

STEP 09 选择“矩形工具”，在圆的下层绘制颜色为“#98b650”，大小为640×140像素的矩形。在打开的“展示区图片.psd”图像文件中，将对应的素材拖动到图像中，调整大小和位置，如图8-26所示。

图8-25　绘制其他圆和形状

图8-26　绘制矩形并添加素材

STEP 10 选择“横排文字工具” T，输入图8-27所示的文字，并设置中文字体为“思源黑体 CN”，调整字体大小、颜色和位置。

STEP 11 选择“圆角矩形工具”，在文字下方绘制4个颜色为“#a1b668”，大小为230×50像素的圆角矩形，并在其上输入“立即购买”文字，如图8-28所示。

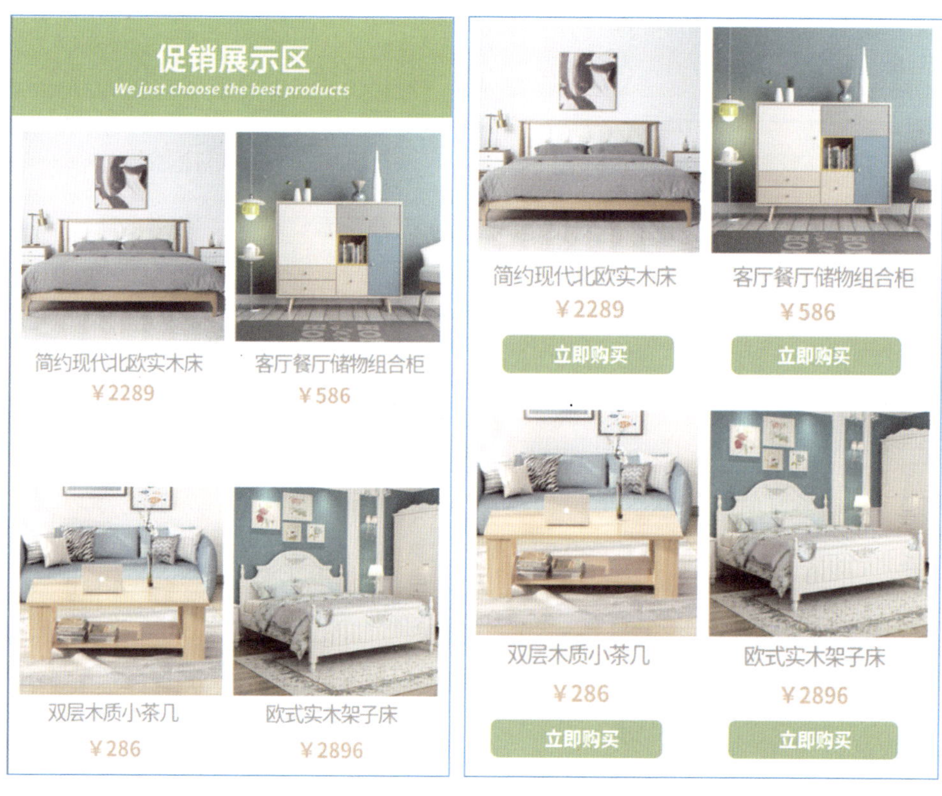

图8-27 输入文字

图8-28 绘制圆角矩形并输入文字

STEP 12 选择“矩形工具”，在图像最下方绘制颜色为“#98b650”，大小为640×365像素的矩形。

STEP 13 在打开的“展示区图片.psd”图像文件中，将对应的素材拖动到图像中，调整大小和位置，效果如图8-29所示。

STEP 14 选择“横排文字工具” T，在图像中输入图8-30所示的文字，并设置中文字体为“思源黑体 CN”，调整字体大小和位置。

STEP 15 选择“直线工具”，在“< 左右滑动更多 >”文字上方绘制一条直线，将文字分割开。

图8-29　绘制矩形并添加素材图片

图8-30　输入价格文字

STEP 16 保存图像，查看完成后的效果（配套资源:\效果文件\第8章\促销展示.psd），如图8-31所示。

图8-31　完成后的效果

6. 商品展示区

移动端店铺中的促销页面常用作展示促销商品，展示的商品由于数量通常较少，在设计商品展示区时，可使用列表页面以小板块的展示方式对商品进行展现，下面为家居店铺制作商品展示区，在其中清晰展现不同的商品效果，其具体操作如下。

STEP 01 新建大小为640×3680像素，分辨率为72像素/英寸，名为“商品展示”的文件。选择“矩形工具”，在图像最下方绘制颜色为“#98b651”，大小为640×130像素的矩形。

STEP 02 选择“横排文字工具”，在矩形中输入图8-32所示的文字，并设置中文字体为“思源黑体 CN”，英文字体为“Aldine721 BT”，调整字体大小和位置。

STEP 03 打开“商品展示区图片.psd”图像文件（配套资源:\素材文件\第8章\商品展示区图片.psd），将素材拖动到图像中，调整大小和位置。

STEP 04 选择“矩形工具”，在图片下方绘制两个颜色为“#98b651”，大小为600×145像素的矩形。再选择“横排文字工具”，在矩形中输入图8-33所示的文字，完成后调整文字位置和大小。

图8-32 制作页头

图8-33 绘制矩形并输入文字

STEP 05 使用“5. 促销展示区”中STEP 01和STEP 02的方法制作“自选家居”页头。

STEP 06 在打开的“商品展示区图片.psd”图像文件中，将素材依次拖入到图像中，调整大小和位置。

STEP 07 选择“矩形工具”，在图片下方绘制5个颜色为“#98b651”，大小为292×55像素的矩形，如图8-34所示。

STEP 08 选择“横排文字工具”，在矩形上方输入图8-35所示的文字，并设置字体为“思源黑体 CN”，调整字体颜色、大小和位置。

图8-34 制作页头并添加图片和形状

图8-35 输入说明性文字

STEP 09 选择“矩形工具”，在最下方绘制颜色为“#98b651”，大小为640×680像素的矩形。

STEP 10 在打开的“商品展示区图片.psd”图像文件中，将素材依次拖入到图像中，调整大小和位置。

STEP 11 再次选择“矩形工具”，在图片的下方绘制大小为196×65像素和194×130像素的矩形，并设置填充颜色为“#ffffff”，如图8-36所示。

STEP 12 选择“横排文字工具”，在矩形上方输入图8-37所示的文字，并设置字体为“思源黑体 CN”，调整字体颜色、大小和位置。

STEP 13 选择“圆角矩形工具”，在文字下方绘制3个颜色为“#98b651”，大小为152×28像素的圆角矩形，并在其上输入出售参数。

图8-36 绘制矩形　　图8-37 添加文字并绘制圆角矩形

STEP 14 保存图像，查看完成后的效果（配套资源:\效果文件\第8章\促销展示.psd），如图8-38所示。

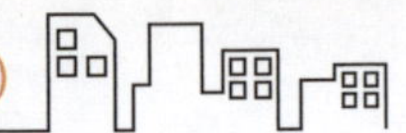

图8-38　查看完成后的效果

8.2.4 任务实训及考核

根据介绍的相关知识，完成表8-3所示的实训任务。

表8-3 实训任务

序号	任务描述	任务要求
1	制作“女鞋”移动端首页，要求在其中体现店铺的特色和促销信息	掌握女鞋移动端首页的制作方法
2	制作“饮水机”移动端首页，要求展现多种款式的饮水机，并对主推商品进行重点展示	掌握饮水机移动端首页的制作方法

填写表8-4的内容并上交，考查对本节知识的掌握程度。

表8-4 任务考核

序号	考核内容	分值（100分）	说明
1	简述移动端首页布局		
2	简述移动端首页装修的注意事项		
3	掌握移动端首页的制作方法		

8.3 移动端详情页设计与制作

移动端店铺的首页是店铺的门面，而移动端店铺的详情页则是决定成交的重点页面，客户会根据详情页中的内容决定是否购买该商品，因此，好的详情页是商品视觉展示的要点，也是营销展示的重点。

针对下列问题展开讨论：

（1）移动端详情页的特征有哪些？

（2）移动端详情页设计的要点有哪些？

（3）移动端详情页是怎么制作的？

移动端详情页与PC端详情页类似，最大的区别在于移动端详情页中的文字更少，多用图片进行表述，同时板块内容更少，展现效果要更加直接。因此，多对商品的细节和卖点进行展示，而对售后等内容则较少提及。下面分别对详情页的特征、设计要点以及制作方法等知识进行介绍。

8.3.1 移动端详情页的特征

详情页直接影响店铺流量的转化率，由于越来越多的客户选择通过移动端进行购物，移动端逐渐成为营销的重点区域，因此，移动端详情页的装修也至关重要。与PC端的详情页相比，移动端的详情页具有以下5个特征。

- **尺寸更小：**移动端的展示宽度一般为750像素，一屏高度不超过960像素，所以，设计时不仅需要考虑每一屏的内容和信息，还需要考虑页面的长度。
- **卖点应该更加精练：**移动端详情页的卖点提炼可以参照PC端，但是移动端更加注重快速放大卖点，吸引客户的注意，因此，移动端详情页的卖点应该更加精练。
- **场景更加丰富：**移动端客户由于可以在多种场景内进行购物，如车上、床上、步行中等，因此，在移动端详情页面添加多种场景可以更加贴近客户生活，增加客户对商品的了解。
- **页面切换不便：**PC端的页面可以很方便地通过页面的文字或按钮切换，而移动端页面的切换就不是很方便，因此，移动端的图片以及图片上的引导文字一定要清晰并且具有吸引力，能够快速打动客户进行购买。
- **页面文件的容量更小：**在PC端浏览网页平均需要9MB流量，若直接将PC端详情页转化为移动端详情页，将导致页面加载缓慢，耗费客户更多的流量，因此，移动端详情页的页面文件应更小。

8.3.2 移动端详情页设计的要点

基于移动端详情页的特征，在设计移动端详情页时需要注意以下3点。

- **图片设计要点：**图片的体积不能太大，否则容易加载缓慢，影响购物体验，图片应在保证清晰度的前提下进行压缩。细节图不能太小，应尽量保证清晰度，让客户能够看见细节详情，产生购买欲。
- **文字设计要点：**图片文字、商品信息和商品描述文字都不能太小，否则容易造成诉求不清楚。
- **商品重点设计：**商品重点需要突出，这就要求合理控制页面展示的信息量，省略一些无关紧要的内容，优化购物体验。

8.3.3 移动端详情页的制作

移动端详情页的设计与PC端类似，都可分为焦点图、信息展示图、卖点图等内容，但其文字较少，图片展示较多，下面将根据详情页的制作方法对移动端详情页进行制作，使效果更加符合移动端的需求，其具体操作如下。

STEP 01 创建大小为750×5450像素，分辨率为72像素/英寸，名为“移动端详情页”的文件。打开“详情页焦点图背景.jpg”图像文件（配套资源:\素材文件\第8章\详情页焦点图背景.jpg），将其拖动到新建的文件中，调整位置和大小，如图8-39所示。

STEP 02 选择“横排文字工具” T，在工具属性栏中设置字体为“文鼎ＰＯＰ－4”，字体颜色为“#784f31”，输入图8-40所示的文字，调整字体大小和位置。

STEP 03 选择“直线工具” ，在小字的上下部分绘制两条粗细为2.5像素的虚线，并设置描边颜色为“#6a3906”，如图8-41所示。

图8-39 打开背景素材

图8-40 输入文字

图8-41 绘制虚线

STEP 04 选择“圆角矩形工具” ，在工具属性栏中设置半径为15像素，颜色为“#fcbe07”，在图片的下方绘制两个大小为630×50像素的圆角矩形。

STEP 05 打开“坚果素材1.jpg”图像文件（配套资源:\素材文件\第8章\坚果素材1.jpg），将其拖动到圆角矩形的下方，调整位置和大小，如图8-42所示。

STEP 06 选择“横排文字工具” T，在工具属性栏中设置字体为“黑体”，输入图8-43所示的文字，设置参数字体颜色为“#604002”，其他字体颜色为“#9e816c”，调整字体大小和位置。

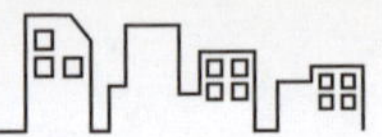

图8-42　添加素材文件

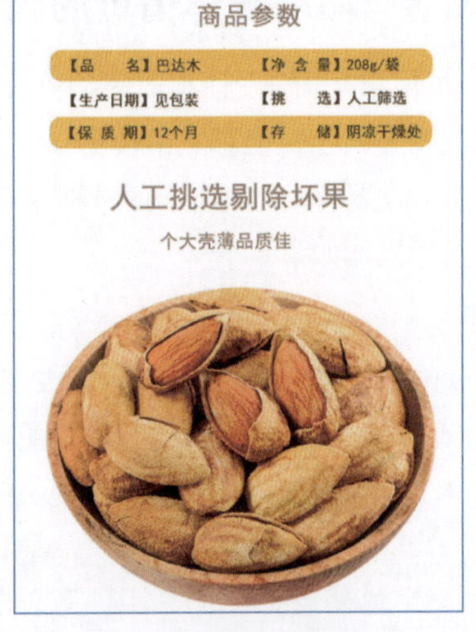

图8-43　输入参数文字

STEP 07 选择“直线工具”，在“商品参数”和“个大壳薄品质佳”的上下部分绘制两条粗细为2.5像素的虚线，并设置描边颜色为“#fcbe07”，如图8-44所示。

STEP 08 选择“矩形工具”，在工具属性栏中设置填充颜色为“#fcbe07”，在图像下方绘制大小为750×900像素的矩形。打开“坚果素材2.jpg”图像文件（配套资源:\素材文件\第8章\坚果素材2.jpg），将其拖至矩形中调整位置和大小，并设置描边大小为12像素，颜色为“#ffffff”，如图8-45所示。

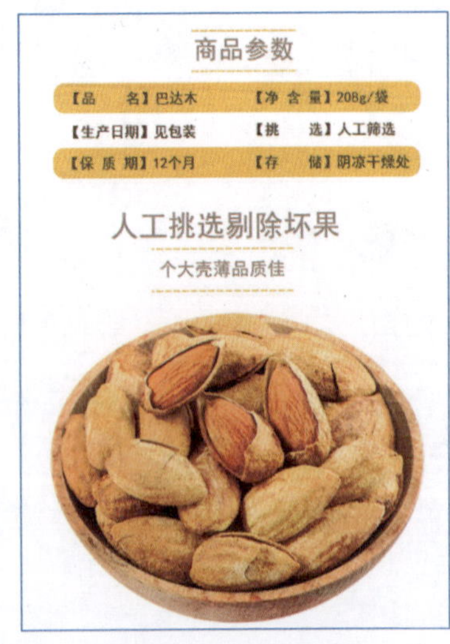

图8-44　绘制虚线

图8-45　打开素材并添加描边

STEP 09 选择“横排文字工具”T，在工具属性栏中设置字体为“黑体”，设置字体颜色为“#ffffff”，输入图8-46所示的文字，调整字体大小和位置。

STEP 10 打开“坚果小素材.psd”图像文件（配套资源:\素材文件\第8章\坚果小素材.psd），将一个小坚果拖动到上方文字的左侧，如图8-47所示。

图8-46 输入文字

图8-47 添加小坚果

STEP 11 打开“坚果素材3.jpg”图像文件（配套资源:\素材文件\第8章\坚果素材3.jpg），将其拖动到黄色矩形下方，调整位置和大小。

STEP 12 选择“横排文字工具”T，输入图8-48所示的文字，再在工具属性栏中设置字体为“黑体”，设置“轻轻一捏就奶香四溢”字体颜色为“#854c23”，其他字体颜色为“#9e816c”，调整字体大小和位置。

STEP 13 打开“坚果小素材.psd”图像文件（配套资源:\素材文件\第8章\坚果小素材.psd），将一个小坚果拖动到上方文字的右侧，再选择“直线工具”，在文字的下方绘制两条粗细为2.5像素的虚线，并设置描边颜色为“#ffcbe07”，如图8-49所示。

STEP 14 新建图层，选择“钢笔工具”绘制形状，再将其转换为选区，并填充为“#fcbe07”颜色。

STEP 15 打开“坚果素材4.psd”图像文件（配套资源:\素材文件\第8章\坚果素材4.psd），将其中的图片依次拖动到矩形中，调整位置和大小，如图8-50所示。

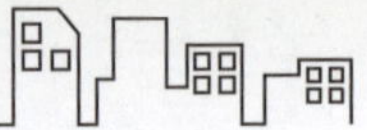

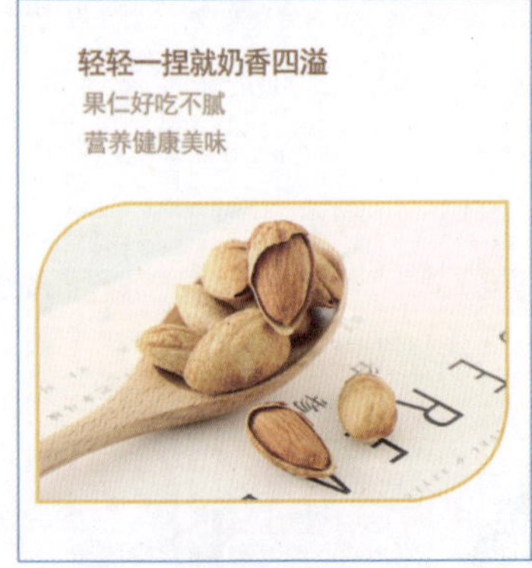

图8-48 输入说明性文字

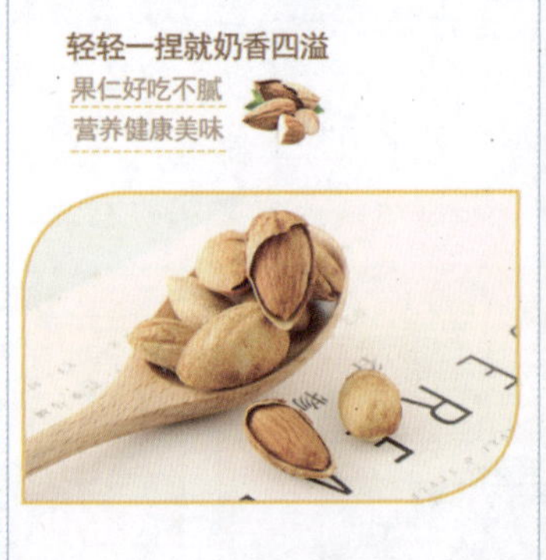

图8-49 添加素材并输入文字

图8-50 添加图片素材

STEP 16 选择“横排文字工具” T，在工具属性栏中设置字体为“黑体”，在上方的白色区域输入“实物拍摄”文字，完成后调整字体颜色和大小，并在上下位置绘制虚线，如图8-51所示。

STEP 17 继续在素材的中间空白区域输入其他文字，字体为“黑体”，字体颜色为“#ffffff”，如图8-52所示。

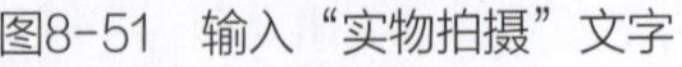
图8-51 输入“实物拍摄”文字

图8-52 输入其他文字

STEP 18 完成后保存图像，查看完成后的效果（配套资源:\效果文件\第8章\移动端详情页.psd），如图8-53所示。

图8-53　查看完成后的效果

8.3.4 任务实训及考核

根据介绍的相关知识，完成表8-5所示的实训任务。

表8-5 实训任务

序号	任务描述	任务要求
1	制作“女鞋”移动端详情页，要求在其中体现出女鞋的可搭配性和美观度	掌握女鞋移动端详情页的制作方法
2	制作“饮水机”移动端详情页，要求使用简短的文字展现饮水机的实用性	掌握饮水机移动端详情页的制作方法

填写表8-6的内容并上交，考查对本节知识的掌握程度。

表8-6 任务考核

序号	考核内容	分值（100分）	说明
1	简述移动端详情页的特征		
2	简述移动端详情页设计的要点		
3	掌握移动端详情页的制作方法		

拓展延伸

移动端的装修在网店视觉营销的过程中有着不可忽视的作用。下面将对设计移动端店铺效果的过程中遇到的常见问题进行解答，帮助用户更好地设计出不同类型的移动端店铺效果。

一、移动端活动页的主要类型有哪些?

移动端的屏幕比较小，分辨率较高，因此，在文字与排版上都要注重客户的浏览体验。虽然移动端能够展现的商品和活动信息是有限的，但是，通过活动页可以增加商品的展现机会，多角度展现店铺目前的促销情况。目前淘宝网上的活动页大致分为以下3类。

- **单品推广活动页：** 该页面主要用于打造热销单品。由于是强调单品，因此，制作该类型的页面时要突出该商品的卖点，突出商品的重要性。
- **活动推广活动页：** 该页面一般为专题活动设计，如中秋活动页、国庆活动页等，此外该页面还适用于促销活动，如清仓甩卖活动页、低折扣活动页等。

- **商品搭配推荐活动页：**该页面可以将商品按客户的需要进行组合搭配，提高店铺的转化率与客单价。需要注意的是，该页面中的搭配必须以客户的需求为中心，并不是为了搭配而搭配。使用商品搭配推荐活动页时，可以适当考虑优惠券与满减的使用，以进一步促成订单的生成。

二、如何提升移动端店铺流量？

移动端的流量主要分为自然搜索流量、类目流量、淘客流量、直通车流量、活动流量。在对流量的优化中，最主要的是优化商品的搜索转化率，此外，还可以对商品价格带进行优化，提高成交比。同时，也可通过个性化的推荐去做优化，或使用付费推广工具提升流量。

实战与提升

通过本章知识的学习，对下列问题展开讨论与练习，在巩固所学知识的同时，拓展视野，进一步提高自己的能力。

（1）本练习将利用搜集的素材（配套资源:\素材文件\第8章\棉袜手机端）制作移动端棉袜的详情页，根据棉袜的风格，采用白色和深绿色作为店铺的主色调，匹配袜子小清新的风格，同时对面料、生产工艺、细节亮点进行详细描述。制作后的效果（配套资源:\效果文件\第8章\棉袜手机端.psd）如图8-54所示。

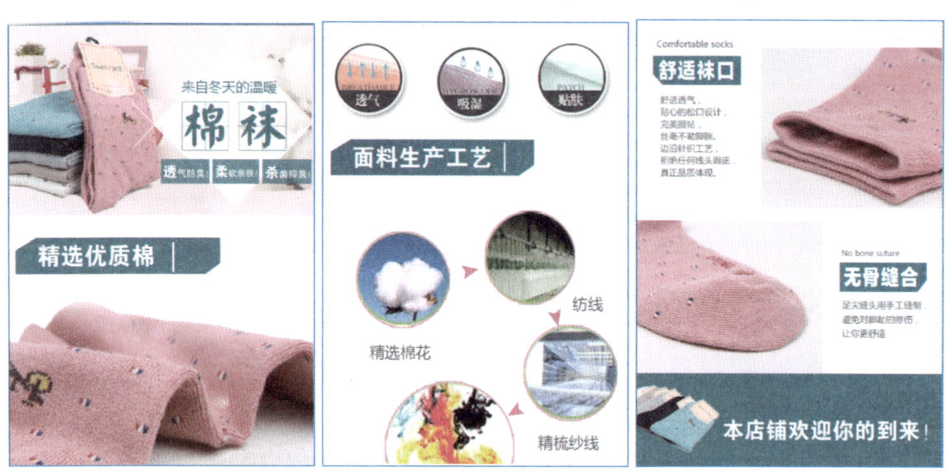

图8-54 移动端详情页效果

（2）本练习将利用搜集的素材（配套资源:\素材文件\第8章\毛巾首页）制作毛巾首页，按照店招——优惠券——海报——商品列表的步骤依次进行首页的制作，完成后的效果（配套资源:\效果文件\第8章\手机端毛巾首页.psd）如图8-55所示。

图8-55 移动端首页的效果